人民教育家、改革先锋

于漪老师谈教育

举旗定向，播种未来！

致 赠

教育部"国培计划"名师领航工程

李百艳工作室

于漪题

2019.4.16.

与"大先生"对话

春华秋实二十年

走进李百艳工作室

心理疏导，开怀大笑

泪光莹莹的时刻

课堂瞬间

上海市巾帼文明岗

言为心声,学以致用

李百艳◎著

用父母心办教育

上海教育出版社
SHANGHAI EDUCATIONAL
PUBLISHING HOUSE

图书在版编目（CIP）数据

用父母心办教育 / 李百艳著. — 上海：上海教育
出版社，2023.6
ISBN 978-7-5720-1986-9

Ⅰ. ①用… Ⅱ. ①李… Ⅲ. ①校长 – 学校管理 Ⅳ.
①G471.2

中国国家版本馆CIP数据核字(2023)第085569号

责任编辑　曹书婧　余佳家
装帧设计　周　亚

用父母心办教育
李百艳　著

出版发行　上海教育出版社有限公司
官　　网　www.seph.com.cn
地　　址　上海市闵行区号景路159弄C座
邮　　编　201101
印　　刷　上海华顿书刊印刷有限公司
开　　本　700×1000　1/16　印张22　插页1
字　　数　453千字
版　　次　2023年6月第1版
印　　次　2023年6月第1次印刷
书　　号　ISBN 978-7-5720-1986-9/G·1783
定　　价　78.00元

如发现质量问题，读者可向本社调换　　电话：021-64373213

推 荐 语

　　有一位学者说过：如果孩子的感受是安全的、信任的、敞开的、温暖的、有力量的，那么你对他教育的方式就是正确的；假如孩子的感受是疏离的、封闭的、寒冷的、无力的、脆弱的，那么你对孩子教育的方式就不是正确的。《用父母心办教育》这个主题表达了李百艳借以父母之心、之情去亲近、洞察进而融入学生心灵的思想和实践，呈现了她20余年教育经历中的思言悟行。如何把教育在润物细无声中做得沁人心扉，甚至做得驰魂夺魄，从课堂到讲坛，从学科到管理，从学校到学院，百艳的每一步探索都始终聚焦教育的核心，走得很扎实，很丰厚，很稳健。

中国教育学会副会长、上海市教育学会会长

　　"用父母心办教育"是李百艳校长长期秉持的教育理念。"用父母心"是朴素的大爱精神，也是甘愿奉献的无私精神。作为教育工作者，"用父母心"还是一种超越简单朴素的理性态度，这是一种教师的专业精神。无论作为语文教师，还是作为教育管理者，李校长一路坚守学习和超越，才有这般对教育的深刻感悟，才有出于"父母心"，超越"父母力"的智慧和成就。期待此成果能成为更多青年教师和校长的学习资源，让更多青年教师和校长能够真正理解"用父母心"！

上海市教师教育学院党委书记

李百艳校长以热爱教育、热爱学校和热爱学生的真挚情感书写了因教育角色变换而随之变化的"言说""思行""魅力""对话"的教育思想建构，绽放出当代上海基础教育的绚丽之花，彰显了当代基础教育领域名家的"立德""立心""立魂""立功""立言"的时代使命特征。

北京师范大学教育学部部长、教授

从"我是谁"的追问中就看得出她是一位勤观察、善思考的教育者。多年的勤耕潜行，练就了她"心海澄清，广袤无垠"的境界，她给予学生们的是闪耀着师者智、父母心、长者爱的无分别全纳教育；她引领孩子们进入的是一个晶莹如月辉清照、充满浩然正气的宏阔世界。这是我在《用父母心办教育》中读到的。功不唐捐，灿烂如百艳。

清华大学附属小学党总支书记、校长

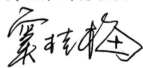

在不确定的世界中做一名有确定性追求的好校长；以"父母心"办一所有魂有体有个性的好学校；以深厚的文化底蕴和专业的语文精神让人变得更美好；以平等、坦诚和透彻的对话遇见更好的"我和你"。

华东师范大学教授

　　对话，也与自己对话，甚至时有借助另样的语言并不发出声来，缄默着，这在校园里的师生关系、教师与教师或教师与校长的关系中是何等重要。教育，教书育人，就是对话。一个是对话的内容，诸如良知、知识；另一个是跟自己对话，则是责任、激情、焦虑等。这本文集就是百艳深度对话教育的成果，书名就叫"用父母心办教育"！书中有很多丰富的对话场景，"魅力语文"一辑更是表现了对话即思考，是教学交往中，与对象照面的最生动的案例。

华东师范大学教授

　　百艳校长的《用父母心办教育》把建平实验中学的办学推向一个新高度，把教育推向一个高境界。作为建平实验学校首任校长甚感欣慰与敬佩。"用父母心办教育"是百艳在教育上的大道之志，更重要的是她在日常工作中永远不失脚下朴素的起点，她给多少迷茫无助的心灵带来希望，给学生稚嫩的双手带来力量，给弯曲的脊梁带来挺拔，给孩子带来自信。是的，也给我们教育工作者带来憧憬，带向诗与远方，让我们永远带着父母心办教育，这样，我们才能使孩子成为幸福生活的创造者和未来社会的建设者。

上海尚德实验学校校长

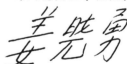

序　言

用父母心办人民满意的教育

多年前,我和叶澜先生第一次来到李百艳老师的课堂,一如既往地全神贯注听完以后,叶澜先生表达了她的感受:这是一堂蛮有"新基础教育"味道的课。从一向不轻易夸赞人的叶先生口中,发出了这样的赞叹,我们都很意外,百艳老师自然也很欣喜……那个时候,她还是初出茅庐。

多年以后,已经是特级教师、特级校长和正高级教师,身披中学教师所能拥有的各种头衔的李百艳,自然不会忘记那一年的那一堂课,这或许是她人生的一个重大节点,也是重要的转折点。在那个关键点上,她和叶澜先生的一场课堂对话,"话"出了新的教师生涯,生成了属于她的教师话语、教育话语和生命话语。

本书就是她的诸多话语的系统结晶,汇聚深耕教育20多年来,在学校教育教学、管理现场中或情境下的所思、所感、所悟和所为,带有她个人的生命体温与教育温度,综合、立体、丰满地呈现了"用父母心办教育"的教育思想。

通览这一体系化的教育思想,有四个支柱至关重要。

一是"校长言说",这一部分呈现了19篇作者在不同教育场景的现场演讲或教育思考,这些言说里浸润了这一位校长的情与思。尤其是在担任上海市建平实验中学校长期间,她利用各种教育契机,在开学典礼、升旗仪式、十四岁生日等重要场合面向全校学生做公开演讲。小到"冬至"节气这一天与学生们分享"冬至大如年,百善孝为先"的文化传统,"毕业典礼"上为毕业生传递"母校永远像母亲一样爱你"的教育真情;大到在2020年疫情期间一个人在空荡荡的礼堂面向全校、全社会做"在不确定的世界做一个确定的人"的演讲。因其合为当下时事而言说,充满哲学思辨的穿透力,在"人民教育"公众号发布后,引起广泛共鸣,迅速传播到"10万+"。此外,还有面向青年教师、校长、专家、家长等进行的教育言说,比如,在"中国教育学会中语40年暨于漪教育思想学术研讨会"上做"专业更新与生命常青——于漪教育人生的启示"主旨发言,不仅充满感情地表达了对于漪老师的真诚敬意,更从学理上分析了于漪老师生命与事业之树根深叶茂的内在逻辑,令人感动,给人启发,催人奋进。

二是"办学思行",这是对"校长言说"的延续和深化。从教育政策解读、育人理念凝练、办学模式建构、教育改革探索、教育关系处理、教师专业成长、学生心理健康等多元视角,全面呈现了李百艳校长二十余载从教、治学、办学实践中的深入思考与切身感悟。李百艳校长主张一所学校要有魂有体,魂体相依,体健魂强,她提出的"用父母心办教育"的思想,折射出朴素而深沉的教育情怀;她凝练的"建德建业,惟实惟新"的核心价值追求,用精准简洁的核心词汇,回环复沓的构词形式,巧妙妥帖的"内嵌式"表达,对内引发"建实人"的深刻认同,对外彰显了一所学校个性化办学的鲜明标识,起到了价值观管理中灵魂与统帅的作用。李百艳校长有着强烈的问题意识和突出的解决问题的能力,她直面"双减""课程改革""项目化学习""中考改革""质量监控""办学活力""教师专业发展""家庭教育""学校空间与文化建设"等教育改革重点、热点、难点问题,带领班子成员和广大教师一道系统谋划学校发展,推进育人方式的变革,用实际行动诠释"脚踏实地育真人,千方百计创未来"的办学理念,取得了突出的办学成果。一所5000多人的大校,实现了师生的生命质量与学业质量等量齐观、优质发展,学校获评市优秀基层党组织、市文明单位、十佳科技特色学校、教师专业发展学校、市巾帼文明岗等诸多荣誉。这些"办出来""学出来""思出来"和"行出来"的成果在《人民教育》《中小学管理》《中国教师》《上海教育科研》等核心期刊发表,被学习强国、中国教育电视台、《中国教育报》等媒体报道,极大提升了社会美誉度。2020年12月,教育部基础教育司司长吕玉刚莅临学校德育会议现场,对学校办学给予了"这就是立德树人"的好评。

三是"魅力语文",这是李百艳老师起家兴业的最初领域,也是其安身立命的学科根基。其中有她对语文教学"道"与"术"的系统思考。受到于漪老师等语文大家和"新基础教育"理念的启发,她深切体会到语文学科独特的育人价值,通过对语文教学改革的着眼点和核心内容的实践与思考,持续发掘语文学科的特有魅力,在语文课堂上、在语文世界里"教文育人,立文立人"。李百艳老师注重丰富学生的情感体验和审美体验,注重提升学生的思维品质,提升学生对语文魅力和汉语智慧的感受力、理解力和运用能力,引领学生不断地求真、向善、臻美,打下深厚的"中国人的精神底子",形成终身受益的核心素养。她每一届毕业的学生都会用一本"魅力语文"文集来记录美好的童年与青春,她的第一本专著《上海名师课堂 中学语文 李百艳卷》记录了她的课堂对话,她的教师培训基地培养了大批优秀的学员。2019 年 4 月,教育部教师工作司司长任友群参加"走进李百艳工作室"活动,亲自为工作室授牌。2021 年,李百艳工作室派出支援怒江的三位教师荣获全国"最美教师"团队成员。她的语文教育实践,生动地诠释了她的一篇文章的题目——语文,使人变得更美好。

四是"对话教育",这一部分既呈现了"对话教育"的研究历程,也蕴含了作者多年来有关"对话教育"的系统性、代表性论述,展现了"博士校长"的学术水平。我常常说,校长要有自己的教育主张、育人主张、办学主张,"对话教育"就是作为校长的李百艳的核心主张,是带有鲜明个人烙印的教育思想、育人思想和办学思想的集大成式的体系。从基于经验观察自发地开展对话教学,到推进"对话"进教研、进管理、进文化,她将"对话"逐步根植于学校教育实践的土壤,从多维度、多路径、全域开展对话教育的系统构建和实践,逐步建构了"对话教育"的理论体系。以"对话教育"统领学校发展,激发学生学习动力,让对话成为师生共同发展的内生性力量,实现学校整体转型性变革和跨越式内涵发展,并在本区以及跨区域层面进行了广泛的辐射推广。李百艳校长主持的课题"现代治理理念下公办初中'对话教育'的研究与实践"获得2021 年上海市优秀教学成果特等奖,她的专著《对话与超越》,洋洋 30 万字系统地阐述了"对话教育"的理论与实践,充分诠释了作为现代校长办学治校最重要的一种能力,即在理论与实践之间实现双向转化、双向建构的能力。

以上四大支柱的核心与落脚点,就是"用父母心办教育"。"父母心"既有天下父母心的共同特质,又蕴藏了作为语文教师、作为校长、作为教育研究者的多重特殊意蕴。在"父母心"和"教育"之间,关键是一个"办"字,这个"办"字就是创造,实现具体化、个性化和创造性的联结,从而融汇出一种教育理想:教育人当有父母心,用父母心来办教育,必定是人民满意的好教育,有父母心的校长,才是让百姓放心的好校长。

美国畅销书作家尼尔·唐纳德·沃尔什说过:"你思考过却未曾言说的,是在一个层面上创造。你思考过且已言说的,是在另外一个层面上创造。你思考过、已言说,且去做的,将在你的现实中展现。"李百艳校长独特的思考、言说与实践,创造了她的教育理想,创造了她理想中的教育,也创造了这本沉甸甸的书。读之思之,感受到一种真诚的吁求与召唤:期待更多的校长和教师,更多的教育人有父母心,用父母心来办教育和做教育。

作者为教育部人文社会科学重点研究基地华东师范大学基础教育改革与发展研究所所长,教育部长江学者特聘教授、讲座教授。

目录

第一辑　校长言说

在各种教育场景下,传递真知、真理、真情、真爱,是校长的职责所在。有力量的教育表达,不仅需要口才和文采,更重要的是洞见、情怀与思想。教育言说,是校长的一项基本功,更应成为一种终身修炼。

第二辑 办学思行

　　办学治校,立德树人,要统筹兼顾,博观约取;思行合一,理实相融。在了解世情、国情、校情、教情、学情的基础上,系统谋划学校发展。推进育人方式的变革,需要校长深思力行,师生同欲同行。

第三辑　魅力语文

每一门学科都有其独特的育人价值,语文教学要"教文育人、立文立人",以智启智、以德润德、以情动情、以趣激趣、以美唤美、以心印心,带领学生走进魅力语文的"桃花源"。

第四辑　对话教育

　　以对话代替独白和训话,引导学生与自然、社会、自我展开真实对话,建构对世界的认知,在"基于平等,经由沟通,达于理解,形成共识"的对话中,遇见更好的"我"和"你"。

第一辑 校长言说

在各种教育场景下，传递真知、真理、真情、真爱，是校长的职责所在。有力量的教育表达，不仅需要口才和文采，更重要的是洞见、情怀与思想。教育言说，是校长的一项基本功，更应成为一种终身修炼。

在不确定的世界做一个确定的人

我希望你们不要汲汲于稻粱之谋,不要做一个精致的利己主义者,希望你们将来投身于一个自己感兴趣的专业领域,愈研愈深,愈深愈入,最终成为真正的专家,能够在人类危难之时显身手,在不确定的世界里做一个确定的人。

今天是 2020 年新学期网络教学开学的日子,此时此刻的校园,梅花片片飘落,白玉兰在春风里怒放着一树的圣洁与繁华,偶尔传来的几声鸟鸣,使整个校园显得愈发幽静。这是我们人生中最特殊的一次开学,也是新中国教育史上最特殊的一次开学。因为一场蔓延世界的疫情,我们没能在 2 月 17 日如期返回校园。经过一个加长版的寒假,今天,2020 年 3 月 2 日,我们终于开学了!但是我们却不能像以往一样背着书包回到美丽的校园,回到我们熟悉的教室,在欢声笑语中渲染同学间短暂分别后重聚的欢喜。因为防控新冠肺炎疫情的原因,我们选择了云相聚、在线学,以在线教学来开启我们的新学期。

特殊时期,特殊开学,总有许多特别的感慨。我和各位一样,经历了对疫情认识的不断深入和对防控工作的不断投入。从起初的有些不以为意到后来的小心翼翼,从武汉封城的紧急时刻到全国疫情防控的希望转机,从一组组冰冷的数据到一个个感人的事迹,从无比安静的街道社区到汹涌澎湃的舆论信息,从病毒宿主到传播途径,从逆行者到志愿者……许许多多的高频热词冲击着我们,让我们更加切身地体会到我们所处的所谓的"算法时代",仍然是一个常常算不准的、充满不确定性的世界。

一、变化无常：前事之鉴不能遗忘

这次疫情让人自然地联想到 2003 年的"非典"，初中年级的同学们那时候尚未出生，但是你们的老师和父母应该都有着或多或少、或深或浅的印象。"非典"之殇，理应是我们这个民族共同记忆中永远的痛。我们曾经天真地以为"非典"之后再无"非典"，然而，灾难总是在人们忘记它的时候发生。在岁首年终的交替之际，在"2020"这个在上海话中被赋予了无限爱意与幸福的年份到来之时，在人们又忙又累、又追又赶、又游又玩、又聚又会、又吃又喝的时候，比"SARS"更加诡异的新型冠状病毒突然来袭。如同一场连环相撞的交通事故，每辆车都迅速来了一个急刹车，谁也动不了，混乱的现场等待处理。钟南山院士奋勇逆行，火神山、雷神山医院神速建成。从部队到医院，我们举全国之力驰援湖北。人们的情绪随着疫情的发展而波动，紧张、焦虑、恐惧、担心、感动、愤怒、忧伤、静思……各种各样的情绪交替来袭，让我们真切地体味到了什么叫百感交集。当我们看到华山医院年轻的护士们出征前排着队剪掉满头秀发，青丝散乱堆积满地的镜头时，心里满溢出苦涩的滋味；当我们看到在防疫物资最缺乏的时刻，很多人第一时间捐成千上万的口罩、防护服时，我们越发地相信生命与爱才是真正的奇迹；当我们看到顺丰小哥汪勇不怕被感染，开车接送医护人员，从志愿者变成了一个带领团队在危难中奋然前行的领导者时，我们发现，每一个平凡的人都可以成为英雄。正如谷歌 2019 年度视频对关键词"英雄"的定义，真正的英雄可能没有披风、貌不惊人，但会在关键时刻飞扑而至，带来爱与希望，用自己的力量鼓舞他人，是一个打破不可能，心有超能力的人，是身上散发着最美丽的人性光辉的人。

疫情之下，涌现出很多可歌可泣的人和事，但也不乏可耻可恨、可悲可叹的人和事。无情的病毒夺走了多少无辜的生命，他们带着不甘、不舍与不平离开这个世界。李文亮去世的那个夜晚，有多少人为这个素不相识的，平凡而又善良的年轻医生泪倾如雨；护士长蔡利萍撕心裂肺地追赶着运送她丈夫——武昌医院院长刘智明遗体的殡葬车的一幕实在令人目不忍视。还有多少骨肉至亲生离死别之际不能见面、不能相送留下终生的遗憾？"死者长已矣""亲戚或余悲",失去亲人的伤痛只能等待岁月去慢慢抚平。

相比这些人,我们是何等的幸运,浦东新区从小学到高中,35万多名学生,2万5千多位教师,无感染病例,无疑似感染病例。亲爱的同学们,被保护得这么好的你们,有没有真正地意识到这场疫情究竟是多大的一场灾难?有没有为那些不幸的人们心痛过?有没有想过为这次抗击疫情再做点什么?有没有反思过这样的灾难如何可以避免?同学们,我有一种担心,担心你们对疫情的感知还有些懵懂;担心你们的心仍然没有觉醒;担心你们还只顾自己的安危,而对人类命运共同体中其他人的痛苦没有共情;担心疫情结束的若干时日,你们已经全然忘却了今日的种种。同学们,千万不要以为这一次居家抗疫就像过去防备一场绕路而行的台风一样,自以为能多赚一天安然无恙的假期。现在假期已经结束,我们要进入一种特殊的学习状态,除了学习文化知识以外,我希望你们能多多思考反省,希望你们能多多关心疫情、国情和世情,希望你们把这特殊的经历和感悟写进你们记忆的深处。"前事不忘,后事之师。"现在或将来,疫情还有卷土重来的风险,我们的战"疫"尚未结束。我们要时刻警醒,永远铭记,每个人都应该"吃一堑,长一智",树立起终身防御灾难的思想和意识,才能拥有与不确定性共舞的能力。

二、相惜如常:心灵得到爱的滋养

习近平总书记强调:"这次新冠肺炎疫情是新中国成立以来在我国发生的传播速度最快、感染范围最广、防控难度最大的一次重大突发公共卫生事件。"这次疫情对各行各业、各家各人都产生了不同程度的影响,很多冲击是前所未有的,甚至是难以想象的。

前几天,我一个人值班后走在回家的路上,走过商业中心,看到的是春风拂面、万物复苏,但同时也看到了店铺关闭、花开无主。面对那种情境,我忽然间有一种恍如隔世之感:这一切熟悉而又陌生,这还是那个车水马龙、不眠不休、无限繁华的上海吗?我们多年来的生活、学习和工作中习惯成自然的平常与正常都被打破了。我们已经失去了太多,我们不能再失去了。我们要及时止损,我们不能徒然遭受这灾难,我们要寻回原本属于我们的快乐与幸福。

学不停,教不停,爱不停! 这几天校长和教师们都在为网络教学紧张、忙碌地准备着、操练着。自嘲为"十八线主播"的教师们不辞辛劳,在一次次的"崩溃"后终于学会了新技能。很多家长在朋友圈里吐槽和笼中"神兽"斗智斗勇甚至"擦枪走火"的尴尬经历。这场疫情,师生之间的距离被迫拉开,父母和孩子不得不全天候同处一室,这使得学校教育和家庭教育都遇到了新问题、新挑战。同学们,在这里,我想说,你们的老师不是神人,你们要试着去体谅他们偶尔的乏力与无奈,你们要在他们不能时时面对面督促你们的时候学会自律自学;你们的父母不是完人,你们要主动化解他们并非存心给你们带来的爱的伤害。同学们,家长们,我们要利用居家网络学习的这段日子,加强亲子之间的沟通,学习亲密关系的交往之道,培养尊重、守诺、负责的现代契约精神。过去,父母忙于工作,孩子忙于学习,甚至孩子在双休日还要补课,一家人之间缺少倾听和对话,亲人之间的爱不能得到好好地表达。爱需要学习,让我们学习爱的语言,学习爱的行动。"母亲呵,天上的风雨来了,鸟儿躲到它的巢里;心中的风雨来了,我只躲到你的怀里。"冰心的这首小诗,描述了多么美好的爱的境界。可怕的病毒来了,每个人躲进自己的家中。让我们利用好这段一家人共同在家躲避病毒的时光,让父母的心转向孩子,让孩子的心转向父母,让心与心靠得更近,让我们的家充满默契与温馨,让每一个心灵都能得到爱的滋养。

三、天行有常:掌握规律才有力量

医学发展到今天,已经达到了相当先进的程度。历史上那些骇人听闻的传染病如鼠疫、霍乱、天花等都有了有效的预防和治疗手段。但是现代发现的一些病毒如埃博拉病毒、艾滋病病毒、新型冠状病毒等还没有研制出相应的疫苗或是能彻底医治的药物。为此,科研工作者、医务工作者们夜以继日地研究、实验。有人说,所谓自然,就是人们见惯了的神迹。大自然奥秘无穷,人类认知的有限性和发展的阶段性,让我们看到了人在大自然面前是何等的渺小。荀子在《天论》中讲道:"天行有常,不为尧存,不为桀亡。应之以治则吉,应之以乱则凶。"大自然的运行是有规律可循的,人类要用正确的治理措施去适应它就会吉祥如意。先哲的智慧启示我们,作为自然之子的人类要认识自然、尊重自然、敬畏自然、与万物共生共存。面对新型冠状病毒,我们也理应在科学的指引下实施防控措施。

疫情让我们看到顺应自然、把握规律、科学治理是多么重要。现在抗疫的形势越来越好,截至 2020 年 2 月 29 日,全国多个省市的新增病例为零,我们的防控措施也得到了国际社会的认可。世卫组织的专家给出了这样的评价:面对一种未为人知的新型病毒,中国采取了恢宏、灵活和积极的防控措施。古老的方法加以现代化的科技,产生了更大的效果。天人合一、中西结合、古为今用,这就是中国智慧。掌握规律才有力量,今后的我们,一定要保持谦卑的态度,顺应自然之道,利用自然规律,为我们的国家和民族、为人类谋求更大的福祉。

四、教育恒常:未来世界真人担当

这次疫情是否可以避免? 今后我们该如何应对各种各样的突发事件? 作为一名教育工作者,我最近常常思考这些问题。不得不承认,我们现在身处的以及未来要面对的世界越来越充满不确定性,各种各样难以预料的问题随时都有可能发生。然而,举凡问题,莫不是人的问题。成人世界的智与愚、福与祸、善与恶、美与丑,莫不与幼年的教育相关。人民教育家陶行知先生曾经说过:"在教师手里操着幼年人的命运,便操着民族和人类的命运。"今日的世界,隐含着昨天的教育;今天的教育,影响着明日的世界。我们想要一个怎样的世界,就要办怎样的教育,就要培养怎样的人。

教育家孔子倡导培养恪守仁义礼智信,能修身、齐家、治国、平天下的君子。古希腊哲学家柏拉图主张培养热爱知识和真理、专心致志、充满智慧、正义勇敢的哲学王。美国教育学家杜威则提出"教育即生长",要摒除压抑、阻碍儿童成长的外在影响。曾经师从杜威的我国人民教育家陶行知谈论到教育的目的时,说:"千教万教教人求真,千学万学学做真人。"这两句话是融会东西方教育思想,融合教育理论与实践之后,得出的高度凝练的表达。说一千道一万,教育的终极目的就是要培养一个个真实、真诚、真正的人。为什么钟南山院士那么值得我们信赖?因为他一向以敢于说真话而著称,他"有院士的专业,有战士的勇猛,更有国士的担当"。为什么张文宏医生一下子成了全国人民心目中的"爱豆"?人们喜欢听他讲话,因为他讲的都是真话、实话,因为他说出的是常识、是真知,他对传染病的防治极其精通,讲起这方面的知识信手拈来、如数家珍,他的公开课生动形象地为我们揭秘了病毒的世界。这些人才是我们心目中最闪耀的明星,他们身怀硬核技能,心有大爱,有家国情怀,有赤子之心,如果你要追星就一定要追这样的明星。

蔡元培先生说:"教育者,非为已往,非为现在,而专为将来。"同学们,今日的你们究竟为何读书?我希望你们能发自内心地热爱学习,而不只是喜欢学习给你们带来的高分和名校;我希望你们不要汲汲于稻粱之谋,不要做一个精致的利己主义者,希望你们将来投身于一个自己感兴趣的专业领域,愈研愈深,愈深愈入,最终成为真正的专家,能够在人类危难之时显身手,在不确定的世界里做一个确定的人;我希望你们不仅乐于探索真知,更勇于追求真理,永远心怀真爱,敢于坚持做一个直面现实、不惮顺逆,能够活出真我的人,成为一个对社会有用的、真正的人,成为未来世界不可或缺的力量担当。

专业更新与生命常青

——人民教育家于漪老师教育人生的启示与影响

在我的心目中,于漪老师就是歌德笔下的歌者的形象:我站在这清讴,犹如鸟儿唱在枝头,我不需要任何奖赏,让我歌唱,就是对我无上的报酬。

2019 年 9 月 17 日,国家主席习近平签署主席令,授予于漪"人民教育家"称号,这也是新中国成立以来首次正式授予"人民教育家"国家荣誉称号,于漪老师是基础教育领域唯一获此殊荣者。关于于漪老师的报道和研究已然非常丰富,作为一位普通的语文教师,总结向于漪老师学习的经历和体会,分析于漪老师专业更新与生命常青的教育人生特质,有助于在更深层次上获得教益。

一、远在天边的星辰

第一次听到于漪老师的名字,是在 20 世纪 90 年代初期。我那时刚刚大学毕业,在大庆油田的一所子弟中学工作。记得参加市教育学院组织的一次教研活动时,当时的教研员崔惠华老师在培训中特别讲到要向于漪老师学习,大意如下:于老师是全国知名语文教师,我们前两年有幸把她请到了油田,她的语文课让学生意识到语文是那么美,生活处处有语文,她的公开课《海燕》更有万人空巷的效应。于老师的报告特别精彩,她懂学生,知道学生心里在想什么,她和学生的关系特别融洽,连学生为什么迷上琼瑶小说,她都要去阅读去了解,然后和学生交流体会,在交流中适时地进行引导。教师们一定要认真学习于漪老师,立志做咱们油田的"于漪"。当时有一些教师有幸听过于漪老师的报告,目睹过于漪老师的风采,谈起来津津乐道。但是也有很大一部分教师错过了那次学习机会，在听了教研员的一番讲话，又听了那些"幸运者"的描述后，他们显得怅然若失、不胜惋惜，而我就是其中之一。那一刻，我不知道崔老师的话有多少人听进去了，但是，于我而言，这话就像把一颗石子投入心湖，激起了层层的涟漪。我感叹世上还有这样的教师，做语文教师竟然可以做到这样的境界，我一定要向于漪老师学习，像她那样一辈子学做教师。

就这样，我心里埋下一颗种子。岁月流逝，我心深处，这颗种子慢慢发芽，长叶，时时开出一两朵摇曳多姿的小花。从那时起，于漪这个美丽的名字，走进了我的教师生涯。我经常可以在《语文研究》期刊当中看到她写的文章或是关于她的文章。她的思想是那么有见地，她的语言是那么精准，她是那么有影响力、有吸引力，虽然她并不知道这个世上还有一个渺小而平凡的我，然而，她就像远在天边的星辰一样，默默地给予我感召与引领。

二、近在眼前的大海

感谢命运的安排，2000 年，而立之年的我北雁南飞，来到了上海浦东，落地在建平实验中学。在市区语文教研员、各位语文前辈的提携之下，我开始了语文教育探索的新里程。其间，我有幸加入了上海市青年语文教师研究会（简称青语会），担任秘书长，谭轶斌老师时任理事长。青语会得到了于漪老师的很多指导，进行了很多探索，或筑坛讲学、或主题研讨、或立项研究、或展示评比，发改革先声、探教学新路、搭交流平台、育一代新人，取得了令人欣喜的成绩。此间我得以近距离地接触到于漪老师，得到于漪老师的深切关怀，一个曾经那么遥远的名字，像天边的星辰一样吸引我的于漪老师一下子变成了眼前可亲可敬的长者，这是怎样的一份幸运和恩惠。

如果一个人不认识也从没听说过于漪老师，初次相见，就会觉得她是一位衣着简朴、没有任何特别修饰、很像邻家奶奶一样的普通老人。然而，认识于漪老师的人都知道，只要她一站上讲台，她就会立刻变得光芒璀璨。现在有句流行语叫"自带流量"，用来形容一个人不同凡响，特别有吸引力。在我们眼中，于漪老师永远有深不可测、用之不尽的"流量"。她的报告讲话、点评指导、文章著作总是以智启智，以爱激爱，以情动情，以心印心，为教育人解惑、答疑、鼓劲、加油、立志。她的家国情怀,她的坚定信念,她的语言魅力,她的教育储备,她的人文底蕴,她的思想矿藏,她对社会的敏锐洞察力,她对教师和学生一往情深的爱,让我们深深地叹服,她像大海一样"胸藏万汇凭吞吐,笔有千钧任翕张"。我多次整理过于漪老师的讲话,她从不用发言稿,从来不会照本宣科,然而她的发言实录就是一篇文从字顺、逻辑严密、文采斐然、立意高远的佳作。于漪老师的文章就像苏霍姆林斯基的文章一样,金句名言俯拾皆是。她的每一篇文章、每一本著作的手稿本简直就是一块无须雕琢的美玉。她是语言功底最过硬的语文教师,她本身就是语文的化身。她早些年的著作《语文教苑耕耘录》《语文教学谈艺录》早已成为我的案头书、枕边书,翻开蔚为大观的《于漪全集》,可以说真知灼见比比皆是,随手翻开一页都可以作为我们研究语文教学的行动指南和理论支撑。

于漪老师是那样热爱语文,她深情地说:"哪一门学科能有语文那样的灵动蕴藉,哪一片天地能有语文那样的斑斓多彩。"她和语文的关系,简直就是一位武林至尊所达至的"人剑合一"的境界。她用原点思维与终极追问的哲学思考,以极大的理论勇气回答语文学科性质问题、语言的民族性问题,引导我们科学理性地认识语文的工具性与人文性的双重属性。她针对传统课堂的"一言堂",提出课堂要力避"单一、平推、线性"的弊端,要转变为"面向所有学生的网络辐射性模式"。文道统一、德智融合等重要规律在于漪老师的教学实践中得到了水乳交融的落实和体现。于漪老师的教育思想元气淋漓、朝气蓬勃。那是因为,她终身从教、终身学习、终身实践。于漪老师的教育理论是从 70 年的教师生涯、2000 多节公开课、600 多万字的论文著作中生长出来的。"善歌者,使人继其声。善教者,使人继其志。"在我的心目中,于漪老师就是歌德笔下的歌者的形象:我站在这清沤,犹如鸟儿唱在枝头,我不需要任何奖赏,让我歌唱,就是对我无上的报酬。于漪老师对语文的态度感染着千千万万的语文教师,更熏陶着与她近距离接触的我。我在语文教学中坚持教文育人、立文立人,以魅力语文激发学生对母语、对传统文化的志趣,和于漪老师的影响是分不开的。我为自己能够以教语文为志向而感到幸运,为自己能够拥有深刻的职业认同而感到幸福。

于漪老师又是那样地热爱学生,她说:"教学,教学,教要在学生身上起作用。"是呀! 教学就是要教学生学,于漪老师的表达多么直白而恳切! 她强调"教师既要吃透教材,又要对学生了如指掌",她和学生交朋友,采用"望、问、听、阅和材料跟踪"等方法了解学生,研究学生。她由衷地告诫青年教师,要真正洞悉学生的个性不是件容易的事情,须多思考,舍得花工夫,花精力,多侧面多角度地了解,观察要精细、分析要周到。因此,她的施教总是能够"和学生的心弦对准音调"。[①] 她一直强调的"教师要一个心眼为学生",成为我坚持"用父母心办教育"的原动力,让我坚信"心在何处,智慧就在何处;爱在何处,奇迹就在何处"。

于漪老师不仅是学生的教师,更是教师的教师,她培养了很多赫赫有名的门墙桃李,更有无数的像我这样虽然没有机缘成为"于漪名师基地"的正式学员,却一直以其他方式学习受教的弟子。她培养青年教师,总是站在国家和民族的制高点上谈教育,站在传统与时代的交汇点上谈文化,站在人性与道德的交叉点上谈育人,站在科学与人文的结合点上谈教学。她是教育的探路者、教师的领路人,是我们真正的榜样。"水因善下终归海,山不争高自成峰。"德高望重、殊荣加身的于漪老师总是谦虚地说"一辈子学做教师"。她开放开明,包容包涵,上善若水,海纳百川。近距离的接触,更让我看到作为改革先锋和人民教育家的于漪老师的人格魅力。眼前的于漪老师犹如浩瀚的海洋一般,宁静深邃,波澜壮阔,气象万千。

三、永葆常青的生命

于漪老师最令人叹服的是,每一次听她讲话,和她交流都会发现她又有了新思想、新思考,给人以新启发。她传承而避免因循,她新锐而抵制偏激,她创新而排斥猎奇,她领先而拒绝时髦。在专业上,她总是能够与时俱进,守正出新。70 年的教学生涯中,她一直不变的是对我们这个国家和民族的赤子初心,对魅力汉语的无限钟情,对广大师生的满腔热爱,对教育真谛的执着坚守,对学

---

① 于漪.岁月如歌[M].上海:上海教育出版社,2015:77.

术高峰的不断攀登。很多人觉得她是一面"高高山顶立"的旗帜,但是,我更折服于她"深深海底行"的躬身实践和潜心钻研的精神。很多人都与我有同感,每一次见到于漪老师,不管工作中遇到了怎样的困难,带着怎样的困惑和烦恼,都会在和于老师的交谈过程中,不知不觉间得到开解,变得豁然开朗。于老师总是能够带给人思索,带给人力量。我从来没听到过她有什么个人的怨尤和忧愁,我曾经反复思考过,于漪老师也不是神啊,她也是有血有肉有七情六欲的人啊,她真的会没有自己的烦恼吗?后来我渐渐明白,圣人无忧,忧以天下。于漪老师特别在意的是工作和事业,而不是她自己。于漪老师的工作就是她的生活;或者说,她的生活就是她的工作。一个人有了更大的使命,就会无限趋近于"无我"的境界,个人的小悲小喜就不足以挂齿萦怀了。

今日的世界进入了一个超级多元化的时代,各种思潮和意识不断冲击着人们的思想,其中有主流价值,也不乏亚文化、非主流。在教师队伍中,有些人"常被浮云遮望眼",被功利捆锁,被焦虑裹挟,被偏见困扰,被平庸消磨。有人变得追风逐浪,心浮气躁;有人变得得过且过,未老先衰;有人变得孤芳自赏,顾影自怜;有人变得保守褊狭,故步自封。教育就是生命影响生命,如果教师自身的生命处于如此消极、抑制的状态,又怎能指望他们给学生带来积极、正向的影响。

今日的于漪老师可以说是居功至伟,达到了"立功、立德、立言"的大儒境界,然而这一切源于一点一滴的积累,源于一生一世的坚守。汉代陆贾说:"建大功于天下者,必先修于闺门之内。垂大名于万世者,必先行之于纤微之事。"我们学习于漪老师,最重要的是学习她的生命状态,学习她生命永葆常青的秘诀。长期扎根深厚的教育田野,不断吸纳时代的源头活水,于漪老师就像一棵长在溪水边的树,无论什么年景,干旱也好,烈日也罢,都能根深蒂固,开枝散叶,果实累累。鲐背之年的于漪老师,身体已然不是很强健,但是她总是充满激情和力量,永葆生命常青的状态。

有的人遇见了,是真正的三生有幸。于漪老师就是我们语文教师梦想中的星辰大海,她的专业更新与生命常青给了我们一个最好的例证、最佳的范本,一个人事业的长度、生命的阔度、精神的高度都可以无限拓展。

成 为 我 所 是

正是经由生命中的每一个重要的"你",才有了今天这个独一无二的"我",我才能够有信心去完成生命的使命——成为我所是。

"我是谁?我从哪里来?我到哪里去?"作为一个古老的哲学命题,这经典的"人生三问"不仅仅是哲学家的终极思考,也是每一个普通人在特定时刻不由自主的生命觉醒。有时候看着镜子中的自己,会忽然觉得有些陌生,"这就是我吗?哦!原来,我竟然是这样的!"有时候看着大街上来来往往的人流,看着一张张表情各异的脸,偶尔也会冒出一种莫名其妙的想法:这来往的每个人有着怎样不同的人生际遇,才会成为这样一个个与众不同的"我"。

一、"我"究竟是谁

作为一名语文教师,我喜欢把自己思考过的问题让学生去思考,我曾经让初二的学生写过一篇命题作文《我是谁》,想以此来叩击一下孩子们的思想之门。那一次的作文出现了很多好文章,其中一个叫张世安的同学给我的印象尤为深刻,她在作文的第一段写道:"我是谁?这还用问吗?我当然是张世安喽!没想到李老师竟然让我们写这么简单的作文。咦?不对哦,仔细想想好像也没那么简单。如果当初我的父母给我取的不是这个名字,那我岂不就不是张世安了。那我到底是谁呢?哦,对了,我是建平实验中学的学生。咦?似乎也不对哦,如果当初我没进这所学校,那我就不是建平实验中学的学生了,而且以后我会毕业,会进入新的学校,会参加工作,会有新的身份,那时候的我,又是谁呢?那么我是妈妈的女儿,我是朋友的朋友,这些对又不全对,真正的我就是我,一个外貌、性格独一无二的我。"这篇文章引发了我强烈的共鸣。我惊讶于孩子们深刻的思考和鲜活的表达! 是的,他们几乎从来没有让我失望过,他们总是能够带给我许多意料之外的惊喜。千万不要小瞧这些青春期的少年,他们正在经历着一次大幅度的心理发育和精神成长,他们的思维方式已经由感性向理性过渡,他们萌生了人格独立的意识,他们的生命觉醒来得更自然,更率真,更鲜明! 他们在言语和行为上虽然有时很稚拙,但有时也像一个思想深邃的哲学家。他们在表达真实的自我时,展现了生命的智慧与完整。每一次用心倾听,每一次真诚回应,都让我感受到在唤醒他们的同时自己也被更深地唤醒,在一次次的"以情动情,以趣激趣,以智启智"的互动生成中,我和每个学生都在建构一个更新的"我"。

那么,我究竟是谁呢? 学生的作文,让我陷入了更深的思考,当我们尝试着用一种外向思维,试图借助各种与自己相关联的人或事来定义"我"的时候,无论怎样界定,我们的认识总是不完整的、不准确的、不深刻的,是难以指向"我"的本质特征的;当我们尝试着用一种内向思维,小心翼翼地向着自己的心灵深处开掘的时候,愈发感觉到生命的奥秘,难以测度的先天与后天、多元与多变的因素造就了每一个独一无二的"我",而我们终将用一生去成为自己心底最深处的那个"我"。

二、语言给出"我"

作为语文教师,我深深地相信,如果我的母语不是汉语,如果我没有从事母语教育工作,我一定不是现在的"我"的样子。海德格尔认为"语言是存在之家",我们生存在语言之中,语言不仅是表达的工具,也是思维的载体,我们通过语言来凝聚思想、释放思想、创造思想。我们不可能离开语言而存在,语言决定了人的本质,一个人用什么语言思考和表达,他就会属于那种文化,就会带有那种文化的基因。海德格尔不仅对语言的属性重新定义,他对语言的功用也做了非常透彻的阐释,他认为"语言产出人,给出人"。也就是说,一个人听什么样的语言,读什么样的语言,说什么样的语言,就会成为什么样的人。

反思自己的成长之路,用一句话来概括,就是"不断地被魅力汉语所征服以及不断地用魅力汉语去征服的过程"。被魅力汉语征服其实就是被汉语特有的诗情画意所征服,被汉字承载的灿烂文化所征服,被汉字所蕴含的精神宝藏所征服,被汉字所表现的美好人性所征服。征服我们的有时是一部巨著,有时是一篇短文,有时是一首小诗,有时甚至就是一个字、一个词。汉字让我们觉得无比精妙,趣味无穷。诚如舒婷所言:"魅力汉语对我们的征服,有时是五脏俱焚的痛,有时是透心彻骨的寒,更多的是酣畅淋漓的洗涤和'我欲乘风归去'的快感。"①

最初的征服是在学生时代那些酣畅淋漓的课堂里,在那些细腻而又辽阔的文字里。我初中的语文老师王宵云和高中语文老师迟德林都是全校公认的最好的语文教师,他们的教学基本功非常扎实,课堂语言非常有感染力,而且他们特别善于鼓励学生,经常叫我朗读课文、回答问题、读自己的作文,并且为我打开了一扇窗,让我看到教材之外的万紫千红,课堂之外的万水千山。我喜欢在午休时一个人悄悄地背两首唐诗宋词;喜欢在晚自习时快点把作业写完,然后有滋有味地读《人民文学》和《十月》等杂志;喜欢在假期读自己喜欢的小说,直到我完整地读完了《红楼梦》,直到我把《红楼梦》里的诗词一首一首地抄写在心爱的笔记本上,直到我一字不漏地背下《葬花词》,我发现,当时的我和过去的我已经不再一样了。上了大学以后,许多教师的课堂都成为我读书经历中的华彩乐章,加之,有大量的时间,以及图书馆这个宝贵的空间,我真有老鼠掉进米缸的满足和坐拥天下财富的豪情。可以说,我的学生时代最美好的事情就是身心浸润在美好、丰富、优雅的语言世界里,以至于我在日后的教学和写作中,始终对语言保有一种特别的敏感与苛求。

因为深深地被语言的魅力所征服,我自己做了语文教师之后,不管语文教学怎么改,始终坚持"以文育人,立文立人",始终以语言为核心展开教学,引导学生与语言进行亲密的接触,围绕"品味语言,积累语言,运用语言"这条主线来展开教学,致力于提升学生的阅读、倾听、理解、表达、审美能力,提高学生的语文素养。品味语言就是要实实在在地读,有滋有味地品。我给学生

---

① 舒婷:舒婷随笔[M].长沙:长沙文艺出版社,2012:273.

分享丰子恺对"春"这个词的品味:"春是多么可爱的一个名词。自古以来的人都赞美它,希望它长在人间。诗人,特别是词客,对春爱慕尤深。试翻词选,差不多每页上都可以找到一个春字。后人听惯了这种话,自然地随喜附和,即使实际上没有理解春的可爱的人,一说起春也会觉得欢喜。这一半是春这个字的音容所暗示的。'春!'你听,这个音读起来何等铿锵而惺忪可爱!这个字的形状何等齐整妥帖而具足对称的美!这么美的名字所隶属的时节,想起来一定很可爱。"①丰子恺先生从文化视角、社会习俗、汉字"音、形、义"三美特性等角度来品味这个词,让人感到"春"仿佛是一个有独立形象的"美人"。基于这样的学习,学生对"文章的标题为什么是'春'而不是'春天'""文章为什么通篇运用拟人的手法"等问题,也有了不一样的理解。

学生一旦被魅力汉语征服之后,会不断地探索美、发现美、享受美,他们在积累语言和运用语言方面自然也会兴趣盎然。有人说,学生有"三怕",一怕文言文,二怕周树人,三怕写作文。在我的班级里,这"三怕"几乎要变成"三爱"了。学生郑佳妮说:"我最喜欢学文言文,喜欢学古典诗词,李老师和那些古代作家好像都是好朋友,她好像是古人专门派来帮助我们学好古文的。"很多教师都反映学生背诵《出师表》有困难,但是,我的很多学生在学这篇课文之前已经迫不及待地背诵了全文,并催着我早点学《出师表》。有一位叫应晓骏的学生为了在班级背诵擂台赛中胜出,竟然把《三国演义》的每一回的回目都背出来了;一位叫刘梦远的学生,曾经一夜无眠,一口气写了三篇文章:《语文,我没有理由不爱你》《我的恩师们》《当青春期遇上更年期》。我的班级里还有许多"奇葩"的写作流派,有"零度抒情派""作文耍帅派""考场作文派",还有个学生是"鲁迅风格派",他写作喜欢用一些长句,喜欢把一些看似矛盾的词句放在一个句子中,像鲁迅那样"玩深沉"。曾经有一个语文成绩并不是很优秀的学生对我说:"李老师,我将来要像您一样做个语文教师。"也有一个学习成绩特别优秀的学生给我写信:"李老师,我最喜欢的学科是语文,您一直那么欣赏我、器重我,但是我还是选择了理工科,我很抱歉,您千万不要失望啊,我会把语文作为我终身的爱好。"

---

① 丰子恺.丰子恺散文精选[M].杭州:浙江文艺出版社,2021:71.

作为教师的我,在两个学生看似错位的选择中,渐渐悟出了"善歌者,使人继其声。善教者,使人继其志"的教育真谛。我既不善歌,也算不上善教,我决不会要求也不希望每个学生都像我一样做一个语文教师,他们学习语文、热爱母语的志趣能够被激发出来就是我最大的欣慰。魅力汉语不但成就了现在的"我",也成就了一个又一个"嘉言懿行于外,善心美德于内"的真善少年,魅力汉语会伴着他们成为更美好的成人。

三、经由你,成为"我"

"我经由光阴,经由山水,经由乡村和城市,同样我也经由别人,经由一切他者以及由之引生的思绪和梦想而走成了我。那路途中的一切,有些与我擦肩而过,从此天各一方,有些便永久驻进我的心魂,雕琢我,塑造我,锤炼我,融入我而成为我。"这是史铁生在《病隙碎笔》中的一段话,道出了我之所以成为"我"的重要因素。在我们的生命中总有一些特别重要的人给我们直接或间接的帮助和影响,而同样的,我们也会自觉或不自觉地影响着别人。

对我影响深远的人有很多,尤其是那些真正的教育人。他们或以新锐的思想引领我奋进;或以深厚的文化底蕴推动我学习;或以通透豁达的人生开启我智慧,以美好的人格净化我心灵;又或以理解的同情接纳我的大缺陷,以源自灵魂深处的善意祝福我的小梦想。每次与这些良师益友、高人智者的对话、交往都让我获益匪浅。有些专家和同行走进我的校园,在学校的文化地标——心心相印池畔,望着池中涌动的一股股清泉,望着阳光下显得格外璀璨的钻石苹果,与我重温人民教育家陶行知的"真教育是心心相印的活动。唯独从心里发出来的,才能打到心的深处"[①]这段话,共同品味夏丏尊的教育"好像掘池……教育没有了情爱,就成了无水的池,任你四方形也罢,圆形也罢,总逃不了一个空虚"[②]的形象表达。他们对我"没有水的池塘就是一个坑,没有爱的教育就是生命的荒漠"的说法的认可,给了我坚持的动力。他们走

---

① 陶行知.陶行知全集 第二卷[M].成都:四川教育出版社,1991:446.
② 夏丏尊.夏丏尊散文集[M].哈尔滨:北方文艺出版社,2019:103.

进我的课堂,审视我的教学,做出切中肯綮的分析,进行恰如其分的评价,提出改进的意见,给予我热诚的鼓励。他们赞同我"把公开课当成家常课来上,每一节课都要真实自然;把家常课当成公开课来上,每一节课都应该郑重其事"的主张,让我保持了一份教育者的从容。我和他们分享我提出"用父母心办教育"的初衷。我最初的想法只是源于一份本能,源于鲁迅先生翻译的日本作家有岛武郎的《小儿的睡相》给我带来的震撼。我给他们描述我读"夜一深,独自醒着,凝视着熟睡的小儿,愈凝视,我的心就愈凄凉……不可知的运命,将这样的重担,小儿已经沉重地,在那可怜的肩上担了。单是这个,不是已经够了吗"这一段文字时的情景:我凝视着文字,凝视着每个孩子的脸,就如同凝视着自己的孩子一样,我的心越来越柔软,我希冀包括我在内的每个与孩子相关的成人都能够常怀一颗悲悯之心,捧出我们诚挚而理性的爱,像疼爱自己的孩子一样,去照亮每个孩子的未来。我和同侪经常在一起交流讨论,我们相伴相携,相互支持,在一次次"如切如磋,如琢如磨"的研讨中,共同进步,一起成长。

专业上有一点优先发展机会的我,总希望尽我所能为我身边的人做一点什么,因为我始终记得施韦泽在《敬畏生命》中的一段话:"如果我是一个有思维的生命,我必须以同等的敬畏来尊敬其他生命,而不仅仅限于自我小圈子,因为我明白:她深深地渴望圆满和发展的意愿,跟我是一模一样的。所以,我认为毁灭、妨碍、阻止生命是极其恶劣的……根据同样的理由,尽我所能,挽救和保护生命达到她的高度发展,是尽善尽美的。"

就这样,一路走来,生命影响生命。不知不觉间,很多学生和教师的生命样态在改变,学校的文化生态在改变,我们创造环境,环境也在塑造我们。今天的我,如果有一点点思想,那么我的思想就是从其他优秀的思想中孕育而来的;如果有一点点主张,那么我的主张也是被那些反映真理的主张所照亮的。在教育的道路上,我像一只小蜜蜂,采集百花的精华来酿自己的蜜;我像一个小学生,学习百家的学说来说自己的话。正是经由生命中的每一个重要的"你",才有了今天这个独一无二的"我",我才能够有信心去完成生命的使命——成为我所是。

母校永远像母亲一样爱你

活在爱里的人,没有过不去的坎,总有追不完的梦。

亲爱的同学们:

你们好!

随着中考最后一场数学考试的结束,很多人都认为自己的初中教育生涯已画上了句号。然而,在建平实验中学,你们还有最精彩的最后一课,那就是我们今天的"青春无限,真爱满园"的毕业典礼。上完这一课,你们真的会与老师挥手作别,各奔前程。

从此,提到建平实验中学你们会说"那是我的母校"。孩子们,请允许我再叫你们一次"孩子们",你们想过为什么毕业后的学校叫母校吗?母校就像母亲一样决定了你的出身,她永远是你爱的港湾。母校就像母亲一样,永远不变地爱着你,没有任何条件地爱着你。一个孩子就算走到天边地极,也不能够忘记自己的母亲。各位家长,各位兄弟姐妹,请允许我这样冒昧地称呼你们,因为在我的心目中,我们是真正的情同手足,因为我们有着共同的爱的对象——您的孩子,他们也是我们的最爱。我一直和教师们讲"用父母心办教育",为人父母最大的心愿不就是我们的孩子能够平安健康,活得精彩,一生幸福吗?

作为校长,我一直在思考:我们应该怎样去帮助父母达成他们的心愿?怎样去实现"使人变得更美好,使世界变得更美好"的教育目标?我们初中阶段的教育怎样既对学生的当下负责,又为学生的终身发展奠基?"母校教育,终身受益",这是我们建平实验中学的教育使命。为此,我们上下求索,反复实践,力图悟出教育的真道。同学们,你一定在我们中心庭园的喷水池、钻石苹果前留过影,如果还没有,今天一定要拍一张最美的照片。你知道其中蕴含着我们对教育怎样的一种理解与追求吗? 人民教育家陶行知说:"真教育是心心相印的活动。唯独从心里发出来的,才能打到心的深处。"[①]夏丏尊也说过:教育"好像掘池……教育没有了情爱,就成了无水的池,任你四方形也罢,圆形也罢,总逃不了一个空虚。"[②]没有水的池塘就是一个坑,没有爱的教育就是一片荒漠。现在我要告诉同学们,记住我们这个"心心相印池",那是师生之间、家校之间、同事之间的心心相印,我们共同呵护"心尖上的小苹果",共同祝福你们由青涩慢慢到成熟,由娇小慢慢到丰盈,成长为世界上独一无二的那个苹果。有人说,三个苹果改变了世界。夏娃的苹果,带我们看到了世界,让人类有了道德;牛顿的苹果,带我们了解了世界,让人类有了科学;乔布斯的苹果,带我们体验了世界,让人类有了新的生活。同学们,我希望你们每个人都能成为改变世界的第四个苹果,让父母和师长为你欣慰,因你自豪。我坚定地相信你们一定能成人成才。刚才,我们的教师代表表达了全体教师的心声与深情,我们的家长代表和学生代表的对话也引发了强烈的共鸣,接下来浦东教育党工委书记、教育局局长也会给你们带来殷切寄语。这浓浓的情、真挚的爱,融在一起,必定化成一股最强大的教育力量,给你们的一生带来积极深远的影响。

哈佛大学曾经有一个非常有名的格兰特研究,发起人对 268 位男性进行观察,其中包括曾任美国总统的肯尼迪。从青少年到人生终结,研究者关注他们事业发展的高低曲折,记录他们成长的状态境遇,点滴不漏,即时记录,最终用他们的一生来回答:什么样的人,最有可能成为人生赢家。他们制订的人生赢家的标准十分苛刻,要有十项全能,相当于我们中国人说的十全十美。其中两条和收入有关,四条和身心健康有关,四条和亲密关系、社会支持有关。这项研究从 1938 年开始,持续 70 多年,花费 2000 万美元,但是得出的

---

① 陶行知.陶行知全集 第二卷[M].成都:四川教育出版社,1991:446.
② 夏丏尊.夏丏尊散文集[M].哈尔滨:北方文艺出版社,2019:103.

答案看起来却是非常普通:不酗酒不吸烟,锻炼充足,保持健康体重,爱,温暖和良性互动的亲密关系能够使人生走向繁盛。

　　同学们,哈佛大学用 70 多年熬了一碗浓浓的鸡汤,告诉我们,只要遇到真爱,人生繁盛的几率就会显著提高。由此看来,母校能给学生最好的礼物莫过于真爱! 同学们,我想问,在建平实验中学的四年你体会到真爱了吗? 如果你觉得还没有,今天就是用心体会的时刻。当然,真爱包括异性之间的爱情,但现在谈还为时过早,等你们上了大学再谈也不迟。其实,在美丽的建平实验园,校长和教师不只是爱的施与者,更是爱的享受者。上周五送你们离校的场景,不断在微信里刷屏,很多人感动校长的 500 多次握手和拥抱。虽然是我在拥抱你们,但其实更是你们在拥抱我,如此纯真、美好、年轻的生命所给予我的是永不衰退的热情与深爱。同学们,在母校,我们遇到真,遇到爱,遇到真爱,我们真爱彼此。一个活在爱里的人,没有过不去的坎,总有追不完的梦。因着这份真爱,在未来的人生道路上,就算全世界都来追捧你的时候,你一定会记得你的出身,你不过是母校众多的孩子之一,其他人无论贫富贵贱,都是你的手足;如果你陷入困境,就算全世界都抛弃你,请你记得还有母校永远为你守望,你永远是她的爱子,低谷中的你一定可以再次崛起。据说英国首相丘吉尔在二战期间形势最不利、情绪最低落的时候回到了母校哈罗公学,在观看合唱团的演出时心灵受到极大震撼,重新振作了精神,获得了力量,重返政坛与战场,取得了最终的胜利。这就是母校的力量!

　　同学们,四年在建实,终生建实人,建平实验中学是永远真爱你的港湾。在未来的岁月里,让我们一起抵御寒潮、风雷、霹雳;让我们共享雾霭、流岚、虹霓。同学们,校园里的凌霄花年年盛开,它的花语就是母爱与仁慈,请你们记住,你们每个人都是母校的爱子,你们要成为母校教育美好的见证。无论天涯海角,无论沧海桑田,同学永远在你们的身旁,老师永远在你们的身后,母校永远与你们在一起,欢迎你们常回家看看。

少年心事当拏云

少年时期是人生的播种期，种下一颗怎样的种子，就会收获怎样的人生。

各位同人、各位同学：

大家过年好！在此，我给大家拜个晚年，祝各位新春愉快，吉祥如意！

今年春节前夕，正当我们为辞旧迎新紧张忙碌之际，一个震撼的新闻刷爆全世界。2018 年 2 月 6 日，被称为现实版钢铁侠的埃隆·马斯克的 Space X(太空探索技术公司)重型猎鹰火箭发射成功，并载着他本人的红色特斯拉电动跑车飞往火星。猎鹰重型火箭不但具有超强的性能还具有绝佳的性价比，为重型火箭商业运载之路打开了一个新的历史纪元，它极有可能成为将人类送入深太空的最佳选择。

用我们中国人最通俗、最口语化的词句来表达，这位大侠实在是太帅了、太酷了、太牛了！真可谓是牛上了天。我在网上搜了一下，发现从太空技术、电动汽车、超级火车、光伏发电(太阳能屋顶)、储能墙、三轴无人机、"半机械人"、Paypal 网络支付系统，到重型火箭，再到紧随其后的覆盖全球的卫星互联网计划……这位"钢铁侠"一再地创造人间奇迹，将不可能变成可能。为什么他总是有那么多的创新与创造？为什么那么多的失败与厄运都不能把他击垮？钢铁究竟是怎样炼成的？他的人生经历对我们有怎样的启迪？

埃隆·马斯克 14 岁的时候，也就是在我们初二年级学生的年龄时，他就对人类有了危机感，他试图到科幻小说《银河系漫游指南》里去寻找答案。就是从那时开始，他有了一个异想天开的航天梦，他确定了自己的使命就是拯救人类！"拯救人类！"这听上去多么像一句梦话。然而，正可谓"少年意气十分强,河广期凭一苇航",正因为年少,才会有如此单纯的初心;正因为年少,才会有如此大胆的梦想;正因为年少,才会有如此不知天高地厚、不知河广水深的意气与志向!少年时期是人生的播种期,种下一颗怎样的种子,就会收获怎样的人生。伟大的梦想催生伟大的动力,天才埃隆·马斯克之所以能够创造奇迹、成为奇迹,就是因为他在少年时期播下了那颗"关心人类命运"的种子,立下了一个带着人类飞翔的志向,从而才能在生命中每一个平凡的日子,在每一个艰难的时刻,靠着坚定的意志去战胜生活的庸常与生命中不可避免的软弱。日复一日,年复一年,孕育、萌发、浇灌、呵护、绽放……终于迎来梦想开花的那一天!

人无志不立,很多人之所以能够成就一番事业,造福于国家、民族乃至全人类,能够立功、立德、立言,立己、立人,皆因他们在生命中的某个特殊时刻,像埃隆·马斯克一样抓住契机,适时立志。

最近,被国人盛赞的、让西方颤抖的"中国七杰"都是意气风发的青年:裴端卿为神经损伤的病人带来新的希望;吴甘沙将"无人驾驶"变成可能;魏思使智能翻译正在"逆天";张弓让卫星照进中国的农田;邓自刚使未来高铁速度再次飙升;陆朝阳,这位操纵光子的"巫师",控制住了 10 个光子,让第一台光量子计算机诞生;王坚,则给城市装上"大脑",让城市学会思考,让城市变得聪明!正是许许多多这样的杰出人才,他们在各个领域不断耕耘,自豪地拿出自己的创造与发明,一步步颠覆世界对中国的印象,刷新中国的大国形象。

江山代有才人出,立志还须趁年轻!周恩来少年时就立下了"为中华之崛起而读书"的大志。同学们,今天的你们为什么而读书呢?在我们当中,不乏有远大志向、为梦想而读书者,但也不乏漫无目的、不知为何而读书者,还有一些人只是为了提高分数、为了考一个重点高中、为将来能上一所好大学、有一份好工作、过上好生活而读书。人各有志,每个人的先天禀赋不同,家庭背景不同,学习状态也不同,对自己的期待也不同,未来的发展方向也不同,这些都无可厚非,我们完全不必苛求趋同。但是,我衷心地希望建平实验中学的每个少年都能有少年人应有的激情与梦想。刚才发言的初二(1)班的王嘉怡同学入选了亚运会高尔夫集训队,在为她庆贺加油的同时,我想起来两年前在一次升旗仪式上,我为她颁奖,她的一句获奖感言令我无比惊叹:今天我站在学校的领奖台上领奖,我希望自己有一天能站在奥运会的领奖台上为国争光。同学们,当时大家一定会觉得那是一个多么远大的志向!然而,她已经从浦东走向了上海,走向了全国,走向了亚洲,在未来走向奥运会,走向世界大有可能。我们担负着实现中华民族伟大复兴的中国梦,年少时就要有大梦想、大志向,把自己那个独一无二的梦想与中国梦相联结,让自己成为中国梦的践行者和实现者,在未来肩负起中华民族伟大复兴的光荣使命。诚如先贤梁启超所云:"故今日之责任,不在他人,而全在我少年。少年智则国智,少年强则国强。"愿建平实验中学的少年都能把家族的兴旺装在心中,把母校的荣光装在心中,把自己人生的丰盛装在心中,也把祖国的腾飞装在心中,把民族的复兴装在心中。

古人说"有志者事竟成",没有说有才者事竟成,也没说有能者事竟成。可见,立志对于一个人是多么重要!我们立志不是功利化地追求成为人人羡慕的杰出人才和成功人士,我们立志也不是理想化地追求不切实际的生活与人生境界。我们立志,乃是在年少时播下一颗梦想的种子,让生命长成自己期许的模样;我们立志,是在未来的道路上点燃一盏希望的明灯,使自己在幽暗之中不会迷失方向。曾国藩曾经说过:"士人读书,第一要有志,第二要有识,第三要有恒。"

少年有志,才能芳华绽放,无问西东。

成年有识,才能善于取舍,择远前行。

人生有恒,才能奋斗拼搏,无悔终生。

我们坚信:少年心事当擎云,矢志不渝终有成。

让我们全体建平实验人在新的一年里携手并肩,众志成城,奋发有为,再创佳绩。

有约在先，以终为始

有约在先，就有了目标，就有了行为准则，就会为了这份约定慎重开始，以终为始，慎始慎终，善始善终。

在建平实验中学恰逢 20 岁生日这个特殊的日子里，新学年、新学期又如约而至。我们该怎样度过这崭新的日子？预备年级的同学们，你们要做怎样的初中生？初一、初二的同学们，你们该怎样跨入美好的青春期？初三年级的同学们，你们要做怎样的高中生？所有的老师们、同学们，10 年后，20 年后，你们要成为一个怎样的自己？你们要创造怎样的奇迹，开创怎样的人生？为了能够过好当下的每一天，为了能够学做真人，活出真我，活出自己想要的人生，今天，我有个建议，我们建平实验人要在思想和行为方面，"有约在先，以终为始"。

先说说什么是"约"？《现代汉语词典》(第 7 版)里，"约"有多个义项，我觉得其中两个义项很常见，也与我今天谈论的话题相关：一个是"提出或商量（须要共同遵守的事)"；一个是"约定的事；共同订立、须要共同遵守的条文"。我们每个人在这个世界上生活、学习、工作，其实是由无数个约定构成的。人和人有约，人和一座城市、一处风景有约，人和岁月有约，人和梦想有约……2019 年 9 月，你升入了初中，你就和九月有个约定；你到了十四岁，跨入青春期，你就和青春有个约定；你来到建平实验中学求学，你就和建平实验中学有个约定。还记得 1999 年，风华正茂、青春无敌的第一代建平实验人和 1999 年的浦东新区的建平实验有个约定：我们要将这所新生的学校打造成"浦东新区乃至上海市的一流窗口"学校。时光荏苒，一届又一届的学子来了又去，当年的教师有一些已经由满头青丝变成两鬓飞霜,创办第一年只有 6 个班级的建平实验中学如今已经成为有枣庄路、地杰、张江三个校区、91 个班级、近 4000 名学生的一所大规模学校。正是因为第一批建平实验人履行了当初的约定,他们"有约在先,以终为始",把最终的目标化成每一个始于脚下的奋斗,今天的建平实验中学才成为有着社会美誉度的品牌学校。

老师们、同学们,拥有心灵之约是一件多么美好的事情!今天,在开学的第一天,我希望我们每个人都能在内心默默地立下一个约定,相约这美丽的校园,相约真实的自己,相约仁爱的老师,相约稚嫩的青春,相约灿烂的未来。你可以把这个约定写在日记本上,也可以存在你的电脑里,最重要的是将这个约定种在你的心田里,刻在你的心版上。有了一个美丽的心灵之约,你对未来的日子就有了一个美好的期望,有了一个美好的目标,有了一个美好的心愿,有了一个美好的梦想。有了一个美丽的心灵之约,你就知道该怎样度过每个今天,把握每个当下,你就能够脚踏实地走好每一步路,认认真真地上好每一节课,全力以赴地参加每一项活动,仔仔细细地写好每一次作业。正因为"有约在先",才有可能做到"以终为始"。

我提出"有约在先",还有一重意思,那就是本学期开始,我校即将开展行为契约教育,培养建平实验中学的学子建立契约精神。古代的人们用诚信来践行契约精神,《三字经》有言:"曰仁义,礼智信。此五常,不容紊。"很多人把儒家所提倡的"仁、义、礼、智、信"作为遵守一生的信条,它贯穿于中华伦理的发展中。秦国的商鞅为了使百姓相信自己,使变法的条令得以实施,和百姓约定:在都城集市南门前放置一根高三丈的木头,承诺能将其搬到北门的人,将被给予十金。百姓看到后对此感到奇怪,没有人敢去搬木头。商鞅又说:能搬木头的人赏五十金。有一个人搬了木头,商鞅按照事先的约定,给了他五十金。从此,商鞅就在百姓心中树立起了威信,他接下来的变法很快在秦国推广开来。秦末季布特别讲信义,只要是他答应过的事,无论有多么困难,他一定要想方设法办到。他的守信精神使他获得了良好的声誉,当时甚至流传着"得黄金百斤,不如得季布一诺"的说法,这就是成语"一诺千金"的由来。《庄子》当中的"尾生抱柱,至死方休"的故事,写的是古人对约定的重视,舍得用生命去坚守一个郑重的约定。

现代社会也越来越强调契约精神,以契约来建构各种社会关系。19世纪英国法制史学家梅因说:"迄今为止,所有进步社会的运动,是一个从身份到契约的运动。"我们都是现代社会的公民,今天,同学们还是未成年的学生,明天,成人之后的你们就要走向广阔的社会,走向世界各地。在全球化的今天,我们生活在法治社会中,更需要倡导这种自由、平等、守信的契约精神。我们刷信用卡要多年按时还款才能不断提高信用额度;买房子要查看一个人的征信系统;找工作要调查人事档案,要签订劳动合同……衣食住行,各种琐碎小事都要考查你的诚信守约状况。正是这种契约精神,孕育了现代法制的根基,提供了自我约束的准则,建立了良好的社会秩序。正是这种契约精神,使人类社会文明薪火相传,生生不息。

要使一个人具有契约精神,就要从小培养,从一点一滴的生活细节培养起来。正处于青春期的同学们,有着向上向善的美好意愿,但是毕竟还不够成熟,有时,自我约束的意志力还不够强,常常是"想"有余而"做"不足。加之,青春期的学生身心变化巨大,常常会发生情绪波动,偶尔会出现叛逆的倾向,甚至出现行为偏差,事与愿违。这种时候,我们就可以通过行为契约进行自我约束,养成好习惯、好品格。本学期,我们要尝试在学校、家长和孩子之间签订契约,希望老师们、同学们都能积极行动起来,每个人都思考:在哪些方面需要签订契约。我们可以尝试列出重要的习惯清单,行为清单,问题清单,目标清单……然后制订执行的措施和方法,实施计划和奖惩方式。契约签订后,三方共同执行,彼此监督,进行适时的检测评估。同学们,你与自己有约,就会常常自省;你与家长有约,就会得到家长的督促和帮助;你与老师有约,就会得到老师的鼓励和指导。履行行为契约,不只是对约定者的尊重,也是对自己的信任和尊重,是自我教育、培养尊严与使命的重要途径,是从无意识到有意识塑造自己生命的最佳过程。

需要说明的是,行为契约不只是外在强制性的约束,更是内心一个美丽的约定。履行了契约,你就会收获成长的喜悦,收获生命的美好。记得《小王子》当中,小狐狸曾对小王子说:"你每天最好同一个时间来看我。比如你下午四点钟来,那么从三点钟起,我就开始感到幸福,到了四点钟的时候,我就会坐立不安,我就会发现幸福的代价。如果你随便找个时间来看我,我就无法体验到那种期待的兴奋……"同学们,有了约定,我们就不会太随便;有了约定,就有了一份郑重和神圣。遵守约定,我们会收获不一样的幸福。

有约在先,就有了目标,就有了行为准则,就会为了这份约定慎重开始,以终为始,慎始慎终,善始善终。久而久之,就会养成契约精神。拥有契约精神的人,会不断地从"小我"走向"大我",从"旧我"走向"新我",走向更加广阔的世界,走向更加美好的未来。

今日喜重逢,校园何葱茏

人生是一场长跑,未来的路很长,我们不要过于纠结一两次考试的得失,不要过度为成绩焦灼,更不要为明天忧虑。未来是由当下的每一天累积成的,只要每一天都不虚度,每一天都有进步,就是最有意义的成功。

最是一年春好处,喜迎学子归来时。我们终于迎来了 2020 年的春暖花开,迎来了新学期返校开学典礼!今日返校,意味着新冠肺炎疫情得到了有效的控制,这是国家的幸事,家庭的幸事,学校的幸事,也是我们每个人的幸事。宅了三个多月的孩子们终于可以重返校园,重启校园生活。此时此刻,看着你们一张张灿烂的笑脸,一张张越发白皙圆润的面孔,一张张充满希望与憧憬的面孔,让我情不自禁想起我们的校歌"春光艳,秋色浓,校园何葱茏"。校园,因莘莘学子的回归而朝气蓬勃,生机无限!

今天,初三的同学率先返校,这是因为你们是毕业年级,还有两个月就要迎来中考;也因为你们是学长学姐,心智更加成熟,自主生活能力和自我约束力更强。接下来,初二、初一和预备的同学也要陆续返校,在这一到两周的时间,同学们要进行自我调整,希望你们能够调整作息时间,梳理学科知识,改变生活习惯,重新找到学习节奏和生活规律,从线上学习回转到线下学习的状态。

线上教学是学校抗疫的上半场,返校后的线下教学开启了教育抗疫的下半场。我们教师、学生、家长并肩作战,像一条三股线拧成的绳子一样,形成一股强大的力量,我们始终在一起,携手打全场。上半场我们打得很出色,居家学习保持了正常的教学进度,也保证了教学质量,在此,我想借此机会表达由衷的感谢。

首先要感谢我们的仁爱教师,你们是线上教学的主角,从教师角色到教学方式、教学形式的转变,从作业批改到管理方式的转变,既要做好学生管理,又要保持家校沟通。方方面面,你们都经历了一个高速、高频、高效的调整。这个过程充满了诉说不尽的艰难与艰辛。但你们将压力转化为动力,自行购买设备,自发研究各个信息技术平台的功能,自觉相互交流借鉴、资源共享,自主排摸问题、排除障碍;认真组织每日晨会、每周年级会、备课组会、家长会、班主任会、教工会、行政会,同时还要进行分级管理、分层管理、立体交叉管理……你们每个人就像有三头六臂,会七十二变。你们批改作业到深夜,看电脑看到头晕眼花,盯作业盯得"婆婆妈妈",督促学生煞费苦心,在线辅导不遗余力。初三的教师主动前瞻,线上教学一马当先。有的教师参加全国网课和上海市、浦东新区空中课堂的录制,青年教师先锋开发了系列微课,贡献了优质的教学资源;有的教师无偿献血,参加志愿者队伍……教师们一桩桩、一件件的抗疫故事都彰显了建平实验人脚踏实地、千方百计、兢兢业业、任劳任怨的工作作风和扎实的专业素养,高尚的师德修养。

教师们的自我觉醒、自发努力、自觉奉献让我们深受感动,深感自豪。正是因为有这样一支有境界、有能力、敢担当的教师队伍,我们的线上教学才被浦东推为优秀案例,我们才得以在全市校长培训大会上交流,这是对我们每个建平实验人最好的嘉奖。

同时,我要感谢我们的真善少年,感谢每一个晶莹璀璨的"小苹果"。我要特别感谢我们所有的孩子都平平安安,健健康康,结结实实,漂漂亮亮。我们5千人的学校无一例确诊或疑似病例,这是我们建平实验中学最大的福气!

同学们,我还要感谢你们的懂事、明理。线上教学期间,你们给了老师最密切的配合,自己也取得了良好的学习效果。说句心里话,老师最大的担心是在不能和你们面对面沟通的情况下,你们还会那么信服老师的教导吗?还会按时完成作业吗?还会积极参与活动吗?你们在宅家的日子里会不会心情烦躁?会不会沉迷于网络游戏?会不会和家长频繁发生摩擦?事实证明你们做得很好,不仅让老师放心,更让老师欣慰。有一些同学还能够站在老师的角度思考问题,与老师进行有效的沟通对话,做老师的"小助手""小老师",帮助老师提升信息技术水平。你们在各项活动中表现得都很出色,你们和家长签订"行为契约",做好每一件小事;你们和自己签订"心灵契约",让自己活得更有尊严;"云开学"后,你们撰写感言,在主题班会上现身说法,介绍自己在线学习期间如何管理时间、如何自控自律、如何规划学习和生活。线上教学的良好效果,是你们主动参与、积极配合的结果。你们不断修炼自己,成了老师的好帮手,同学的好榜样。

当然,我还要感谢我们的智慧家长。你们真的不容易!现在网上流行着一种说法:疫情期间,老师成了"主播",家长成了"老师",学生成了"神兽"。这话虽然不一定贴切,但还是能反映出特殊时期我们面临的特殊挑战。老师平常所做的盯作业、看学生等诸多琐事都由你们代劳了。而且绝大部分家长都已复工,在繁杂的工作之余还要想方设法远程遥控管理孩子。你们体谅老师的艰辛,工作、家庭两手抓,而且两手都很硬。家庭间的亲子互动,家长会上的有效沟通,家校的密切合作,行为契约教育的有效开展,都得到了你们的大力支持。最让我难忘的是,在病毒肆虐的至暗时刻,还有一些在外地不能返沪的家长和孩子,其中有人被封在疫情较重的地区。我和你们每天在一个群里,我们随时随地沟通,互相分享信息,共同安慰,分忧解愁,直到每个家长和孩子都回来。通过这次疫情,你们对教育的真正价值有了更深刻的思考,你们对学校"用父母心办教育"的宗旨有了更深的体会,你们与学校息息相通、心心相印,共育我们心尖上的"小苹果"。如果要评选出高素质、高效率、高境界的家长,我想,一定非建平实验中学的家长莫属,这是一支难能可贵的爱教育、研教育、懂教育的专业化家长队伍。

借此机会,我还要夸夸我们的干部。孩子们,你们可能还不知道,为了打好防疫防控阻击战,春节过后,我们的干部早就在校园战斗了。这两周开学在即,时间紧、任务重,干部们不辞劳苦,召开各层面的防控工作会议,对各项工作都做了周密的部署和安排,成立防疫防控工作组,制订详尽的开学方案,组建多个专项工作专班,设立临时作战指挥中心,购买防疫防控物资,制订各类各项工作预案,划分各种防控专用区域,设计各种工作流程,排摸各类风险隐患。孩子们,你们进校时经过的红外测温区,看到的各种指示牌、引导牌,使用的消毒液、洗手液等,都凝聚着干部们的用心和细心。我为拥有这样一支能吃苦,讲奉献,善管理,会战斗的专业型干部队伍而感到自豪,他们是全体教师和同学的榜样。

为了使大家了解专业的防疫知识,进行专业的自我防护,4月25日晚上,我们专门邀请专家系统地为我们讲述疫情防控的相关知识。但无论学校准备如何充分,专家讲解如何专业,最关键的防护是我们自己。我们每个人都是自我发展的承担者,承担自己的身心健康,承担自己的学业发展,承担自己的前途和命运。只有你们做人有智慧,做事懂分寸,有健康意识,有契约精神,有责任之心,有守法意识,学校的措施才能真正奏效。

疫情就是一次特殊的教育、特殊的学习,我们"教不停,学不停,爱不停",我们实现了跨越式成长。疫情期间我们学做"六一居士",进行自我修炼,疫情教会我们如何快速适应突如其来的变化,如何进行自我管理防护,如何适应新型的教育教学方式,如何进行心理调节和调适;疫情也教会我们相互间学会理解、彼此间懂得感恩、家人间相亲相爱、师生间互敬互赏;疫情更教会我们如何拥有豁达的心胸,如何进行对话沟通,如何在不确定的世界里做一个确定的人,尤其让我们深思人与家庭、人与社会、人与自然的关系。我们要以疫情为镜,好好地照一照自己,好好地反思自己,从更多角度、更高层面来认识自己。

我们的成长是全方位的,今年正值浦东改革开放30周年,而立之年再出发,政府有五大倍增行动,我相信,同学们的学习效能也一定是倍增的,心智成长也一定是倍增的。我们不但获得了身体的免疫力,获得了心灵的免疫力,更获得了强大的精神免疫力。我们建实学子三观正,品行端,做真人,创未来,这是我们最宝贵的财富,我们的生命成长就是回馈给师长最好的礼物。

也许病毒在短期内不会消失,可能还会在任意地点不同程度地传播,但我们无须恐慌,更不要过度担忧。只要我们有科学的防控知识和良好的行为习惯,拥有积极的心态,每天开心、安心、有信心,我们就有最好的免疫力。人生是一场长跑,未来的路很长,我们不要过于纠结一两次考试的得失,不要过度为成绩焦灼,更不要为明天忧虑。未来是由当下的每一天累积成的,只要每一天都不虚度,每一天都有进步,就是最有意义的成功。

经此一"疫",我们更加感恩,更懂珍惜。我相信,我们建平实验中学这样一个大家庭,有敬业的仁爱教师,有明理的真善少年,有专业的智慧家长,有我们这样一个同心同德、互爱共在的命运共同体,我们一定可以把学校办得更好。

今日喜重逢,校园何葱茏。春风化雨,春华秋实,我相信我们不仅能够灿烂在六月,也一定能够创造灿烂的2020,创造灿烂美好的未来。

冬至大如年，百善孝为先

司马迁说"父母者，人之本也"。父母是我们的生命之源、血脉之根，没有父母，就没有我们。

时间过得飞快！一转眼，不同寻常的 2020 年已经接近尾声。今天是二十四节气中的"冬至"，冬者，终也，冬至在提醒我们岁末已至，年关将近。冬至是一年中白昼最短的一天，此后，白昼会一天天变长。冬至也意味着一年中最寒冷的日子即将来临，同时也给人们带来新年的盼望，所以有"冬至大如年"的说法。

古往今来，全国各地的人们都很重视这个节气，有很多庆祝的传统和形式，比如祭祖、祭天、包饺子、吃汤圆，给长辈赠送鞋袜等。在古代，冬至也被称为亚岁、履长节。三国时期的曹植在《冬至献袜履颂表》中写的"亚岁迎祥，履长纳庆"，讲的就是在冬至晚辈给长辈送鞋袜，以此希望长辈的寿命像冬至过后的白昼一样，不断延长，长命百岁，这体现了中华民族孝敬长辈的传统。

"百善孝为先。"在这有着特别文化内涵的传统节日到来的时刻，我希望同学们今天放学后早点回家，走进家门，首先给父母一声阳光、温暖的问候，再给他们送上一张笑脸，还要感谢他们为你准备了热气腾腾的饭菜，感谢他们从岁首到年终对你的精心呵护，特别是今年新冠疫情暴发以来他们在学习上和你并肩战斗。对于父母而言，最幸福的瞬间，莫过于看见自己的孩子脸上露出舒心甜美的微笑；最欣慰的时刻，莫过于看见自己的孩子能够懂得并珍惜自己的付出。

司马迁说"父母者，人之本也"。父母是我们的生命之源、血脉之根，没有父母，就没有我们。我们每个人从出生开始，甚至在出母腹之前，父母就不停地为我们操劳，给我们最无私的爱，即使他们年老力衰，也没有停止对我们的爱。我们理应感激父母、孝敬父母。然而，父母的爱是天长日久、时时刻刻、无声无息的，因我们长期身在其中而习以为常，使我们对父母的付出不以为然，不懂珍惜。有些青春期的学生，不能很好地管理自己的情绪，在和父母的互动中，常常出现很多令父母难过伤心的状况。比如，有些同学对于父母的叮咛嘱咐，常常很不耐烦；对于父母的批评，常常焦躁暴怒，一言不合就夺门而出。如果父母收掉了一直在玩儿的手机，关掉了停不下来的游戏，个别同学甚至会摆脸色、摔东西，将父母拒之门外。极个别的同学由于从小被父母宠溺到不分尊长、娇纵任性，常常无理取闹、出言不逊，忤逆顶撞父母。同学们，对于上述对待父母的不当言行，我们一定要有则改之，无则加勉。"人之初，性本善。"在成长的过程中，我们一定要培植养护好我们人性中的善根，决不能给恶言恶行留任何余地。

《弟子规》开篇讲"弟子规，圣人训；首孝弟，次谨信。泛爱众，而亲仁；有余力，则学文。"孩子们，这里首先强调的是"孝弟"，并不是说学习文化知识不重要，而是告诉我们更重要的是做人。对于人的培养，有德有才、德才兼备的是一流人才；德厚才疏，尚可立身；而有才无德，则为大患。孝敬父母是做人的根本，如果一个人连这基本的一点都做不到，那他将来就不可能很好地对待亲人、朋友、师长、同事，也难以立身于社会。那么哪些行为才是孝呢？孔子有言："今之孝者，是谓能养。至于犬马，皆能有养。不敬，何以别乎？"这句话强调了以"敬"为孝。孟子也说过："孝子之至，莫大乎尊亲。"中国传统文化中孝的内涵主要包含敬亲、奉养、侍疾、立身、谏诤、善终等内容。我们年龄尚小，父母犹在壮年时期，现阶段不需要也没必要像古人做的那样面面俱到，但最起码要做到对父母"敬"与"爱"。

当然，金无足赤，人无完人，我们的父母也不是完美的人。或许他们没有靓丽的外表和高雅的气质，或许他们没有很高的社会地位和成就，或许他们没能给你提供你想要的优渥生活，但他们却是给你生命的人，是这个世界上无条件爱你的人，是甘愿为你含辛茹苦、忍辱负重的人，是全力为你付出却丝毫不图回报的人,是被你"虐"过千百遍仍然爱你如初的人,是无论你和别人家的孩子相比有多少缺点仍然不放弃你的人,是永远对你怀有美好的期待、盼望你能出人头地的人。在此,我郑重地发出倡议:每个孩子都要敬爱自己的父母,都要体谅父母,孝顺父母。即便对父母的有些说法和做法不是很认同,也要学会理性地沟通,平等地交流,绝不能任性使气,更不能做出让父母伤心痛苦的事情。

同学们,就在刚刚过去的这个周末,我们建平实验中学的师生又为学校的发展书写了精彩的篇章。"城市创造者"全国展评活动中,我校荣获9个团体奖、5个单项奖,其中1个特等奖,4个一等奖,可谓"大获全胜"。为此,几位指导老师付出了大量的心血。我们有5位老师组团去云南省怒江傈僳族自治州去看望两位长期支教的老师,同时把优质教育送到深度贫困地区,受到了当地师生由衷的欢迎和赞许。还有40多位青年教师放弃休息时间参加教育戏剧培训。这一切的一切,都是为了把你们培养成"德智体美劳"全面发展的新时代好少年,培养成将来堪当民族复兴大任的社会主义建设者和接班人。教育事业的核心任务是立德树人,立德请从"孝"字始,俗话说:"吃遍天下盐好,走遍天下娘好。"盐为百味之首,孝为百善之先。"阳生于下,日永于天,长履景福,至于亿年。"愿天下每一位父母、长者都能在最寒冷的日子感受到儿女、晚辈的祝福,心中有暖,足下有力,健康长寿,幸福绵长。

同学们,将来的你如果要修身、齐家、治国、平天下,那就要爱我们的父母,尊敬我们的父母,立稳你生命的根基。所有的美德都带着奖赏,我相信未来的你一定能厚德载物、行稳致远,成为自我发展的承担者,社会主义事业的建设者,未来世界的创造者。

让我们师生心心相印吧

真教育是心心相印的活动。唯独从心里发出来的,才能打到心的深处。

——陶行知

我们的学校,有 5000 多名学子,270 多位教师。尽管每一个教师和学生的想法和追求是千差万别的,但是,有一点是一致的,那就是没有哪一位教师不想教好,没有哪一个学生不想学好。然而,总是有些人有些时候不能如愿以偿,教或学的效果和别人相比,存在一定的差距。产生这种差距的原因是很复杂的,其中最重要的一点是能否建立和谐的、美好的师生关系。

教育就其本质来说,是一种特殊的交往,师生关系不仅仅来自简单的知识传授,还包括师生人格上的相互尊重,道德上的相互促进。一厢情愿的交往和被动应付的交往会使教育教学的效果大打折扣。有人说:"教育是一朵云推动另一朵云,一棵树摇动另一棵树,一颗心灵唤醒另一颗心灵。"教育需要教师和学生的良好沟通,唯有师生间心心相印才能产生最佳的教育效果。

人民教育家陶行知先生有一首小诗,很形象很生动:"人人都说小孩小,谁知人小心不小。您若小看小孩子,便比小孩还要小!"它告诉我们,教师一定要尊重和理解学生。我认为教师要有博爱心,爱每一个孩子,对弱势的学生更要有一种悲悯的情怀,给予他们特别的关爱与鼓励;教师要有同理心,人同此理,情同此心,多做一点"如果我是孩子,如果孩子是我,如果是我的孩子"这样的换位思考,了解学生的所思所想,所愿所求;教师要有宽容心,要能宽恕孩子的缺点与过错,给他们以改过自新的机会。陶先生当校长的时候,有一天看到一位男生用砖头砸同学,便将其制止并叫他到校长办公室去。当陶校长回到办公室时,男孩已经等在那里了。陶先生掏出一颗糖给这位同学:"这是奖励你的,因为你比我先到办公室。"接着他又掏出一颗糖,说:"这也是给你的,我不让你打同学,你立即住手了,说明你尊重我。"男孩将信将疑地接过第二颗糖,陶先生又说道:"据我了解,你打同学是因为他欺负女生,说明你很有正义感,我再奖励你一颗糖。"这时,男孩感动得哭了,说:"校长,我错了,同学再不对,我也不能采取这种方式。"陶先生于是又掏出一颗糖:"你已认错了,我再奖励你一块。我的糖发完了,我们的谈话也结束了。"四颗糖果是微不足道的,然而,它却昭示了宽容和智慧所能产生的巨大力量。

人民教育家于漪老师在《和学生的心弦对准音调》一文中说:"我这个教师如果不和学生的心弦对准音调,那就是乱弹琴,我说的话、上的课就不可能符合他们的生理、心理需要,就不可能在他们心中引起共鸣。振幅极小,或没有振幅,师生思想感情得不到很好的交流,教学语言的吸引力、感染力也就大大削弱。"两代人民教育家都特别强调教师只有懂学生、知学生、爱学生,才能把学生教育得更好。教育就像弹琴,教师要触动学生的心弦,才能奏出美妙的乐章。那么,如何触动学生的心弦?教师的心中一定要饱含对生命的敬畏与尊重,要有对孩子敏锐的觉知和深深的爱。教师的心灵发出怎样的声音,学生的心灵就会做出怎样的回应。英国著名教育家斯宾塞说过:野蛮产生野蛮,仁爱产生仁爱,这就是真理。待儿童没有同情,他们就变得没有同情;而以应有的友情对待他们,就是一个培养他们友情的手段。儿童的行为首先从模仿而来。身边的成人,特别是教师、家长这些与他们长时间共处,且具有一定权威性的人物,对他们的影响是巨大的。很多孩子在成年之后价值观、言语行为模式都有其少年时期教师的影子,就像一首歌唱的那样:"小时候我以为你很美丽,领着一群小鸟飞来飞去;小时候我以为你很神气,说上一句话也惊天动地;长大后我就成了你,才知道那间教室,放飞的是希望,守巢的总是你。"教育,就是生命传递生命,所以,我们教师为了一代又一代的孩子们成为更好的人,我们自己就要做更好的人,我们也要把孩子当成更好的人来尊重、来培养。

同时,我希望同学们也能懂得,教师也同样需要学生的理解和尊重。当今时代,我们的学生绝大多数都是独生子女,在家庭中可谓是"万千宠爱在一身",被宠成"小霸王"者也不乏其人,他们总是以自我为中心,不去体会师长的良苦用心,加之,意志薄弱,吃不起苦,缺乏谦虚好学的精神,缺少独立自主的能力,即便教师呕心沥血,竭尽全力教导也收效甚微,甚至还会导致师生关系变得紧张对立、相互误会乃至相互疏离。出现这种情况时,教师一定要有耐心和信心。我有两句话,很多教师比较认可,那就是"心在何处,智慧就在何处;爱在何处,奇迹就在何处"。"子规夜半犹啼血,不信东风唤不回。"我们要坚信孩子总有一天会长大,总有一天会懂事的。教师也要做一个真正的善教者,尊重学生成长的心理特点,学生就像一株一株的幼苗,成长的过程需要师长精心栽培,但是也需要时间。我们一定要真正理解"静待花开"的含义,我们要学会等待孩子的成长,等待他们回报给我们惊喜。孩子们今天的幼稚里隐藏着明天的成熟,他们现在的"令人抓狂"到了未来的某一天,给我们带来的可能就是"欣喜若狂"。

前不久,初一(7)班的一个同学说:"今天我们班主任赵老师是累病了,说话都没以前有力气了,说话时头发也不抖动了,她过去可是风风火火,从来都不知道累呀。"这几句话,虽然朴实,却是从心底里淌出来的真心话,令人感动不已。同学们,老师们就像你们的父母,他们不需要你们的回报,有时,只要你一个会意的眼神,一丝纯真的微笑,一句知心的话语,对他们来说,就已经是整个阳光明媚的春天了。

陶行知先生说过这样的话:"真教育是心心相印的活动。唯独从心里发出来的,才能打到心的深处。"[①]老师们,同学们,为了这教育的诗意与美好,让我们师生心心相印吧,让尊重与理解在师生之间架起一道美丽的虹桥。

---

① 陶行知.陶行知全集 第二卷[M].成都:四川教育出版社,1991:446.

蜕变 蝶变 豹变

我们每个人都可以经历由小到大、由弱到强、由丑到美的变化,迎来生命中具有里程碑意义的蜕变、蝶变与豹变。

尊敬的老师们,亲爱的同学们:

大家早上好!

经历了一个暑假,我们建平实验中学的校园变得更美、更温馨,也更富有活力了。一张张热情洋溢、神采飞扬的笑脸,相互致意、彼此问候,友善和喜悦流淌到校园的每个角落。母校,就像母亲一样张开臂膀拥抱每位回家的孩子。在此,我们用热烈的掌声欢迎 1268 位新同学,欢迎 36 位新教师,欢迎每位师生重返校园。目前,我校是区域内同学段规模最大的学校,作为这艘基础教育领域大船的"船长",我为学校的蓬勃发展感到无比欣慰,但同时也深感任重而道远。如何确保 5000 多位师生的平安? 如何促进每个孩子的全面、可持续发展? 如何促进教师们的育人境界不断提升? 如何让每个生命都能释放潜能、绽放光彩? 如何让这艘大船乘风破浪、行稳致远? ……这一切成了我的夙兴之问、夜寐之思。

明末清初的文学家李渔说"变则新,不变则腐;变则活,不变则板",万事万物都处在不断的变化中,我们建平实验中学就是在积极的变化中实现蓬勃发展的。在这变动不居的世界里,在这日新月异的校园里,我们每个人都要用积极的眼光看待变化,用主动的心态拥抱变化。我们唯有主动思变,适时通变,因势而变,与时代的脉搏和谐律动,主动追求"蜕变、蝶变和豹变"式的生命成长,才能持续改变我们的内涵与气质,在不确定的世界做一个确定的人,实现生命赋予的使命与价值。

蜕变本指蝉蜕的过程,鲁迅先生在《从百草园到三味书屋》中曾提及小时候"在地上或桂花树上寻蝉蜕"的情景。蝉蜕是指蝉蜕下来的一层壳,也叫蝉衣。蝉蜕是蝉发育过程中重要的环节,当蝉蛹的背上出现一条黑色的裂缝时,蝉就开始蜕皮,依次露出头、身体和翅膀,待翅膀变硬后,便可以飞到高处,被诗人吟咏为"居高声自远"。

蝶变指毛毛虫凭借自己的力量奋力破茧、羽化成蝶、惊艳绽放、自由飞翔的过程。与蜕变相比,蝶变的过程更为漫长、痛苦,也更为美好。但是经历了蝶变,一个"丑陋"的生命变得轻盈了、美丽了、可爱了。人的蝶变主要指在蛰伏中向更好或更完美的方向蜕变,直至拥有一番崭新的境界。

《周易》有云:"君子豹变,其文蔚也。"借用豹子的成长来形容人的成长。有个歌星的名字叫莫文蔚,我猜测和这句话有关,这个名字寄寓了长辈对她美好的期待。刚出生的小豹子身体没有花纹,样子很丑陋,长大后长出漂亮的斑纹,变得雄健而美丽。古人以"豹变"来比喻君子的成长过程,意指君子尽管出身低微、丑陋,但是经过修养求知,重塑自我,最终像成年的豹子一样,也会长出斑斓的豹纹,这种花纹就是一个人内在气质的外显,是生命成长的标识度。经过"豹变",你就会成为一个灼灼其华、光彩熠熠的人。

我们每个人都可以经历由小到大、由弱到强、由丑到美的变化,迎来生命中具有里程碑意义的蜕变、蝶变与豹变。我们来到这个世界上,不管家庭出身如何,先天资质如何,不管现在的起点有多低,不管将要面临怎样的境遇,我们永远不要低估改变自己的能力,要对自己有一个美好的期许,在后天的成长中选择活出自己的"生命样式"和"精神长相"。

实现改变,首要的是立志。王阳明在《教条示龙场诸生》中讲道:"志不立,天下无可成之事。虽百工技艺,未有不本于志者。今学者旷废隳惰,玩岁愒时,而百无所成,皆由于志之未立耳。故立志而圣,则圣矣;立志而贤,则贤矣。志不立,如无舵之舟,无衔之马,漂荡奔逸,终亦何所底乎?"正因为他立的是圣贤之志,才锻造了经世之才,在坎坷困顿的境遇中能够逆转危局、化危为机,修心悟道、开宗立派,阳明心学倡导的"致良知""知行合一""内圣外王"

等主张影响深远。

我们每个人都需要叩问自己的内心："我的志向是什么？我究竟要成为一个怎样的人？"墨子说："志不强者智不达。"我们要立自强与强国之志。古人"修身、齐家、治国、平天下"的人生志向，在今天同样具有时代意义。中国梦要化作每个人具体的梦想，家国情要成为每个人最深的归属。我们每位同学都是父母生命的延续，都是个人小家庭和国家大家庭未来的希望，我们要立坚韧不拔之志，定坚定不移之向，让自己的人生之舟向着理想的彼岸勇往直前、乘风破浪。

立志容易成志难，我们不仅需要自我认知，自我期许，更需要在内因与外力的共同作用下克服人性中天生的弱点。因此，我们在立志的同时还要立约。我们建平实验中学开展的行为契约教育，倡议每位学生和家长签订一份行为契约，学生从学习、作业、健身、阅读、兴趣爱好、家务劳动、电子产品管理、睡眠管理等诸多方面明确自己的目标与任务，并请家长和老师指导督促。通过立约、守约，学生弃绝行为的陋习，卸掉思想的枷锁，培育优良的素质。每个阶段的成长是我们过去主动求变的结果，更是我们未来不断思变的起点。

预备班的孩子们，你们由小学生变成了中学生，会发现初中与小学有太多的不一样。小学学习的科目少，初中学习的科目多；小学知识难度小，初中知识难度大；小学时主要靠老师管理，初中更强调自我管理；等等。初中是你们成长的关键期，愿你们怀揣梦想，走进未来教育之门。

初一、初二的同学们，每每见到你们我都禁不住慨叹：时间过得真快呀，经过一两年初中生活的历练，你们慢慢褪去了稚嫩，从学弟学妹变为学长，变得越来越青春、俊美，越来越有思想、有主见。你们迎来了朝气蓬勃却也不乏躁动的青春期，愿你们能够穿过风雨，迎来心灵的彩虹。

初三年级的同学则面临着人生第一次重要的选择，你们即将升入高中，对自我有了愈发清晰的认知和定位，对自己的将来有了初步的规划。你们的思考更深入了，思想更成熟了。毕业班的你们迎来了成长的跨越期，愿你们顺利跨上新台阶，一年后进入自己理想的学校。

今年刚刚送走的这届毕业班交出了一份骄人的答卷，绝大多数同学都进入了自己理想的高中,这是我校"大规模、高质量"办学目标的现实明证。在高中,每年这个季节也都是捷报频传,毕业于我校的学子奔赴全国各地,甚至世界各地的著名学府。

我们新入职的教师则从学生变成了教师,从你们父母眼中的孩子变成了成人,一批大学生转变为新教师,青年教师变得越来越成熟,资深教师在向专家型教师迈近……经历痛苦的挣扎,长久的坚持与忍耐,经过外力的雕琢,每个人都在慢慢地战胜旧我,改变自我,走向新我。

同学们,老师们,教育的根本价值就是使人变得更美好。让我们每个人都在心中给自己画一幅全新的画像,立志去塑造一个全新的自己。让我们在立志与守约中,去迎接全新的一天。"苟日新,日日新。"这世界唯一不变的就是变化,让我们拥抱变化的力量,变平凡为卓越,化腐朽为神奇,实现由内而外的新生,释放成长的无限可能。

学做"六一居士"，实现跨越式成长

阐释儒道像韩愈，谈论事情像陆贽，记叙事件像司马迁，所作诗、赋像李白，这就是超厉害的"六一居士"欧阳修。

今天是 2020 年 3 月 27 日星期五，因为新冠疫情，我们都在居家学习。在这段备战中考兼具防疫的特殊时光里，初三学子们该面对怎样的自己，要交出怎样的答卷？初三家长们该如何理解成长中的孩子，将目光既瞄准考试又投向更长远的未来？今天的直播课堂，我就围绕这些问题和学生、家长聊一聊。我给大家分享的题目是"学做'六一居士'，实现跨越式成长"。

为什么定这样一个题目呢？先说居士，居士在字典中有多个义项，第一个义项是在家信道，在家修炼自己的人；第二个义项是德才兼备但是暂时还没有出来做官的人；第三个义项是文人雅士的自称。综合这三个义项，我觉得有几个要素既符合你们现阶段的状态，也能寄托我对你们未来的期望，一是居家，二是修炼，三是德才兼备，四是尚未进入仕途（可以说职场），五是文人雅士。所以，我把你们这些居家学习的读书人称为"居士"。希望同学们能喜欢这个有内涵、有品位的称谓。

我们熟悉的居士有很多，特别是那些留下了许多经典诗文的古代文豪，比如，李白号"青莲居士"，王安石号"半山居士"，苏轼号"东坡居士"……当然，我相信同学们背诵文学常识记得最牢，考试考得最多的可能是"六一居士"。同学们都知道这是欧阳修晚年的号，也都知道欧阳修是唐宋散文八大家之一，注意是散文方面的大家，不是诗歌，所以你们不要把李白、杜甫、白居易混进来。我曾经教学生背诵的"唐宋八大家"的口诀是"唐代韩柳宋代六，三苏曾王一欧阳",如果没有欧阳修,就很难有宋代这"六大家",因为欧阳修不但自己是散文大家,他还继承了韩愈、柳宗元的"古文运动"的传统,提出"明道致用"的文学主张,反对华丽虚浮的文风,倡导"有为而作,有感而发"。他的文章内容充实,形式多样,艺术成就极高。他的《醉翁亭记》就是一篇千古美文,连用21个"也"字煞句,写得不疾不徐却摇曳多姿,洋溢着愉悦自得的情调。欧阳修用作品说话,他是当之无愧的文坛领袖。其实用"之一"还不足以形容欧阳修的厉害。中年的欧阳修被宋仁宗选为翰林学士,政治地位和社会地位很尊贵,负责"撰写制诰,以代王言",也就是负责为皇帝起草最重要的诏书之类的工作,还可以做其他皇帝认为重要的工作,皇帝常常对他"亲秘谕旨"。欧阳修当时主持嘉祐二年的科举考试,作为主考官的他录取了苏轼、曾巩、程颢、张载等一大批青年才俊,可以说阵容是相当豪华,称得上群星灿烂。欧阳修被称为"千古第一伯乐",对有真才实学的后生极尽赞美,极力推荐,宋代六大家除他自己之外,另外五位都得益于他的赏识、栽培和推荐,都以他为师。他非常欣赏苏轼,曾说:"读苏轼书,不觉汗出,快哉! 老夫当避路,放他出一头地也。"这也是成语"出人头地"的由来。同学们,才华横溢的你如果穿越回宋代,正好赶上欧阳修做首席评委的那场考试,你金榜题名就是妥妥的事了。晚年的欧阳修经历了宦海沉浮,更加豁达,他自号"六一居士",在传记中写道:"吾家藏书一万卷,集录三代以来金石遗文一千卷,有琴一张,有棋一局,而常置酒一壶。""以吾一翁,老于此五物之间,是岂不为六一乎?"同学们,欧阳修的这"六个一"可真是不简单啊,他藏书多,博览群书,胸藏万汇凭吞吐;他著书多,笔有千钧任翕张。他既是政治家、文学家,也是史学家,还是金石学的鼻祖,"一千卷"就是他编纂的《集古录》。他情趣高雅,喜好琴棋书画,勤于修身养性;他喜欢小酌,饮少辄醉,自得其乐,并且与民同乐。

　　同学们,我讲了这么多,不仅仅是帮你复习一下文学常识,最主要是想说明,居士不简单,"六一居士"更有内涵,你们现在既然也被我称为"居士",我们不妨也做一个新时代的"少年六一居士"。如何做好一个居士呢? 我有四个建议。

一、正视:评估居家学习的现状

同学们已经在家里"闷"了两个月了,这两个月就像张文宏医生讲的,我们闷在家里的目的就是要把病毒闷死,保护我们的身体免于感染。目前,"闷"的效果已经充分显现出来了,但是如此长时间的被迫"宅生存",也"闷"出了一些问题。对于我们正值青春期、元气满满的同学来说,这段时间确实觉得非常闷,有些同学甚至已经闷不住了。我校有一位老师在朋友圈发微信说:"今天晨会,我们班那帮傻小子说想回学校,想和同学打球,都快想哭了,有人还神补刀,说,回学校,哪怕天天打架也愿意。"我看了后,哑然失笑的同时也特别开心,孩子是如此地喜欢学校,眷恋同学,我相信他们再返校的时候,一定会比过去更加珍惜校园的美好生活,打架的可能性应该是微乎其微的。

前两天有一个同学,早晨和父母交流时发生了点言语上的不愉快,父母都去复工上班了,他一个人在家学习,家长中间打电话关心,发现不在家,联系不上了,着急的父母赶快找到老师,老师也联系不上,老师急中生智,就赶到了学校,发现这名同学果然就在学校附近徘徊。听了这件事,我真的很心疼我们的孩子,也非常感动。心疼的是孩子们是多么不容易,特殊时期一个人居家学习,初三阶段面临巨大压力,在狭小空间里容易与父母发生亲子冲突,还要和自己青春期疾风暴雨般的情绪做斗争。感动的是,同学在烦躁的时候想去的地方是学校,最想见的人是老师,师生之间竟是如此的心有灵犀。这个有惊无险的小插曲已经成为师生间一个特别美好的回忆。

看来,居家做居士不是一件容易的事情,不是每个居士都能安心定心地居家,不是每个居士都能开心舒心地生活,也不是每个居士都能用心专心地学习。为了了解更多同学的"居士修炼"状态,了解疫情防控期间同学们的心理与学习现状,我对我校的一些老师和同学做了个别访谈,也随机抽取了一百名学生,对他们进行问卷调查,请同学们回答了如下问题:

1. 请用三个词语形容你目前阶段的心理状态?

2. 请用三个词语表达你对中考的心情?

3. 你目前阶段的学习状态如何？

A. 非常好　B. 比较好　C. 一般　D. 比较不好　E. 非常不好

4. 你目前学习上遇到的最大问题是什么？

通过问卷结果，我们发现有 60％左右的学生在日常的学习中能够保持平静、愉悦、乐观的心情，但是也有 40％左右的同学感到紧张焦虑。谈到面对中考的心情，感到紧张、焦虑、迷茫的学生有 60％左右，表示充满期待或自信的加起来占 40％左右。关于学习状态的五个层面的评价，"非常好"和"非常不好"的比例都是 0，"比较好"比例最高，其次是"一般"，"比较不好"的占少数。这 100 个人当中没有选择非常不好的，我们觉得开心的同时，也不乏担忧。据老师和家长反映，还是有少部分同学的学习状态极其不理想。问卷中没有体现出来，一种原因可能是样本不够大，另一种原因是同学没有充分意识到自己所处的状态。到了初三，学生的学习状态原本就容易出现分化，现在居家学习的效果差异大，无形中又加剧了这种分化。这个问题是不容回避的，我们必须正视。

二、审视：分析学习品质的差异

一部分同学学习渐入佳境，但是也有同学开始陷入困境。具体而言，同学们目前学习品质的差异还是很大的，可以分为这样几类。

一是主动学。主动首先是一种学习态度，表现为热爱学习，把学习当成自己的事，甚至是一件快乐的事，不以学习为苦役，在苦苦求索中享受学习的乐趣。主动学还是一种习惯，习惯一旦成为自然，就不容易被打破，也不会轻易受到外部环境和条件的影响。主动学还体现为一种智力。著名的脑科学家洪兰经研究得出结论：脑神经细胞的再生与主动学习和深层思考密切相关，越是全神贯注、全心思考地学习，脑细胞就会越发达。谚语所说的"刀不磨要生锈，人不学要落后"，讲的就是这个道理。主动学更是一种核心竞争力，我曾经请教一位猎头公司的主管，在人才市场中最被看好的人有什么特质，他们认为是主动。主动学的同学，未必天资最佳，也未必基础最好，甚至还有可能暂时落后，但是，只要具备主动的特质，就一定会发生积极的变化。

预习在先,温故知新,主动规划自己的学习,清楚自己的长短板,找到发力点,愈学愈入,愈入愈深,学习效果自然提升。

二是跟着学。有为数不少的同学在学习上是紧跟着老师的思路、要求、节奏走的,"月亮走我也走",这种状态能保证一定的学习效果,也是值得提倡和表扬的。但是我对这些同学是有更高的期望的,希望你们能够跨越一步。其实跟跑是很累的,一不小心就会掉队。如果能有追赶者和领跑者的心态,那就会有不一样的状态,你就会把学习的主动权掌握在自己手中,学习动力会逐渐释放出来,会享受学习的过程和每次实现目标的喜悦。

三是被动学。有一部分同学还需要家长和老师盯着。有老师反映,在校期间学习不够自觉的同学现在分化得更加严重,因为在线学习的缘故,有时候老师和家长都盯不到了,学生就开小差了。有的老师反映,有时候看着一个头像挂在线上课堂,却"千呼万唤始出来",有的甚至千呼万唤还不出来,隔着屏幕,见不了面,老师也拿他没办法。有家长反映说:孩子一天到晚捧着一台平板电脑,有时候真不知道在干什么。人生的道路很长,但是关键处只有几步,特别是当你年轻的时候。同学们,古人说:"花有重开日,人无再少年""莫向光阴惰寸功"。浪费时间就是浪费生命,初三的时间已经过掉了一大半,这批同学,你真的需要醒醒了。

四是不肯学。虽然参与问卷调查的学生中没有学习状态特别不好的人,但是放眼更大的范围,仍然有个别不肯学的人。有家长反映,有的同学虽然挂在线上,却利用这个时间打游戏,交网友,家长干预的效果并不理想。对这少数的同学,我想说,虽然你只是少数,但是你却是你生命的全部,是父母深爱着的唯一,是老师不愿意放弃的特别的一个。哪怕你的成绩排在全班、全年级,甚至全区最后一名,你都没有理由放弃,因为你的人生才刚刚起步。每个生命都是神圣的,每个人都有存在的位置和价值。疫情期间,科学家、医生、护士、政府公务员、军人等做出巨大贡献。快递小哥、物业保安、清洁工等人在路上奔波,在守住关口,在辛苦劳作,他们的付出也同样不可或缺。每个人最可贵的是信心,"天生我材必有用""条条大路通罗马"。今天的孩子们很幸运,有各级各类的学校可以选择,有人考"四校八大",有人考普高职校,他们都有各自的未来与前程。一个人,只要不自暴自弃,都会成为对社会有用的人,这是做人起码的尊严与使命。

以上四类,孰优孰劣,一目了然。"教是为了不教,学要走向自学。"同学们,文艺复兴时期法国人文主义学者蒙田在他的代表作《论对孩子的教育》中指出:儿童的教育是人类最重要也是最困难的学问,教育的实质就是引导儿童自主地做有益的事。同学们,希望你们能认真分析,审视自己的学习态度,改善自己的学习品质,使自己有更好的改观,做一个对自己有要求、能负责的"居士"。

三、透视:思考教育的真正价值

同学们,尤其是初三的同学们,你们有没有思考过,我们究竟为什么而读书学习? 我们受教育的最终目的是什么?

我们受教育,既是为己为人,也是为家为国。这就需要我们不断地求知、探索,完善人格,提升生命的层次。首先要探索真知。因为在这个世界上有很多知识是需要我们探索的,知识就是力量,人类在探索知识的过程当中变得强大。很多人类的悲剧的酿成都是由于无知,所以探索真知是人类的一个使命。正如在抗击新冠病毒的这场战役中,科研人员和医务工作者没日没夜地在研究病毒的有关知识,唯有此才能找到解决的办法。其次,要追求真理。客观真理是不以人的主观意志为转移的。哲学家亚里士多德有一句名言:"我爱我师,我更爱真理。"他的老师是柏拉图,他非常尊敬热爱他的老师,曾经作诗赞美:"在众人之中,他是唯一的,也是最初的。这样的人啊,如今已无处寻觅。"在探究真理的道路上,亚里士多德表现出极大的勇气。同学们,老师最大的幸福和欣慰就是培养出超越自己并让自己崇拜的人,愿你们在探索真理的道路上永不止步。再次,要永怀真爱。一个人的内心要有满满的爱,因为有爱才有力量,有爱,你的人生才温暖。最后,要学做真人,活出真我,要成为一个真人。不管你将来做什么职业,职务有多高,财富有多少,我觉得这都不是衡量成功的标准。我认为衡量一个人成功的标准在于你是不是活出了自己期许当中的最美好、最真实的自我,让自己变得越来越好,既能做自我发展的承担者,也能做家庭、集体、社会、国家发展的承担者。

四、珍视:完善"六一居士"的修炼

为了能够成为未来世界不可或缺的力量担当,我们应该珍视我们生命中每个成长的契机,过好当下的每一天,把所有的经历,都当作修炼人格、成就真我的过程。我们返校复课的具体日期还没有确定,为了让老师看到一个更好的你,请你珍视居家的日子,完善"六一居士"的修炼。你会修炼哪"六个一"呢?可能每个人的答案都不一样。当然,琴棋书画是可以有的,但是酒是绝对不能碰的,因为你还尚未成年。我给同学们一个"六个一"的建议,仅供你们参考,希望你们都有自己独特的"六个一",每个人都是一个了不起的"六一居士"。

我给大家的"六个一",分别是一个健美的身体,一个宁静的心灵,一个坚定的志向,一份郑重的契约,一套科学的方略,一份融洽的关系。

第一个"一"是一个健美的身体。我们现在还处于特殊时期,我们的主要任务是居家抗疫,所以健康是第一位的。同学们,现在因为在家学习的原因,学习效率可能稍微低下,不如在学校的时候那么高,或者说总体上没有那么高,但是我觉得同学们不要急不要怕,因为相对于你的一生来说,这段时间还是很短暂的。有一句话:"留得青山在,不怕没柴烧。"今天你的身体健康就是绿水青山,明天你的发展就是金山银山。所以不要怕,一定要保证自己的健康。

那么怎么保证身体健康呢?首先,要有科学的防控措施。不去人多的地方聚集,时刻注意,不可大意,否则就会功亏一篑。因为前期进行了很多这方面的教育,所以不再赘述。

其次,要保持科学的作息时间,一定要早睡早起,不要打乱生活节奏。因为现在居家很多同学认为自由了,有的同学说:"我听课可以躺着听,可以坐着听,也可以靠着听,甚至可以边吃边听,等等。"我个人觉得一个人独处很重要,但要把独处的时间规划好,每天早晨按时起床,刷牙洗脸,千万不要因为没有人来,就不注重个人仪表。清清爽爽地坐在电脑前学习,我觉得是很重

要的。

再次，要亲近自然。这段时间春暖花开，万物萌发。白天，大人外出上班，小区里人较少，你课间休息的时候，可以戴上口罩出来看一看，透透气，这是非常必要的。人要亲近自然，在大自然中人会觉得很释放很轻松。特别是最近同学们和老师们的眼睛非常疲劳，真的是有点吃不消了。你们一定要会用眼，定期转移注意力，比如说站在窗前看看蓝天白云，看看窗外的绿树、阳光，然后听听鸟鸣，这些都非常有助于调节你们的身心健康。大家不要小瞧这么一个小小的动作，其实它会让你们的身心得到舒缓。

健康之外要美，为什么要美呢？我们的孩子现在都很注重颜值，但真正的美不是花容月貌，不是大家说的网红脸、明星脸，也不是模仿那些偶像、小鲜肉。美是和谐，你的身体要和谐，所以这段时间千万要注意不要居家只吃不动，否则，你就会变成小胖猪了。要健美、运动，我们的体育老师按期在线授课，而且有很多学校录制了微课，教委、教育局、学校等都整合了很多资源，大家要用好这些资源。健美很重要，它会给你带来自信。

第二个"一"是一个宁静的心灵。宁静致远，宁静很重要。然而，宁静又非常难。尤其是同学们即将面临的中考是人生中第一场高利害考试。高利害考试的英文叫作 high-stakes exams，指对考生有重要影响的测试。通过高利害考试的益处包括获得毕业文凭，升入高一级学校或者找到一份工作等。高利害考试如果没通过，会有相应的后果，会影响未来的学习和生活，甚至对一个人的终身都会产生比较深远的影响。初三的学生觉得压力大是正常的心理感受，现在又遇上了前所未有的疫情危机，面对的挑战更是前所未有，所以很难获得宁静。同学们现在正处于青春期，青春期的孩子有什么特点呢？青春期是心灵的疾风暴雨期，这个阶段的孩子的思维从感性向理性过渡，自我意识开始觉醒，有时候他们自己也很难面对自己身心上的巨变。你们的身体发生变化了，第二性征开始出现了，这是个很现实的问题，你们学生理都会学到这些知识。你们的心情会大起大落，这些都很正常，每个人都是如此。我前两天看了一个视频，是关于林书豪的，你们都很喜欢的篮球运动员，他是一个很阳光、很帅气的大男孩。视频中，他和球迷们在见面会上的一段话令我很感动,他说:"我过去打球非常痛苦,一直紧张焦虑,害怕失败,害怕打不好,又害怕球迷不再喜欢我了,甚至害怕公司的人对我不认可了,所以每一天都惶惶不可终日。大家表面上看到的我很好,但是其实我非常痛苦。后来我意识到这个问题,经过一些老师的指导后,我开始放下包袱,享受我的每一个球技,每一次比赛。我不再把得失看得那么重要了,我觉得打篮球对我来说,是非常美好的事情,我可以在打篮球中享受我的爱好和职业生涯。"同学们,我特别想给你们看这段视频,林书豪的心路历程对你们一定很有启发。你们要正视自己的焦虑,战胜它,在学习过程中也要享受学习带来的乐趣。不要让自己的心灵大起大落,不要时不时来一场疾风暴雨、霹雳闪电,否则,你们自己会吃不消,会有损耗,你们的家长也会吃不消。因此,要有一个宁静的心灵,因为宁静才有力量。

第三个"一"是一个坚定的志向。诸葛亮在《诫子书》中有句话:"非学无以广才,非志无以成学。"同学们应该很熟悉。意思是你不学习是不可能成才的,只有学习才能成才。今天不肯学的人想要成才,那是不可能的。这个道理是颠扑不灭的真理。但是,怎么样学才能成才?"非志无以成学。"如果你没有立志,就不能够成学。所以,古人说"有志者,事竟成",没有说"有才者,事竟成",也没有说"有能者,事竟成",立志非常重要。王阳明也曾强调,没有志向的人就如同一艘没有定向的船,像一匹没有缰绳的马,不可能成才。同学们,初三阶段是人生当中学习的最佳时期。因为你们大部分人都是 15 岁,或是 15 虚岁,或是 15 周岁。孔子说:"吾十有五而志于学。"十五岁的你立志求学,你的志向决定了你的未来。因此,同学们一定要做一个志向坚定的人。

第四个"一"是一份郑重的契约。今年,建平实验中学开展了行为契约教育,让学生和家长签订一份契约,和自己签订一份契约,学生可以写在纸上,也可以记在自己的心上。什么是契约?与自己定好个约定。我七点起床,就是七点起床;七点半吃饭,就是七点半吃饭;我八点坐在电脑前等待上课;我晚上十点半睡觉,就是十点半睡觉;我今天要完成多少任务,就是要完成多少任务;我说今天不发脾气,就是不发脾气;我说今天要给父母做一顿饭,就是要做一顿饭;等等。这就是与自己立约。你们可以从小事做起,然后自豪地说我不辜负自己的初三,我不辜负自己的青春,我一定不虚度此生。和自己立个约,立了约之后就要守约,要践行自己的约定,要郑重其事。守约的过程可能是痛苦的,不是那么随心所欲。但是这有助于克服你的懈怠和散漫,让你的学习更有效。

第五个"一"是一套科学的方略。这里有生活的方略,学习的方略,包括将来你选择学校的方略。方略指的是方法和策略。孔子的"学而不思则罔,思而不学则殆",陈献章的"学贵有疑。小疑则小进,大疑则大进",给我们很深的启示。

首先,学与思结合。只学习不思考就会迷惑,只思考不学习就会懈怠。因此,一定要多思考。想想这个知识和前一章的知识有什么关系? 它在整个知识结构当中起什么作用? 通过这个问题你还可以联想到哪些问题? 它们之间有什么关联? 这样,你就能够把知识形成一个体系。知识是一片汪洋大海,你如果这里一滴水那里一滴水,如何保证这滴水不干涸?

其次,学与练结合。练,就是实习、练习、复习,也有实践的意思。我们现在的学习主要是收看空中课堂,然后与老师做一些互动。但是对于初三的学生来说,这些学习内容是远远不够的,你们还需要练习,将学与练结合。

再次,学与问结合。学问学问,学问是问出来的。你学了之后,肯定会有很多问题,能提出问题,其实你就已经把问题解决一半了。现在,我们居家学习不如在学校方便,但是同学们可以在网上问,老师会帮你解答,同学也会帮你解答,也可以给老师打电话提问。你只有问了,才有可能进行更有针对性的个性化学习。现在老师在空中课堂上的讲解,更多的是大众化、共性的内容,但学习要有个性化,所以你一定要问。

最后,学与信结合。相信自己很重要。潜能是可以开发的。人的潜能就像一座巨大的金矿,绝大多数人只用了其中的 10%,还有很多并未开发。每个人的潜能是不同的,霍华德·加德纳的多元智力理论告诉我们,每个人都至少具备语言智力、逻辑数学智力、音乐智力、空间智力、身体运动智力、人际关系智力、内省智力和自然智力八大智慧。在老师和父母的帮助下,发现自己的天赋与潜能,然后去发展,就会有好的效果。每一次测验后,同学们需要关注三个分数,一是卷面实际得分,这是客观的结果;二是反思自己不应该错的题目,找回失分,加在实际得分上,就有了一个新的分数——应得分;三是在老师讲解之后,自己再学习之后,给出自己在将来会提升到的一个分数——将得分。如果考前不会,要争取考后会;如果现在不会,要争取将来会。订正到一百分也是了不起的一百分啊!

第六个"一"是一份融洽的关系。什么叫融洽呢?因为我们平时对这个词太熟了,就没有去追究它真正的含义。融洽的意思就是感情好,和睦,没有隔阂和障碍。同学们现在居家,亲子关系也很重要。最近我看到在网上有家长抱怨为什么那么优秀的孩子都是别人家的孩子,我们家的"神兽"让我多么难以忍受。的确,有些家长已忍受到极限了,有的家庭也发生了一些极端性事件,大家或道听途说,或亲眼目睹,总归略知一二。有些家长陪孩子写作业,一看见孩子漫不经心的样子,就火冒三丈。家长是需要修炼的,家长要有一个好心态,首先要尊重孩子。孩子虽然是家长的孩子,但他是一个独立的个体,家长要帮助、鼓励他肩负起自己的责任,让他做自我发展的承担者。家长不可能替孩子活,也不可能完全替他做主。孩子现在还未成年,家长可以帮助他、指导他,但是不能强迫他。有一次,我的儿子在学习上遇到了极大挑战,他对我说:"妈妈,真是太难了,我真有点怀疑自己能否战胜这个困难。"我就跟我的儿子讲:"你知道吗?此时此刻,妈妈更深地理解了一个词语的内涵,那就是'爱莫能助',我非常爱你,但是妈妈帮不到你,如果我能帮到你,我宁愿替你去做,但是我替你去做了,也没有用,我也没有资格替你去做。所以你只能靠自己。我相信你一定行!"果然,他跨越了那个成长阶段。

家长要尊重孩子,他们是一个独立的个体,家长不能把他们当成私有财产,随意地训斥、命令、掌控,而是要和孩子共同成长。父母可以引导孩子去追逐梦想,但不能把自己未能实现的梦想强加给孩子。父母要做孩子的榜样,言传身教,潜移默化。蒋佩蓉在《丰盈心态养孩子》一书中总结道:

　　　　不要等到孩子无法改变时,才想起改变自己;

　　　　不要等到亲子关系陷落时,才想起改善婚姻;

唯有父母内心丰盈，才能给孩子和家庭带来安全感。①

但是作为孩子，你也要理解父母。什么是成长？什么是成熟？成熟就是让爱你的人为你而欣慰，让爱你的人不再为你担心。居家时期，我们更感到家的温馨，天大地大，外面的世界那么大，但是哪里也没有家好。冰心有一首小诗："天上的风雨来了，鸟儿躲到它的巢里；心中的风雨来了，我只躲到你的怀里。"其实妈妈就是你的港湾，爸爸就是你的靠山，家就是你最温馨的爱的归宿。我们需要学习爱，特别是大家亲密共处时，要学习如何与最亲的人相爱。不要因为少了安全距离，就频繁起摩擦。同学们要学会处理亲密关系，如果生活中物理的距离拉近了，你要学会保持适当的心理距离，这是一种尊重。现在，你和老师的空间距离虽然因为居家拉远了，但是你在心理上要与老师拉近距离，这是一种艺术。在这期间，还要注意和同伴的关系。一个坏的伙伴的影响超过十个好的老师；一个好的伙伴的影响也不亚于一个好的老师。所以在这期间，有一些问题可以和同学交流。我们要在情感上得到支持和慰藉，不要让自己成为一座孤岛。

发生在我们生命中的每件事都有一份美意，危机是实现跨越式成长的一个绝佳契机。以上我所说的"六个一"只是个人的建议，希望能帮助你们安然度过这段居家的日子。你们可以根据自己的情况，去设计你们的"六个一"，像欧阳修一样积极修炼，做一个自得自在的"六一居士"，成为一个德才兼备的人。

---

① ［美国］蒋佩蓉.丰盈心态养孩子[M].北京：电子工业出版社，2013.

雕刻时光 雕刻生命

在未来的一年里,我们不仅愿意用自己勤劳的双手去继续雕刻时光,赋予时光以内涵;我们更愿意时光用他的无形之手来雕刻塑造我们的生命。

站在旧岁与新年的门槛前,我突然意识到时间拥有对人的绝对主权。无论我们愿意与否,我们都将马上被带入又一个新的时间单元里。

"海日生残夜,江春入旧年。"所幸的是,时间并未割裂我们的生活,新与旧是衔接的,如同日与夜是相连的。时序交替之际,时间转换之间,我们辞旧迎新,我们更喜新恋旧。

即将远去的 2015 年,让我们无比留恋。在过去的一年里,我们用大大小小的时间单位所标记的每一段时光,都赋予了我们生命的内涵与重量。

每一个美好的清晨,我们走进建平实验中学的那扇"教育之门",都会毫无例外地受到礼遇,我们会迎来值勤老师的微笑和值周班同学郑重而又热情的迎接问候。这样一个美好的开端,成了学习和工作的漂亮的前奏,让我们有力量去抵抗一天的紧张与疲惫。

每一个特别的时刻,每一个平凡的日子,每一周的工作菜单,都详尽地记录着我们辛勤的付出。

就老师而言,大容量的校本培训、走向深度对话的教学研讨、聚焦主题的教研活动、基于问题的课题研究、卓有成效的质量分析、感人肺腑的家长会、全方位的教学开放日、四区五校联盟的"建平实验杯"课堂教学大赛、一心一意带教实习的"影子教师"、一年一度的绩效考核、五年一次的督导、六年一次的校园大修、十年间仅有一次的大规模教学调研、为学校奉献"上策、妙策、良策、群策"的特别教师节、"共享·互助·成长"的特色校本研修……这些都是他们默默的付出。"脚踏实地育真人",无论台前还是幕后,需要老师有太多的奉献与执着。

就学生而言,他们的付出有纵情欢笑的春游、秋游,永远精彩的"班班有歌声",经典难忘的艺术节,别开生面的科技节,温馨感人的"心理周",各领风骚的社团展,霸气侧漏的作业展,缤纷的美术劳技作品展,自主担当的学生会、少代会、自主管理委员会,自主设计主持的主题班会和联欢会,初三的誓师大会与毕业典礼,初二的触动心灵的"十四岁生日",初一的"这个冬天不再冷"捐赠活动,预备班如火如荼的新生军训,还有一次次大大小小的测验与考试……"千方百计创未来",无论读书还是做人,需要我们投入勤劳与智慧。

我们用自己的真实与真诚雕刻一段段璀璨的时光,留下了无数难忘的瞬间。不必说升旗仪式的气氛庄严、广播操的气势恢宏,也不必说开学典礼的激情与梦想,颁奖典礼的自豪与荣耀,单是一节节的课就留下了无限的精彩。在师生对话的课堂上,知识引发知识,思想激发思想,情感激发情感,智慧启发智慧,更重要的是心灵唤醒心灵,人格影响人格。两个校区74个班级,每一类的每一门课程,每个月的每一次活动,每一天的每一节课,无论是精导优学的基础型课程,还是特需导向的校本课程,都在落实"探索真知、追求真理、学做真人、活出真我"的育人目标,都在诠释学校"建德建业,惟实惟新"的核心价值。

从荻柴浜河畔的桃红柳绿到教学楼前的夏木荫荫,从满枝的银杏金黄到墙角的蜡梅初绽,我们用时间的经线贯穿如歌的四季。从主楼大厅的悬顶格栅、中庭的木质水袖回廊到庭院中心的心形喷泉、寓意学生多元发展的钻石苹果,从每一个班级和每一个年级给每个学生"亮相"的照片墙、学校办学理念的篆刻墙到随处可见的中国字画与精美鱼缸,我们用空间的纬线来编织诗意的校园。从预备的"嫩黄",初一、初二的"橙黄"到初三"活力与希望"的绿色教室,从艺术楼的"浪漫紫"到"青出于蓝而胜于蓝"的"实验蓝",我们用"七色彩虹"与生命立约。

这一年,学生在获奖成绩上用惊人的数量与惊喜的质量充分解读了校标

"五环相连、五行相生，硕果累累、生生不息"的丰富寓意。这一年，老师教书育人，用可歌的正气与可颂的业绩鲜明地彰显了"有理想信念、有道德情操、有扎实学识、有仁爱之心"的"四有教师"的无穷魅力。

即将到来的 2016 年，让我们无比期盼。在未来的一年里，我们不仅愿意用自己勤劳的双手去继续雕刻时光，赋予时光以内涵；我们更愿意时光用他的无形之手来雕刻塑造我们的生命。

教育者工作的独特性在于在培育受教育者的同时塑造自己，在成就育人之事的同时使自己成人，我们既要把学生的发展放在心尖上，也要和学生一样力求活出真我，做最好的自己。

在建平实验中学这个美好的家园里，我们每个人的充分发展都是基于这个组织以及组织中其他人的充分发展。过去一年的成绩与经验告诉我们，我们是一个命运共同体，学校与家庭、教师与学生、教师与教师之间休戚与共、息息相关。

我们坚信"除非你能够成为你所是，否则我永远不可能成为我所是"。"没有一个人是完全自足的孤岛，每个人都是大陆的一小片"，作为这一小片的"我"要想实现生命更大的价值，就要与命运共同体中的其他生命互动连接，相爱相助。

各位同人，各位家长，亲爱的同学们，在无涯的时光里，我们有幸同行一段长长的道路，让我们为这个命运共同体以及其中的每一个人点赞、喝彩、祝福！让我们共同祝愿新的一年有新的恩典，平安幸福与我们常相伴！

过去、现在、未来，感恩的心，感谢有你。

你若心定如磐

你若心定如磐,就没有什么能够偷走你的实力与尊严。

你若心定如磐,就没有什么能够裹挟你的明察与思辨。

你若心定如磐,就没有什么能够动摇你的志向与信念。

亲爱的同学们:

你们好!

我们居家线上学习已经整整两个月了!受疫情影响,2022 年我市秋季高考、中考都将延期至 7 月份举行。就当前的形势而言,这是人们意料之中的"合理的调整",但是就同学们预想中的学习生涯来看,这是一个意料之外的"命运的安排"。

所有的学生,尤其是今年的考生,真的不容易。三年学制中有两年遇上了疫情,不得不适应的切换转场,不得不调整的学习节奏,不得不推迟的毕业典礼,不得不取消的"六月逍遥游"……作为师长,在无比疼惜你们遭逢此番际遇的同时,也特别欣慰,在这个过程中,没有什么能消减你们求知若渴的学习热情,也没有什么能阻挡你们春竹拔节的成长态势。这让我想起了龚自珍的两句诗:"世事沧桑心事定,胸中海岳梦中飞。"无论世事如何变幻,不管环境怎样艰难,一个胸有海岳的人,他永远不会被外物所役,不会被逆境所困,他拥有一双隐形的翅膀,向着内心最渴望的地方展翅飞翔。然而,追梦的路,从来不会是一路坦途,穿越风雨,笑看沧桑,需要强大的内心,需要有稳如磐石一般的定力。

你若心定如磐,就没有什么能够偷走你的实力与尊严。被誉为"小提琴之神"的帕格尼尼,在一次演出开始时,忽然发现手中的小提琴有点不对劲,仔细一看,原来并不是他平日珍爱的那架贵重的小提琴。他发了一会儿呆,然后抱歉地告诉听众他拿错了他的琴。到了后台才发觉有人把他的琴偷走了,换了一把破旧的琴留在原处。他懊丧了一会儿,走出来站在听众面前说:"诸位来宾,今天我要证明给大家看,音乐并不是在乐器里,乃是在人心里。"他极为用心地演奏,从那破旧的乐器里流出了悠扬悦耳的音乐。听众无比激动,喝彩声儿乎轰穿了屋顶。别人可以偷走他珍贵的小提琴,却偷不走他的才华与成功。

同学们,从 2020 年新冠疫情突然来袭,到 2022 年奥密克戎变异毒株迅速扩散,一切就像家中突然闯进来一个贼、一伙强盗,我们正常的生活、工作和学习受到了前所未有的冲击。无数人的悲欢离合交织着血与泪,有些淹没在人海中的苦难,令我们不忍碰触。然而,人的尊严就在于不向命运低头,静默的城市里,有无数逆行者前赴后继的身影;在线学习的日子里,老师和家长竭尽全力给予我们"专业保供"和"心灵养护"。这是一场没有硝烟的战争,我们虽然身处稳固的后方,但是从身体到心灵都需要全副武装,我们要提振士气,堵住一切的学习漏洞和思想破口,力争寸土不丢,绝不让病毒偷走我们的实力与尊严。

你若心定如磐,就没有什么能够裹挟你的明察与思辨。这段日子,与疫情一样来势汹汹的,还有疫情引发的网络舆情。在开放的互联网公共空间,在"人人都是麦克风"的自媒体时代,每个市民都能够自由地以网民的身份传递信息、发表意见。舆情的多元性、突发性表现得越来越突出。网络舆情是一把双刃剑,一方面,能够传播民众的情感、态度与价值观,有助于政府了解民意、参考决策、运筹帷幄;另一方面,任意转发、扩散非理性的声音也容易引发公众的负面对立情绪,激化社会矛盾。同学们,面对海量的、层出不穷的、碎片化的信息,我们要辨别:哪些是真相,哪些是谣言;哪些是真知灼见,哪些是怪论奇谈;哪些人在敷衍塞责,哪些人在真做实干;哪些是不讲道德的"乱喷",哪些是心怀善意的声援;哪些是弄巧成拙的"低级红",哪些是蛊惑人心的"高级黑";哪些对解决问题起到了积极的作用,哪些只是别有用心的推波助澜……面对这一切,我们不能草率地下结论,更不能糊里糊涂地被带节奏,我们要学会独立思考,深入分析,最重要的是学会明察与思辨。

我们这个国家和民族的读书人,历来有"修身、齐家、治国、平天下"的理想追求,今天的教育更要"心怀国之大者",同学们要努力成为"有理想、有本领、有担当"的一代新人。因此,你们既要心无旁骛地学习科学文化知识,又要继承"家事国事天下事,事事关心"的优良传统,在"专心致志"与"博观约取"之间做到平衡。明清学者李颙主张"学问之要,全在定心;学问得力,全在心定"。同学们当下要以学业为要,努力做到定心、心定,保持学习生活韵调律齐。

你若心定如磬,就没有什么能够动摇你的志向与信念。在线上教学的日子里,给我留下的印象最深的是课堂,一个是空中课堂,一个是方舱课堂,一个是天宫课堂。这不同于平日里的课堂,这超乎想象而又真实的课堂,让我们看到了教育的无限可能和教育人的非凡梦想。

与常规课堂相比,空中课堂存在着一定的不足:足不出户的憋闷,互动交流的不便,亲子长期全天候密接的压力,线上学习带来的不确定的差异,缺少朋友亲密无间的温馨,失去了课间纵情欢笑的美好,等等。但是空中课堂同时也具有明显的优势,教学资源的精准推送和循环使用,数字化互动平台上"人人都坐第一排"的教育公平,课堂数据的即时反馈,教学评价的生动有趣,教学结构和流程的优化重组,这一切在不知不觉间促进了教与学方式的变革。可以说,空中课堂正在从疫情期间教学的权宜之计成为教育数字化转型的长远之计。经历过空中课堂的师生,在信息素养和现代化学习方式方面已经取得了超出预期的收获。

历史的经验告诉我们,人类社会诸多方面的进步与突破,是以偶然事件甚至是灾难性事件的解决为契机的。迄今为止,上海市累计感染人数已经超过 84 万,其中不乏我们的老师和学生。最让我们动容的是,隔离在方舱里的师生,在艰苦的条件下没有中断教与学,很多人还收看了 3 月 23 日的天宫课堂,津津有味地看着三位太空老师在"四季如春"的中国空间站里做实验。天上的课堂与地上的课堂一线相牵,天地之间展开对话的那一刻,有多少人由衷地赞叹科技的进步,国家的强盛。4 月 16 日,神舟十三号顺利返航,"摘星星的妈妈"回来了,她兑现了给女儿的"诺言",激发了更多孩子的好奇心和想象力。

亲爱的同学们,这三种课堂让我们看到现实的巨大张力。在这片土地上,尽管病毒引起的风浪还有余威,尽管我们难免有些身心疲惫,但是"仰观宇宙之大,俯察品类之盛"。正如航天员翟志刚所说:"太空科技,奥秘无穷,未来属于你们。"当我们与神奇的大自然、与我们身处其中的社会、与周遭息息相关的人、与真实的自我展开对话时,我们就会发现,渺小的人类虽然只是一株"会思想的芦苇",但是只要我们全神贯注、坚定不移,终身选择志于学、志于趣、志于业、志于道,我们就可以"致广大而尽精微"。我们不但可以把"上九天揽月"这样的宏大想象变成现实,也会认识比病毒更微渺的存在。

随着疫情形势向好,返校的日子应该不会太远了,愿师生们早日相逢在夏木荫荫的校园。同学们,你若心定如磐,疫情最多只能偷走一个季节的春天,它夺不去我们胸中飞翔的"海岳",更偷不走我们风华正茂、热情如火的青春。

顺祝学祺!

李百艳

2022 年 5 月 12 日

建实张江结出的第一颗硕果

美好的前程即将开启，未来的道路无惧风雨，母校的师长永远愿意与你们共享雾霭、流岚与虹霓。

尊敬的各位师长、亲爱的同学们、各位家长们：

你们好！

随着中考最后一场考试的结束，很多人都认为自己的初中教育生涯画上了句号。然而，在建平实验张江中学，你们还有初中生涯仪式教育的最后一课，那就是今天的毕业典礼。

上完这一课，你们将从"永远眷恋的母校"，扬帆起航，奔赴人生的下一场山海。

感谢张淑艳校长的邀请，让我在你们的毕业典礼上致辞。作为前任校长，从 2018 年年初创建这所学校，到 2021 年 12 月 30 日离开，我用三年半的时光见证了你们的成长。分别时的不舍，此时此刻的幸福同时在我的心里荡漾。我相信很多初三的老师现在都会有同样复杂的感受。我们建平实验张江中学的首批创业者团队，秉承着"用父母心办教育"的朴素情怀，全身心地投入到新校建设和立德树人中来，这支队伍是学校和社会都放心的仁爱教师，是你们，和我一起、和张校长一起在这里忘我地投入，播撒辛勤的汗水，共育心尖上的"小苹果"。

这一届毕业生，是建实张江开出的第一季花朵。第一年入校的时候，这里还只有 61 个"小苹果"，还记得，为了让你们度过一个温暖快乐的儿童节，副校长郑荣老师、黄怡老师，两位班主任阮寨萍老师、王旭老师，用大巴车将你们送到了枣庄路,共同欢庆"六一"。还记得当时我一个个拥抱过你们,也算是预先弥足了今年毕业时不能给你们的拥抱。还有许许多多精彩的瞬间,我相信都会成为你们记忆中最美丽的光影。

在离开建平实验张江中学以后,我也非常牵挂你们的成长。你们是第一届毕业生,经历了两年的疫情,何其不易。今年,中考成绩出来后,张校长第一时间欣喜地发来喜报,我真心地为你们感到自豪。祝贺每一个"小苹果",你们是如此的璀璨夺目!也祝贺你们的家长、老师,祝贺建平实验张江中学的校长、管理团队,各位同人,你们辛苦了,衷心地感谢你们。

如果说,建平实验张江中学,是建平实验中学这棵大树在二十多年的枝干上开出的一朵新鲜、灿烂、夺目的花,你们就是这花朵结出的第一颗果实,闪耀着令人骄傲的光彩。

亲爱的孩子们,今天你们就要毕业了,还记得你们毕业照上的背景吗?那是在苹果园的喷水池和钻石苹果。请记住这个"心心相印池",请记住这颗璀璨的钻石苹果,这是我、是每一位老师对你们的希冀。苹果雕塑的每一个切割面都代表着每个独一无二的学生,代表着孩子们的个性多元发展。同学们,由衷地期待你们能成为"探索真知、追求真理、学做真人、活出真我"的一代新人。还记得我们的校歌吗?"英才辈出,家国在心中。"衷心地祝福你们能够成为有家国情怀、堪当民族复兴重任的英才。也衷心地祝福建平实验张江中学能够越办越好,成为老百姓打心底里信任的优质公办初中,成为学子们心目中最眷恋、最自豪的母校。

同学们,美好的前程即将开启,未来的道路无惧风雨,母校的师长永远愿意与你们共享雾霭、流岚与虹霓。请你们记得,母校,永远像母亲一样爱着你。

今日"弱冠"，从此强盛

——送给儿子二十岁生日的祝福

今日"弱冠"加冕，从此走向强盛。愿你永葆童心，不忘初心，不追逐虚浮的荣耀，力求做一个对社会有用的人，荣耀而货真价实的冠冕自会加在你的头上。

儿子，今天是你二十岁生日，爸爸妈妈有千言万语要对你诉说，因为，我们实在牵挂大洋彼岸的你！虽然我们知道你与同龄人相比，在很多方面都已经非常成熟，但是，只要我们一有闲暇，就会想象你在国外的生活，会凭空生出许多的"心事"，担心你的衣食住行，担心你的学业考试，担心你的情感交友……尽管我们知道这种担心对你并没有什么帮助，更何况，你已经把这些事情处理得相当不错，远胜过当年的我们。

今天，我们要告诉你，也告诉我们自己：我们不必有太多的担心了，因为你已经长大成人，你有足够的信心和能力做你自己发展的承担者。

生命中有你，是我们今生最幸福的事情。你是特别幸运的孩子，还记得1994年10月22日10点22分，也就是你出生的那一刻，医生调侃妈妈"馅儿大皮儿薄，生了个大胖小子"，说你天生是一个帅哥，是她们那几天接生的孩子中最干净最漂亮的一位，当时医生忍不住亲吻了你的小脸蛋，给了你人生的"初吻"。这对常被人说成弱不禁风的林黛玉的妈妈来说，是莫大的安慰和自豪。在坐月子期间，妈妈写了一篇《生个儿子八斤半》，发表在了《大庆油田报》上，高调地向世界宣告我作为一个母亲的幸福，让更多的人分享我们初为人父母的喜悦与艰辛。

在这个四世同堂的大家族里,你得到了太多的宠爱。你的爷爷兴奋地要给你起名字,起来起去却定不下来,最后只给你起了个小名——大宝。家里人笑他老土,但是,我特别能够理解,只有这个称呼才能表达他宝贝你的那种无以复加的心情。奶奶那时候身体不好,又处于更年期,脾气有些暴躁,很多亲戚和外人都发现了一个秘诀,只要有你在,她的心情就会特别好,和她说任何事情,她都会愉快地答应。最疼爱你的是你的姥姥,她全身心都在你的身上。在一段时间里,你和她的感情甚至超过和我们的感情,晚上要在姥姥的房间里入睡后才被我们偷偷地抱回我们的房间,早晨醒来你发现不对了,你会光着脚丫、扭着屁股跑到姥姥的房间。在姥姥的精心养育下,你茁壮地成长,你是她的"作品",是她的骄傲。

虽然你说话不是很早,但是一说起来就非常不同凡响。记得有一天妈妈买回一条鱼,放到油锅之前,你突然间有了重大发现,你对我说:"妈妈你看,这条鱼死不瞑目啊。"经你这样一说,我有生以来第一次意识到鱼眼的特殊,我真无法想象一个三四岁的孩子会这样观察独特、语出惊人。

你喜欢听妈妈给你读整本的书。在北方冬天的夜晚,窗外常常是寒风呼啸,可是我们的房间里温暖如春,我给你朗诵一个又一个故事,一本又一本书,当你听到山羊妈妈回到家里看到孩子都被狼吃了之后,我看见你几乎哭出来,问你为什么难过,你说:"孩儿没有了。"儿子,你的小心灵是多么的柔软而又善良!

后来我们举家来到上海,读了小学,你特别喜欢政治、历史和军事,你经常读《世界军事》《环球时报》,有一次和你闲聊,发现你对第二次世界大战、海湾战争以及各国的军备开支、政治格局简直是如数家珍,我真的是惊讶而又佩服。问你是怎么知道这些事情的,你说这是一点一点积累起来的,积累多了,就连到一起了,就能够通了。有一次你对我说:"君主立宪这种政体值得研究。"这让我惊讶于你思考的领域!你参加区里的时政大赛,几乎没怎么准备,两次都获奖,也是得益于平时积累。

你也很善于总结,你说读世界名著的感受是这样的,开始的时候很枯燥,很心烦,但是你要忍住往下读,读着读着就入迷了,然后就觉得其乐无穷。你对欧美批判现实主义的作品的阅读体验是多么的真实,总结又是何等准确精当。读初中后,谈到自己的学习,你曾经说:"学习有三个层次,第一个层次是不愿意学,被迫学;第二个层次是无所谓愿意或是不愿意,因为是学生,就自然要学;第三个层次是觉得学习有乐趣,很愿意学。"我问你属于哪个层次,你说在第二个层次向第三个层次过渡的过程中。现在你已经读了大学,真希望你能完全进入到第三个层次的学习。

高中三年是你经历特别丰富的时期,你特别热衷于参加模拟联合国社团,副社长做得有模有样。记得有一次,你参加一个"国际性"的会议,你自己订宾馆,联系各样的事情,看你穿上网上买的廉价皮鞋和西装,打上一条漂亮的领带,效果特别出众,爸爸妈妈突然间意识到你真的是一位名副其实的帅哥。参加活动后,你对我说:"我发现我对一些宏观问题还是有一定的思考能力的。"我仿佛看到今日模拟联合国的论坛变成了明日现实世界的政治舞台,我相信一个胸中有世界的人,未来的道路一定会越走越宽广。

其实,你在微观领域的操作能力也非常强。在建平实验中学的义卖会上,你独家策划销售的寿司,一下子成了抢手货,你成了义卖冠军。看着你自己联系订货,跟老板谈价钱,到组织销售,再到现场总结,每个环节有板有眼,丝丝入扣,我们真是乐在心里,喜上眉梢。

在山东大学读了一年的英语之后,你凭借优异的成绩申请到了去国外交流的机会,到美国乔治梅森大学攻读经济学。有了这个机会,我和你爸爸的内心无比感恩,因为,你有这方面的兴趣和心志。我们一直希望你在这个功利的社会里,不要做精致的利己主义者,无论你将来从事什么职业,我们都希望你有更宽广的胸怀、更高远的眼光,关注这个世界、改造这个世界、建设这个世界。所谓经济学,经世济民之学问,不仅是一种技能、一份职业,更是一份情怀、一种态度,喜欢追求真理的你,善于思考设计的你,需要这门学问来为你的未来奠基。

此时此刻,我们想象着意气风发的你,在风景如画、多元文化交汇的大学校园里,在不同肤色的人群中或是步履匆匆,或是沉潜阅读,或是与小组里的小伙伴们切磋合作,或是与课堂里的同学对话辩论,或是与中国来的同乡学习烹饪。你展开了自己的留学之旅,也展开了自己追梦、筑梦的青春里程,我们是何等欣喜且充满盼望。

儿子,爸爸妈妈本来要对你说些劝勉的话,可是,我们发现你真的很懂事,你有着比较稳定的价值观,不会轻易受到世俗潮流的影响;你知道什么事情该做什么事情不该做;你善于自我约束,自我鞭策;你很理性,也很有智慧,处理问题分寸把握得很好;你特别善良,从来没有轻视过任何一个地位卑微、弱势的人,没有嫌弃过一个家境贫寒、经常给我们添麻烦的亲戚;你特别体贴父母,你懂得珍惜生命中最宝贵的人和物。你姥姥离开我们后,你写的那篇长文饱含哀思,催人泪下,一位长辈说,这篇文章让他想到了朱德的《回忆我的母亲》。古人云:"感人心者,莫先乎情。"当今社会,有多少知识精英成了没有追求、没有意义、没有情感的"空心人",你这样一个深情的孩子,让我们和所有的亲友倍感欣慰。生命就是这样的神圣与美好,亲人之间心心相印,生生不息,真正的爱永不止息!

亲爱的儿子,有时候,看着你过早地懂事,过高地要求自己,不断地给自己加压,选过多的课,写更多的东西,我们真的很心疼你。正如爸爸前些日子对你说的:"你的身体可能会累一些,但是心里不要累,遇事不要纠结,心胸要开阔,步伐要勤快,不要天天计算到终点的距离,每天尽量多走一些,关键在于过程。"虽然不希望你太累,但是我们也深知生命中的不能承受之轻,没有负重的人生是没有内涵、没有分量的人生,希望你的身体和能力,心灵与品格都得到锻炼,能够负重前行,行稳致远。

二十岁,古人称为"弱冠之年",长辈要为孩子加冕,意味着孩子拥有了胜己治人、为国效力、祭祀的权利。从今天起,你是一个有"权柄"的青年了,带上我们的祝福,用好你的"权柄",你会越来越强壮兴盛,活出尊严与高贵。我们希望你有一颗刚强、仁爱、谨守的心,面对各种诱惑,能够及时远离,能够胜过人性本能。当你拥有了节制和坚毅,你就可以在任何境况下坚立。

今日"弱冠"加冕,从此走向强盛。愿你永葆童心,不忘初心,不追逐虚浮的荣耀,力求做一个对社会有用的人,荣耀而货真价实的冠冕自会加在你的头上。

无论你走得多远,飞得多高,爸爸妈妈永远是你的依靠,你永远是我们的最爱与盼望。

祝你生日快乐,一生平安!

爱你的爸爸妈妈

2014 年 10 月 22 日

春华秋实二十年

春华秋实二十年，让我们共同为母校祝福，愿经过祝福加冕的建平实验中学能够"更上层楼山水阔，无边光景四时新"，让我们建实人在今后的岁月里，立德树人心连心，春华秋实年复年。

尊敬的各位领导、各位专家、各位师长，现场在座的、在线收看的各位同学、各位家长、各位校友：

大家下午好！

金秋时节，秋风送爽，丹桂飘香，硕果满枝，橘绿橙黄，我们在此欢聚一堂，共同来庆祝上海市建平实验中学建校 20 周年。首先，请允许我代表全校枣庄路、地杰国际城、张江三个校区，91 个教学班，3839 名在校学生，277 名在校教师，45 名退休教师，12304 名毕业的"小苹果"，向一直以来给予我们理解、关心、支持、帮助的各位领导、专家、同人、家长及社会各界人士，表示最热烈的欢迎和最衷心的感谢！

祖国盛世华诞，建实风华正茂！20 岁的建平实验中学应浦东改革而生，借建平品牌而立，随时代发展而变，因治理变革而兴，在各届领导的关心和支持下，在历任校长和领导班子的带领下，从初创期的脱颖而出，到发展期的内涵建设，再到新时期的品牌铸造，几代人一脉相承，弦歌不辍，凝聚了一群来自五湖四海的追梦人，培养了一万五千多名"探索真知、追求真理、学做真人、活出真我"的阳光少年，走出了一条均衡化导向下的公办初中优质发展之路，成为老百姓心目中的家门口的好学校。近年来，学校审时度势，深入研判，科学规划，积极推进现代学校治理，探索对话机制建设，提炼了教育之"魂",丰满了办学之"体"。"建德建业、惟实惟新"的核心价值和"脚踏实地育真人,千方百计创未来"的办学理念越来越深入人心,"美丽校园、书香支部、心灵港湾、温馨班级、对话课堂、德业课程、仁爱教师、真善少年、智慧家长"九位一体的教育蓝图逐一变成现实,办学实践有魂有体、魂体相生、体健魂强,充分激发了学生的学习动力,催生了教师的教育魅力,激发了学校的办学活力。

20年春华秋实,20载砥砺奋进,20岁风华正茂。20岁被称为"弱冠"之年,意味着孩子接受长辈的加冕礼之后从此走向强盛;20岁的学校生机勃勃,在接受成千上万的祝福之后,又将开始新的征程。虽然我们取得了一定的办学成果,并且这些成果被《上海教育报》《中国教育报》以及各类学术期刊宣传,在各种会议、论坛上得以展示,在强校工程、学区化办学、"市内、国内、国际"三环教育联盟中得以辐射传播,然而,"山外情知更有山",我们深深地知道办学"如逆水行舟,不进则退"。在这样一个超级多元化的时代,教育面临着更新、更大的挑战。"纷繁世事多元应,击鼓催征稳驭舟。"建实人带着修炼自身的定力与冲劲,主动迎接挑战,积极回应全国、上海、浦东教育大会的要求,现已经着手酝酿新一轮发展规划,形成了"五四三二一"初步思路。具体为:

五育并举:促进德智体美劳全面发展。

四维发展:加强干部、教师、学生、家长四支队伍的建设,培养专业化的干部、教师、家长队伍,共育心尖上的"小苹果"。

三需满足:推动课程教学改革,满足学生升学考试的刚需、兴趣特长的特需、青春期成长的心理普需。

两项治理:完善对话机制的治理体系,发挥心理行为契约教育的治理功能,推进学校现代化。

一颗初心:用父母心办教育的教育信仰。

各位领导、各位专家、各位师长,建平实验中学的过去您曾经参与,建平实验中学的未来更需要您的鼓励。今天,你们或拨开繁冗的工作,或天南地北飞奔而来,来见证我们的成长,来激发我们的梦想。你们的关怀让我们感恩难忘。

　　各位同人、各位同学、各位校友,建平实验中学是我们共同的心灵港湾、精神家园,生命成长的桃花源。母校教育,终身受益,母校永远像母亲一样地爱着你,给予你记忆、给予你能力、给予你力量、给予你真理、给予你真爱、给予你祝福。春华秋实二十年,让我们共同为母校祝福,愿经过祝福加冕的建平实验中学能够"更上层楼山水阔,无边光景四时新",让我们建实人在今后的岁月里,立德树人心连心,春华秋实年复年。

三年影响一生 一生影响众生

嘉会难再遇,三载为千秋。三年影响一生,一生影响众生。让我们尽自己所能汇聚起推动教育改革与进步的力量,在优秀自己的同时,去优秀一支教师队伍,优化一处教育生态,优雅一种教育人生。

尊敬的任司长及各位领导、各位专家、各位老师:

大家下午好!

在各级领导、基地导师的悉心关怀和指导下,"国培计划"名师名校长领航工程李百艳工作室今天正式成立了!作为工作室的主持人,此时此刻,面对亮晶晶的铜牌和光闪闪的证书,我感受到了幸运和幸福,更感受到了压力与动力。

2018年5月,名师名校长领航工程启动仪式在北京举行,我作为学员代表在大会上发言的情景还历历在目。时隔一年,随着北京师范大学培养基地研训活动的不断推进,随着与导师和学友们沟通交流的不断深入,我和同学们都越发能够理解国家深化新时代教师队伍建设改革的战略意义。国运兴衰系于教育,教育兴衰在于教师,教师是教育发展的第一资源。建设"高素质、专业化、创新型"的教师队伍是最新的国家定位,"打造全国知名世界一流的教师队伍"是更高的上海品位。在这样的时代背景下,名师名校长领航工程的成员理应做到优先发展、争先作为、率先垂范。

作为领航者,我们一个人就应该是一支队伍。我们要勇于承担使命,工作上能够独当一面,同时,我们还应努力把一支队伍团结成一个人,我们要善于凝聚人心,在发展中辐射带动一片。以个人名字命名的工作室是我们开展工作的阵地,也是培养人才的高地。工作室应该让优秀的人入室,让入室的人更优秀,让每一个名字都彰显生命的尊严与丰盈。其实,生命本没有名字,当我们被尊长命名的时候,我们的名字就承载了一份特别的祝福与期待。今天,李百艳这个普通的名字和"国培计划"的一项重要工程有了联系,和每个成员的名字有了联系,这就意味着我们拥有了一个共同而又特别的名字,意味着我们拥有了共同的梦想与使命,意味着我们这个专业发展共同体在今后的岁月里要同甘共苦、同频共振、同舟共济。

教师从来就不应该是一个孤独的职业,我们的痛苦与欢乐需要有人来分享,我们的探索与追求需要有人来支撑。今天来参加活动的有入选上海市高峰计划、公关计划、种子计划的杰出教师,也有浦东新区的教师培训基地主持人、学科带头人、骨干教师和普通教师,我们每个人都应该感恩自己遇上了一个好时代,更应该感恩我们拥有一个发展的好环境,市区教育行政和业务主管部门为我们搭设了那么多的好平台,保证了我们能够稳定工作、稳步发展、稳健前行。

因着这个小小的工作室的成立,今日的建平实验园贵客盈门,高朋满座。教育部和市区教育局的领导专程赶来出席活动;北师大的朱旭东和华师大杨小微、葛大汇等恩师们始终如一地悉心指导;全国闻名的李镇西老师、步根海老师等名师大家对我们倾囊相授;著名教育家、改革先锋,90岁的于漪老师昨天在一气呵成的两个小时的报告后,为我们工作室挥笔题词"举旗定向,播种未来"……这是何等的厚爱与恩待!正所谓"春风如贵客,一到便繁华",我们的工作室必将朝气蓬勃,健康发展。在接下来的两年时间里,工作室将围绕"对话"这一核心主题,致力于"一个领航攻坚课题,一支启师兴教队伍"两大研修目标,构建"区内、市内、国内"三环培养模式,结合浦东新区强校工程、教师培训基地、第四期上海市双名工程高峰计划、北京师范大学精准帮扶大型公益活动四个项目,开展五种对话途径的研修,最终完成六项研修作业,以期正确回应习近平总书记的"时代是出卷人,我们是答卷人,人民是阅卷人"的精彩论述。

领航工程为期三年,教育探索永无止境,让我们时刻铭记领航工程培养教育家型卓越教师和校长的初衷,深刻理解教育本质,执着追求教育真谛,虔诚遵循教育规律,永远坚守教育初心。在种种的价值失范、行为失当的社会问题与教育困境面前,不盲从、不跟风、不误导,不急功近利,不抱残守缺,不剑走偏锋,能够以自己的洞见与勇力抵抗教育的虚无化、功利化、工具化,能够直面问题,切中肯綮,解决弊病、救治社会。

各位同人,嘉会难再遇,三载为千秋。三年影响一生,一生影响众生。让我们尽自己所能汇聚起推动教育改革与进步的力量,在优秀自己的同时,去优秀一支教师队伍,优化一处教育生态,优雅一种教育人生。

浦东而立:别问我爱你有多深

他乡已成故乡,心安即是归处。我想对脚下的这片土地深情地说一句:别问我爱你有多深,悠悠浦江代表我的心。

浦东开发、开放已经 30 年了! 2000 年,而立之年的我来到浦东建平实验中学,转眼已经 20 年了。20 年的日子过得既忙忙碌碌又如火如荼,真可谓是一段"激情燃烧的岁月"。相信很多同事都会和我有同感,或许,这就是浦东的一种特质吧。

伴随着浦东开发、开放成长起来的建平实验中学已经 20 岁了! 半年前,我们举办了"春华秋实二十年"建平实验中学建校二十年校庆典礼。典礼上,全体师生齐唱校歌《建德建业歌》的场景仍然历历在目。"东海西,浦江东,建德建业建真功;春光艳,秋色浓,校园何葱茏。惟实惟新惟志同,英才辈出,家国在心中。"当我在创作这首校歌歌词的时候,几代建平实验人一脉相承、弦歌不辍、接续奋斗的画卷在我心中不断地铺展开来,对学校未来发展、对教育现代化变革的一些思考也不断地在我脑海中延展出去。

在各届领导的关心和支持下,历任领导班子和全体教职工团结奋斗,建平实验中学用 20 年的时间走出了一条公办学校优质发展之路。如今,学校一校三区,枣庄路校区、地杰校区、张江校区在校师生 5000 余人,是区内最大规模的初中。这样一所应浦东改革而生,借名校品牌而立,随时代发展而变,因变革治理而兴的老百姓家门口的学校已经成了一所具有较高社会美誉度的好学校。学校丰硕的办学成果在《中国教育报》、中国教育电视台、《上海教育报》等各类学术期刊、媒体上被宣传,在各种会议、论坛上得以展示,在集团化学区化办学、强校工程、教育联盟中辐射传播,也在一届又一届的学生、家长以及教师的心目中薪火相传。

回首建平实验中学和个人的专业发展之路,心中充满了感恩与珍惜。我将永远珍惜这么多年来与我志同道合、肝胆相照的新老同事,他们有的和我当年一样满头青丝,踌躇满志;有的与我现在一样两鬓飞霜,不忘初心。我将永远热爱那些用最纯真的情怀深爱着母校和师长的建平实验学子们,他们无论走多远,无论毕业多久,永远是我心中最璀璨的"钻石苹果",归来仍旧是建平实验的真善少年。记得在 2016 年的毕业典礼上,浦东新区教育党工委书记、教育局局长诸惠华在致辞中说道:"我觉得百艳校长简直就是为建平实验而生的。"这句话让我瞬间泪目。的确,我生命中最好的年华都在这所学校度过,为了学校的发展,我和同事们经常工作到深夜,甚至不乏熬通宵的日子。我和这所学校同发展、共进步;和这里的师生同呼吸、共命运。这里的一砖一瓦、一草一木、一人一物,都成为我生命中最美好的记忆与见证。

今天,在浦东开发、开放 30 周年这样一个具有历史意义的重要时刻,作为一个"新上海人",作为一个"真浦东人",作为一个"老建实人",作为现任校长的我,作为浦东开发的参与者,作为学校办学的建设者,作为改革开放的受益者,我想我最应该思考的是,我拿什么奉献给这个成为我第二故乡的浦东热土? 我拿什么奉献给这所我工作了 20 年的学校? 我拿什么奉献给为这所学校付出了青春与汗水的每一个建平实验人? 我拿什么奉献给对学校满含着信任与期待的学子与家长?

而立之年的浦东,弱冠之年的建平实验,知天命之年的我,在这样的历史方位,天地人和,风云际会。虽然自己已不再年轻,但是"青春浦东"的精神却激励着我永葆激情与活力。20 岁的建平实验中学生机勃勃,犹如一位元气淋漓的 20 岁青年,即将进入一个崭新的教育季节。成绩属于过去,未来充满挑战,我深深地知道学无止境,教亦无止境,今天的教育面临愈加错综复杂的问题与矛盾。"纷繁世事多元应,击鼓催征稳驭舟。"在这样一个超级多元化的时代,我们唯有不断修炼自身的定力与冲劲,积极响应全国、上海、浦东教育大会的要求,满足人民群众对教育的迫切需求,主动迎接挑战,锐意探索进取,坚持立德树人,深化课程改革,探索育人方式的变革,铸造学校品牌,为浦东教育现代化、高质量发展贡献自己的力量。

教育是一项千方百计的事业,更是一项永远未完成的事业。我一直倡导建平实验人"用父母心办教育,脚踏实地育真人,千方百计创未来"。未来不会一路坦途,也会有歌吟、有悲欢,我们的生命体验会有丰盈、有遗憾,但是我坚信只要我们守住这份最朴素的初心,我们就一定会不断丰富教育的实践与内涵,把学生摆渡到更美的彼岸。

岁月流逝,笔墨留痕,建平实验人永远书写着自己的成长史,也书写着学校的发展史。哪怕再长的文章也写不尽学校里鲜活的教育实践,再多的文字也诉不完生命成长的那份美好。

他乡已成故乡,心安即是归处。我想对脚下的这片土地深情地说一句:别问我爱你有多深,悠悠浦江代表我的心。

不忘初心追梦人，牢记使命再出发

国运兴衰系于教育，教育兴衰在于教师。习近平总书记说："时代是出卷人，我们是答卷人，人民是阅卷人。"三年的培养期就在今天拉开序幕……

经过各省、自治区、直辖市层层的推荐与选拔，经过教育部国培办周密的计划与安排，今天，来自祖国四面八方的 129 位教师、121 位校长与培养基地的老师们济济一堂，共襄"国培计划"中小学名师名校长领航工程启动仪式的盛典。放眼全国，领航班的学员可谓是"凤毛麟角"，我们在座的各位能有份参与其中，更可谓是何其有幸，与有荣焉！幸运来自新时代的呼召，殊荣伴随教育人的使命。习近平总书记说："时代是出卷人，我们是答卷人，人民是阅卷人。"三年的培养期就在今天拉开序幕。怎样在这三年中学有所获、学有所成、学有所用，怎样在三年后向党和人民交出一份令人满意的答卷，怎样实现这个项目培养教育家型卓越教师和校长的美好初衷，都需要我们每一位学员认真思考、积极回应。作为学员代表，以下谈三点拙见，希望能够引起大家的共鸣。

一、要明确教育家型教师与校长的特质与使命

本次培训明确提出"着力培养造就一批有较大社会影响力和知名度，能够引领基础教育改革发展的教育家型卓越教师与校长"的目标。毫无疑问，"教育家""教育家型"是关键词，如果我们不弄清楚教育家型卓越教师与校长的特质与内涵，三年的培训就可能会走调变味，要么敷衍了事、蹉跎时光，要么沽名钓誉、名不副实。我所理解的教育家不是一个权威机构命名的荣誉称

号,乃是人们对高层次杰出教育人才的一种描述。真正的教育家是在长期的亲力亲为的教育实践中,形成了系统的、成熟的、独特的教育思想,取得了影响广泛、深远的重大教育成果的人。教育家以教育为天职,具有深厚的文化知识底蕴和高尚的人格操守,拥有悲悯之心与家国情怀。教育家的使命体现在对教育理想的自觉选择和对教育价值的责任担当。教育家执着追求教育真谛,深刻理解教育本质,虔诚遵循教育规律,永远坚守教育初心,拥有广阔的教育境界。在种种的价值失范、行为失当的社会问题与教育困境面前,教育家型教师与校长不盲从、不跟风、不误导,不急功近利,不抱残守缺,不剑走偏锋,能够以自己的洞见与勇力抵抗教育的虚无化、功利化、工具化,能够直面问题,切中肯綮,解决弊病,救治教育。教育家终生都是一个追梦人、筑梦人,我们每一位学员都要努力使自己具有教育家的特质,我们要主动自觉地把中国梦化为"教育梦",变成"我之梦",为中华民族的伟大复兴做好教育的基础工作,为祖国的未来做好奠基工程。

二、要增值名师名校长领航工程培训的过程与结果

本次培训可谓精心设计、精致实施,目的是最终能够打造精品,培育精英。作为学员,我们要充分认识到本次培训的"高大上""高精尖"。我们如果仅仅把这个项目看成是一次教师培训,那么所得必然有限。为期三年的培训,不仅是我们专业发展的加速器、动力源,更是我们教育人生的盛放期与结实季。我们必须以饱满的激情,强大的内驱力投入到学习的全过程。无论是开展深度学习、接受基地导师指导,还是自身示范提升、协作帮扶带动,我们既要把培训结果当成任务高质量完成,更要把培训过程当成使命来勇于担当。在组织重点培养的同时,辅之以自我栽培、自觉更新,本着"理实相融,知行合一"的方法论,"德才兼备,成事成人"的发展目标,在"立魂、立德、立业、立人、立言"等方面进行多向度、立体化的探索。如此,增值的不仅是培训过程,更是每位学员完整的教育人生,更是我们所能影响到的每一个美好的生命。

三、要永葆一名普通人民教师的本色与初心

真正的教育家要经过时间的沉淀与岁月的检验。孔子的"有教无类""因材施教",陶行知的"生活教育""民主教育""教学做合一""千教万教教人求真,千学万学学做真人",苏格拉底的"产婆术",卢梭的"回归自然、尊重天性"……他们的探索与主张产生于自身所处的特定时代,也贯穿于更为久远的人类历史长河。他们的教育思想既为本国人民所认同,也为世界人民所接受,具有极强的影响力、生命力。然而,他们有生之年并没想过要成名成家、流芳百世,他们共同的特质都是热爱教育,热爱学生,热爱真理。诚如习近平总书记所言:"教育是一门'仁而爱人'的事业,爱是教育的灵魂,没有爱就没有教育。"爱是永恒的主题,是每一位普通人民教师的必备品格。培训"高精尖",为师"真善美"。我们每个学员既要有踌躇满志、意气风发、舍我其谁的勇气与信心走进新时代,也要有谦卑自己、虚怀若谷、返璞归真的本色与初心回归教育的日常。我们应该清醒地意识到"教育家型卓越教师、卓越校长"与教育家是两个不同的概念,教育家是社会对教育工作者教育境界的一种期盼,更是我们每一位学员的终身努力方向。我们终其一生都未必能成名成家,但是对待事业,我们要有心栽花,花不开也要栽;对待名利,我们要无心插柳,柳成荫也无心。

同学们,被选为领航名师名校长,是对我们过去业绩的肯定,更是对我们未来作为的期待。国运兴衰系于教育,教育兴衰在于教师。我们这群人是中华大地千万教师中的宠儿。更是新时代的弄潮儿。千帆竞渡,百舸争流,不忘初心追梦人,牢记使命再出发,让我们乘风破浪,扬帆领航。

第二辑　办学思行

办学治校，立德树人，要统筹兼顾，博观约取；思行合一，理实相融。在了解世情、国情、校情、教情、学情的基础上，系统谋划学校发展。推进育人方式的变革，需要校长深思力行，师生同欲同行。

用"父母心"办教育

——兼谈学校内部教育公平

·

教育没有了情爱,就成了无水的池,任你四方形也罢,圆形也罢,总逃不了一个空虚。

——夏丏尊

教育公平是教育现代化建设的一个重要指标,伴随着教育事业的发展,教育公平的推进已经进入到一个新阶段。此前谈到教育公平,主要针对的是教育资源和学生学习机会的平等,推进教育公平的主体责任主要在政府,着力解决的是城乡差别、区域差异之间的不均衡,更多强调的是教育起点公平。然而,今后一段时间,教育公平的重心,正在从以资源配置为标志的起点公平,转向以平等对待为特征的过程公平。党的十九大报告中提出"必须把教育事业放在优先位置,深化教育改革,加快教育现代化,办好人民满意的教育。要全面贯彻党的教育方针,落实立德树人根本任务,发展素质教育,推进教育公平,培养德智体美全面发展的社会主义建设者和接班人……努力让每个孩子都能享有公平而有质量的教育"。这一段论述中提到了"每个孩子",这就更加明确了教育公平向个体维度的转变。在教育过程中,让每个存在的个体都能享受到教育公平,并且是有质量的公平。可以说,这一段表述对教育公平的推进指明了新方向,提出了新要求,明确了新目标。公平是前提,公平是根基,但是仅有公平,或者说低层次的公平是不能满足广大人民群众对美好生活的向往与期待的。

那么,如何才能让"每个孩子"都能享有"公平而有质量"的教育呢? 笔者认为,推进有质量的教育公平,在诸多的责任主体当中,学校的作用是至关重要的。国家、各级政府层面的教育公平总要通过学校来体现。每个孩子都要到一所具体的学校去上学,都要在学校真实的情境中去展开自己的学习生活,他们对教育的直接体验来自具体的学校里面的有名有姓、有个性的校长和老师,来自具体的课程、教学与活动。所以,推进教育过程公平,保证个体享受教育公平,重在学校内部。

学校能够最直接地面对一个个有名有姓、活生生的、独一无二的具体的学生。可以说,学校承载着千家万户、千万父母、千万儿童对未来的梦想与期待。虽然每一所学校的现实基础不同,好学校也难以有统一的标准。但是,有一个最基本的标准就是体贴天下父母的共同心愿——希望自己的孩子能够上一所好学校,遇到一位好校长、一些好老师,能够得到平等的对待,得到更多的优待与恩待,希望孩子健康幸福,未来有更好的发展。这是一个朴实的愿望,也是一个不那么容易实现的理想。我们深知教育很复杂,人性很复杂,社会也很复杂。办好每一所学校,满足每个孩子的成长需要,满足每位父母的心愿,不是一件简单的事情。毫无疑问,办学要尊重教育规律,尊重人的成长规律,尊重社会发展的规律,然而,教育的理想与现实之间总是有很长的路要走,甚至有很多的障碍需要我们去跨越,许多的症结需要我们去破解。作为校长和老师,在办学的过程中,我们有时会不知不觉地偏离教育的规律,甚至偶尔也会身不由己地被裹挟着违背教育规律,难免会有知其可为而不能为的无奈,也难免会有知其可为而不为的懈怠。在现实的种种迷局与困境面前,在日常的琐碎与平庸面前,我们需要一种力量去激发日益消退的激情,需要一种信仰去坚固我们的初心与使命。而我们的力量与信仰之源就来自天下父母最朴实的那个愿望,来自党和政府最切实的那份担当,来自为人师者最纯粹的那份教育初心——用父母心办人民满意的教育,把每个孩子当成自己的孩子,尽可能为他们提供公平而有质量的教育。

我们倡导用父母心办教育,是因为父母是天底下最爱孩子的人,父母的爱是无条件的爱,总是想把最好的给孩子。父母对自己的孩子大多能照着孩子的真实状态来接纳,无论美丑、无论智愚、无论健康与疾病,父母对孩子的爱都不会减少。无论谁嫌弃自己的孩子,父母都不会嫌弃,只会因为孩子的

"不足"或"不幸"而给予更多的关爱。

我们倡导用父母心办教育是因为,相比而言,父母的心是最公平的。无论有几个孩子,在父母的内心深处,他们都会一视同仁、公平地对待每个孩子,希望每个孩子都能幸福。即便天底下偶有偏心的父母,或者偶有让孩子感觉到偏心的父母,绝大多数也并非出于父母的本意。父母的心,也最具忍耐力,在养育儿女的过程中,无论遇到多少艰难,都能含辛茹苦,永不放弃,直到守得云开见月明。

我们倡导用父母心办教育,也是因为在我们的传统文化中早已把老师作为与父母同等重要的人尊列于生命之中。古人有祭拜"天地君亲师"的传统,"天生我,地载我,君管我,亲养我,师教我",充分体现出师者在社会伦理道德中的地位和作用。古人有"一日为师,终身为父"的说法,著名的学者钱穆甚至认为,在某些情况下师与亲亦无别。

今天,我们倡导用父母心办教育,更具有时代意义。习近平总书记提出新时代教师要做"有理想信念、有道德情操、有扎实学识、有仁爱之心"的"四有教师",其中仁爱之心是根本,也是教育的最高境界。天下仁爱者,莫过于父母。因为爱孩子,原本不会做、不能做的事情,父母会义无反顾地去学习、去挑战;原本不愿做、不肯做的事情,父母会心甘情愿地去努力、去承受。今天,面对多元的价值观,面对激烈的竞争,面对家长的种种焦虑,面对孩子层出不穷的问题,学校里的校长和老师只有秉持一颗仁爱的父母之心才能直面挑战,百折不回,担起育人的重任。才能在重重压力之下不急不躁,不断提升教育境界,也才能在对教育意义的追寻中远离职业倦怠,以超越现实的眼光与胸怀,对每一个孩子爱得一如既往、一往情深。

张晓风有一篇散文《我交给你们一个孩子》,作者写了自己作为一位母亲目送孩子上学,把自己最心爱的孩子"交托"给一所学校时的感受:"我不曾搬迁户口,我们不要越区就读,我们让孩子读本区内的小学而不是某些私立明星小学,我努力去信任自己的教育当局,而且,是以自己的儿女为赌注来信任——但是,学校啊,当我把我的孩子交给你,你保证给他怎样的教育?今天清晨,我交给你一个欢欣诚实又颖悟的小男孩,多年以后,你将还我一个怎样的青年?"这就是一个母亲的心情,她把自己的至爱交托给了学校,她的担忧、她的疑虑、她的盼望,她下赌注一样的心情,其实与所有的父母并无两样。情同此理,人同此心,我们倡导用父母心办教育,并不是一句标榜的口号,而是源于这样一种朴素的情怀——我们希望自己的孩子遇到怎样的老师,我们就要努力去做怎样的老师;我们希望自己的孩子受到怎样的待遇,我们就要怎样去对待别人的孩子。

用父母心办教育,应该成为办学的原点与价值追求,也应该内化为学校的文化氛围与教师的行为特征。建平实验中学的中心庭院有一个心形的水池,中央托起一颗钻石苹果的雕塑,这是学校"用心呵护心尖上的每一颗小苹果"的教育情怀的具体表达。人民教育家陶行知说:"真教育是心心相印的活动。唯独从心里发出来的,才能打到心的深处。"[①]夏丏尊也说过:教育"好像掘池……教育没有了情爱,就成了无水的池,任你四方形也罢,圆形也罢,总逃不了一个空虚。"[②]没有水的池塘就是一个坑,没有爱的教育就是一片荒漠。这个"心心相印池",隐喻着师生之间、家校之间、同人之间、同学之间的心心相印。我们希望每一位教师像呵护自己的孩子一样呵护"每一个别人家的孩子"。校园里,每一个在读的和毕业的学生都能在照片墙上找到自己,他们努力争当"真善少年",每一位家长都努力修炼为"智慧家长",每一位教师最在乎的荣誉是能够被评为年度"仁爱教师"。作为校长,我致力于追求的是在初中阶段给孩子的人生打上温暖亮丽的底色,精心打造的美丽校园、温馨班级,努力探索的特需课程、对话教学,一系列"真我风采"的实践活动……心在何处,智慧就在何处;爱在何处,奇迹就在何处。感谢建平实验中学每一位用父母心善待孩子的教师,历年来,上万名学子在收获令人满意的学业质量的同时,更收获了令人欣慰的生命质量。每一个孩子的生命平安,每一个孩子的健康成长,是一位校长所能收到的最好的礼物。

诚然,我们倡导用父母心办教育,强调的是教育的公平和教育者的仁爱,

---

① 陶行知.陶行知全集 第二卷[M].成都:四川教育出版社,1991:446.
② 夏丏尊.夏丏尊散文集[M].哈尔滨:北方文艺出版社,2019:103.

并不是要混淆教师与父母的责任区别,也并不是要模糊学校教育与家庭教育的差异。校长和教师都是专业工作者,与父母相比,他们少了一些感性之爱,更多的是理性之爱,因此,也会因着教育智慧的不断提升而避免某些父母的狭爱与错爱,不断地走向更加成熟的智爱与大爱,为社会主义事业、为中华民族的伟大复兴培养一代又一代的建设者和接班人。

让公办初中有"魂"有"体"有个性

理想的学校没有固定的模式，但是一定要有独特的个性。犹如人的差异在于身体与灵魂，一所有独特个性的学校也应该有自己独特的"魂"与"体"。

在我们所处的时代中，文化思潮与价值观日益多元，人们变得越来越功利，也越来越焦灼。教育改革中的价值偏颇、理论失范、实践失误屡见不鲜。公办初中的办学更是常常迷失于驳杂的理论"丛林"，陷入各种各样的误区。或是因循旧有的思路经验，简单执行上级的行政指令；或是随机进行"散点式"的改革，机械照搬现成的模式；或是罔顾渊源与主流，剑走偏锋，缺乏清晰的实践框架……林林总总的问题导致了学校核心价值的缺失、文化精神的消解、办学理念的游离、改革实践的失误以及特色个性的泯灭。

一、学校应有自己的"魂"与"体"

不同的创办背景、不同的学校性质、不同的教育学段、不同的办学条件、不同的发展阶段、不同的历史文化、不同的现实任务、不同的发展态势、不同的师生群体，决定了每一所学校在彰显教育共性特征的同时一定带有自己鲜明的个性烙印。如同一个人，每一所学校从诞生之日起，所走过的道路与其他学校相比一定是大相径庭的。任何一所学校都会经历顺境和逆境，有自己的初创期、发展期，也会经历相对的上升期、鼎盛期、转折期，甚至衰落期、再度崛起期，等等。学校在不同的时期面临不同的问题，有来自外部的不确定性的干扰，有来自内部管理的问题，有来自学校领导者更迭带来的不适应性，以及其他许多难以预计的问题。这些使学校发展或遭遇危机，或迎来新的契机与转机。

理想的学校没有固定的模式,但是一定要有独特的个性。犹如人的差异在于身体与灵魂,一所有独特个性的学校也应该有自己独特的"魂"与"体"。当前学校办学尤其是公办初中办学最大的问题是学校的同质化现象比较严重,千校一面,千面一腔,没有自己的灵魂与个性,学校整体缺乏活力与特色。

一所学校理想的办学状态应该是有魂有体,魂要入体,体能载魂,魂体相生,体健魂强,要彰显出独特的办学个性。这既是一种办学的理想追求,也是探索学校发展的重要维度,更是处理学校问题的一种思想、思路、方式与方法。

二、魂从何来,魂依何处

一所没有灵魂的学校,如同一个没有灵魂的人,不过是行尸走肉,只能机械地重复庸常的日子,学校师生的生命潜能无法得到释放,教育的意义和价值也难以彰显。一所学校的"魂"不是凭空产生的,学校的核心价值、办学理念与文化精神的培育一定要植根于深厚的教育理论土壤和真实丰富的办学历史积淀,反映出办学者对教育的信仰追求。学校与学校之间存在着诸多不同,每一所学校在不同的发展时期也绝非一成不变。因此,每所学校的办学之魂都应该是独特的,要有自己鲜明的特征,要在深刻洞悉教育规律、把准学校发展脉搏的基础上精心培育、不断完善,绝不能简单照搬或机械模仿其他学校的经验。

上海市建平实验中学创建于 1999 年,是伴随浦东开发、开放成长起来的一所公办初中。经过近 20 年的办学历程,学校办学的外部条件与内部条件均发生了很大的变化,从当初浦东热土上一个应运而生的宠儿到回归常态的办学环境,学校曾面临许多问题,比如周边民办学校"C"形包围之下的艰难突围与后绩效工资时代的学校文化重建的困境。

种种挑战之下,这样一所近 3000 人规模的学校如何在教育改革向纵深发展的新背景下实现稳健发展? 这不仅需要锐气与底气,更需要明智与理性。"知人者智,自知者明。"知道我是谁,我从哪里来,要到哪里去。建平实验中学的新一轮发展需要明晰这所学校真正的立校之魂是什么。找到了魂就找到了大方向和原动力。笔者在建校第一年就加入了这所学校。作为建平实验中学最资深的员工之一，作为"三朝元老"和第四任校长，近两年我做的最重要的事情就是借着新上任的契机，以制订四年发展规划为抓手，梳理学校的历史，提炼学校之魂。通过"自上而下、自下而上"几个回合的对话研讨，我组织了"我为学校发展献一策"、专家研判等活动，将老师们的上策、妙策、良策、群策吸纳进规划当中，结合学校的"名""实"特点，将"建德建业，惟实惟新"作为核心价值，将办学理念表述为：脚踏实地育真人，千方百计创未来。主旨是建平实验中学的师生，以求真务实、探索创新的建平实验精神，书写着今天的教育故事，又以"一切为了学生"的服务意识和专业态度千方百计地为学校、为学生创造美好的未来。

提出这样的核心价值与办学理念，既是对学校建校以来的一贯宗旨的合理传承，也是对教育本真意义的深刻解读，是对初中学段学生心理思维规律的充分尊重，当然也体现了校长个人对教育的理解和全体教师对学校的期许。人民教育家陶行知说："千教万教教人求真，千学万学学做真人。"在他看来，培养"真人"是教育的终极目标。然而，何为"真人"？从字面上可以理解为真实的人、真诚的人、真正的人。然而，这种解释显然流于泛化。

我们的培养目标要更针对初中学生的特点，要更彰显学校给师生带来的自豪感、成就感、幸福感。学生成长的每个阶段都有相应的教育侧重点，一般来说，小学阶段是养成期，初中是形成期，高中则是相对成熟期。初中阶段是一个人成长中的关键期，也是敏感的青春期，有人把这个阶段称为"疾风暴雨"期，也有人称为"沼泽地"。在这个阶段能奠定什么样的根基对一个人一生的影响是至关重要的。这个阶段的孩子可塑性强、稳定性差，加上学业考试的压力，孩子的性格、人格、品德、学习能力等各个方面存在着分化的多种可能性。青春期是一场孩子的"内战"，常常有多个自我在"打仗"。在这个阶段，有些孩子会出现一些迷茫、跑偏的现象，很难活出最真实、最美好的自我。因此，我们把"真人"具化为"探索真知、追求真理、学做真人、活出真我"的建平实验"真善少年"。打造"仁爱教师"的师资队伍，用心呵护我们心尖上的"小苹果"，为他们的生命打下靓丽的底色，让母校成为孩子终身受益、永远眷念的地方。

诚然,这种文字表达只是一种有限的描述,真正的学校之"魂"像空气一样弥漫在校园的每个角落,像阳光一样照亮每个人的心灵,像春雨一样渗透进学校方方面面的工作中,能够起到形成共识、凝聚人心、缔造精神、催生活力的作用。

三、魂体相生,体健魂强

办学要本着"无魂当树,有魂当铸,魂散当聚,魂强当化"的原则。树魂、铸魂、聚魂不是一句空话,学校的价值追求、办学理念、育人目标、文化精神等要素在教育者的教育哲学与教育信仰的作用之下,逐渐积淀为形而上的学校之"魂",但更重要的是通过卓有成效的实践探索化入或形成具体的学校管理机制、管理制度,并渗透进教育教学的具体过程。

对于大多数学校而言,问题不是缺少办学理念,也不是缺少文化的描述,而是这些内容在很大程度上脱离了办学实践,理念与实践成了两张"皮"。这种"魂不附体""魂飞魄散"的现象比比皆是。学校办学最佳的状态是魂要入体,体能载魂,魂体相生,体健魂强。健康的体魄更有助于灵魂的强盛。建平实验中学以教师发展、学生发展作为办学的躯干,以具体的教育空间与时间、课程建设与课堂改革、班级文化建设、德育课活动等作为肢体,以实践诠释理念,以理念引领实践,理实相融,魂体共生。

在管理机制上,建平实验中学努力促进管理向治理的转变,通过多元主体参与、多元对话培育开放、合作的组织氛围。建平实验中学还积极进行组织机构变革,将传统的职能处室如教导处、政教处、校务办、总务处、人事处等部门变革为具有专业性、整合性、协调性的课程教学中心、学生发展中心、学校发展中心、人力资源部等。机构名称的变化引领着机构功能的变化,各部门的功能由过去的以执行行政命令为主,变为今天的以专业引领、统筹策划、沟通合作为主。管理者改变过去"管理就是管人"的思想观念,改变自上而下发号施令的管理方式,代之以"管理就是专业引领,管理就是促进合作,管理就是对话研究"等思想和方法。在实行教代会参会议会、校务会决策、行政会协调的决策机制的同时,建平实验中学还建设了"对话协商"的议事制度,积极促进管理者与教师、学生、家长、专家之间的多边多元对话,倡导每个人与自己对话反思。通过对话,促成对话者之间的相互理解和自我理解,消除问题解决过程中的障碍。

在管理思想与方法上,建平实验中学倡导"四常"与"四精"。"四常"即日常管理要注重"常识、常规、常态、常新"。从尊重常识出发,不做违背教育规律与基本常识的事情,逐步形成各项管理常规,并且达到常态化,使整个学校的运行力争做到有条不紊、韵调律齐。"四精"即组织活动要力求"精心策划、精致实施、精彩呈现、精品打造"。精心策划每一项活动,精致实施活动过程,精彩呈现活动效果,使各项活动都能出精品、成经典,给学生以美的冲击和深远影响。

在"魂"与"体"的互动共生中,人是关键,管理架构与机制是中枢与血脉,课程、项目与活动是载体。学校之魂通过"真善少年""仁爱教师""智慧家长"的评选,内化于教师、学生、家长的心灵中,而"美丽校园、德业课程、未来课堂、温馨班级"的建设更是着眼于"未来",立足于学生的品德与学业、教师的师德与事业,在"真"字上做足文章。

一所公办学校,对所有的人给予平等对待不是很难,真正难的是因材施教、因需施教。我们必须尊重教育规律,不惮付出艰苦卓绝的努力。点滴付出、坚持不懈换来的是学生特长和潜能的发挥,孩子们学得兴趣盎然,硕果累累。让每颗星星都闪亮,让学校的独特之"魂"逐渐化到孩子的灵魂中去,直至伴随他们一生之久。

一所学校办学的关键在于真正拥有独特的"魂"与"体","魂"策动着"体","体"生发着"魂",学校的"体"越健美,学校的"魂"就越强盛。有魂有体,个性鲜明,因着这份个性、这份独特,学校就会拥有自信,拥有定力,拥有未来。即便经历人、事的更迭,世事的变迁,一个有魂有体的学校总是能够历尽劫难,生机勃勃。

"双减"政策下的守常与创变

——教育综合治理的区域探索

越是面向未来的教育，越是需要坚守教育本质，回归教育常识。

在"双减"政策出台的半年时间里，基础教育从校外到校内都发生了巨大变化，校外培训机构的野蛮生长被强力遏制，学校育人体系的主导地位被突出强化，学生、教师以及家长的生活状态在悄然改变。迄今为止，"双减"这个词的热度依然未减，这场变革极有可能成为中国基础教育的分水岭。在新的政策背景下，如何以"双减"为撬动点，积极推进教育综合治理、教育评价改革、教研体系化转型和高素质的教师队伍建设，强化学校教育主阵地作用，推进家、校、社协同育人，为孩子营造健康的学习和成长环境，重构良好的教育生态，促进教育的高质量发展，这需要守常与创变。

一、"双减"中的守常

今天的世界越来越充满不确定性。作为教育工作者，我们更应该思考教育的确定性在哪里。"双减"政策引发了全社会对教育本质的深入思考，新时代的教育需要变革，但也同样需要坚守。越是面向未来的教育，越是需要坚守教育本质，回归教育常识。

（一）坚守常识：让教育常识成为社会共识

"教育常识就是有关教育的最基本且简单的事实性的知识与道理。"[①]对

---

① 李政涛.教育常识[M].上海：华东师范大学出版社，2012：2.

教育常识的遵循和坚守是教育工作者的基本素养和教育底线。现实社会中，诸多的教育问题都是由于遗忘、违背和扭曲教育常识而造成的。教育常识告诉我们，理想的教育造就幸福快乐的童年，朝气蓬勃的少年，奋发有为的青年。但长期以来，孩子们的学习空间被无休无止的刷题填满，繁重的课外补习挤压了孩子们的闲暇时间，过重的课业负担导致学生的心理健康问题频出。"人生识字忧患始"，孩子从上学伊始就背上了沉重的学业负担，导致很多孩子尚未成才就已经像路边被烟尘污染而长得畸形的小树，还有一些孩子虽然如家长所愿，成为学霸，考取了名校，但是却成了一个价值感缺失、激情和活力丧失、不能融入社会的"空心人"。这样的孩子不仅在未来很难承担起民族复兴的大任，就连基本的修身、齐家、过好日子也成问题。

反观造成这一问题的原因，主要是整个社会没有把教育应该尊重人的身心成长规律的常识当成共识，反而把一些不科学的价值观，诸如"不能让孩子输在起跑线上"等贩卖焦虑的口号作为教育的逻辑起点。很多家长被裹挟其中失去理性，如狼似虎地助跑、带跑、抢跑，通过让孩子参加各种培训班、补习班等，不停"鸡娃"，凡是别人家孩子学的，自己的孩子样样都要学，甚至要学得更多，最后导致越来越多的孩子"十八般武艺，样样不精通"或者"每时每刻都在学习，却是被动学习、极其厌倦学习"的学生越来越多。有些孩子已经不能独立起跑、不能坚持长跑，甚至要靠各种辅导机构背着、拖着往前跑；还有一些孩子刚刚起跑就已经力不从心、累倒在半路，选择"躺平"。"双减"政策的出台就是为了扭转教育的这种罔顾常识、偏离本质、严重异化的倾向，国家出重拳的目的就是打破过度的教育内卷和社会焦虑。

理论上来看，"双减"背景下，孩子的课外补习少了，空闲时间多了，孩子们能够在课余享受更多自由支配的时间，能够做自己学习的主人，但是很多家长的焦虑没有减轻，他们开始为找不到辅导班、找不到家教而感到无所适从。这同样反映出人们教育常识的匮乏。"双减"不是让孩子"躺平"，是为了让孩子拥有闲暇的时间去内化所学知识，去发现自己的兴趣，去思考、去操练、去探究、去创造。正如孔夫子所言："学而时习之。"知识和能力的获得既要通过"学"而知之，更要通过"习"而得之。苏联教育家苏霍姆林斯基认为：

只有当孩子每天按照自己的愿望随意使用 5～7 小时的空余时间,才有可能培养出聪明的、全面发展的人。离开这一点谈论全面发展,强调培养素质爱好、天赋才能,只不过一句空话而已。陶行知提出的"儿童的六个解放"中指明要解放儿童的时间,不要把儿童的时间排得太紧,学校、家长不要在功课和考试上双重夹攻他们。有一定可以自由支配的时间对于孩子的成长至关重要,因为每个人所拥有的特长或技能,身上散发出的创造力和生命力,是无法靠一个个培训班"灌满"每一天的日程而实现的。闲暇时间内的生活质量决定着人的生命质量,我们的孩子需要从小得到良好的闲暇教育,获得在闲暇中提高生命质量和全面发展的知识和手段。[①] "双减"要减掉的是过多、过重、不合理的负担,而不是恰当的、必要的、合理的学习负担。科学的"双减"是当减则减,为提而减,绝不是为减而减,无负强减。只有这些最基本的教育常识被人们深刻认同、广泛传播,并形成全社会的共识,"双减"带来的学习革命才会真正发生。

(二) 回归常态:让学校教育呈现应有状态

在"双减"背景下,"超前学""超量学""反复学"的学习状态被按下了暂停键,校外辅导班形成的"另一套"教育体系被雷霆般地整顿,学校逐渐回归教育的主场,校园生活正在发生着显著的变化。

学校教育回归常态,首先要确立正确的育人价值取向。学校教育是一种价值实现活动,有什么样的价值取向,就会造就什么样的学校。有研究人员指出:"我国的教育方针是正确的,但是中小学教育实践中,起主导作用的是升学考试,是考试在指挥教育;学校因此沦为追求考分、培养考试机器的机器。"[②]教育的根本任务在于立德树人,学校教育要从"育分"回到"育人",教育者的重要使命就是尊重人性,温暖人心,培育人格,成就人生。未来世界需要的是自我发展的承担者、善于对话沟通的合作者、具有反思精神的创造者。

---

① 冯建军,万亚平.闲暇及闲暇教育[J].教育研究,2000(09):37-41.

② 中国教育学会高中教育专业委员会"基础教育改革"座谈会秘书处.忧思与探寻——中国教育学会高中教育委员会"基础教育改革"座谈会纪要[J].中小学管理,2005(03):14-15.

以分数高低为唯一评价标准的教育无法培养出适应未来生活的人,学校教育要彻底转变阻碍学生全面发展的教育质量观,要彻底转变"重智、轻德、弱体、抑美、缺劳"的现象,要真正建立起支持学生全面发展的"五育并举、五育融合"的育人模式。有学者说:"如果我们要让时代精神转化为学生个体的真实成长,那么,必须使教育目标不仅反映时代要求,而且顾及生命整体的各个层次和方面,使教育是对整个人的健全教育,而不是只关注某一方面发展的畸形教育。"①

学校教育回归常态,就是让学生在校园的学习生活回归到应有的样子。"双减"政策规定了校内教育的"三管""三提",即以学校为主体,管好教育教学秩序、管好考试评价、管住教师违规补课,提高教育质量、提高作业管理水平、提高课后服务水平。规定的内容原本就是学校教育的应有之义、应尽之责。在学生的成长中,家庭和学校有各自的责任,家庭应该承担起培养学生良好习惯和品德的责任,而不能将其漠视、完全推给学校;学校要承担起引导学生求知、培养学生成才的责任,而不是把检查批改作业、答疑解惑等各种任务转嫁到家长身上。学校要着眼于学生的终身可持续发展,也要对学生在校的每天的学习、生活负责。学生的校外学科培训和校内作业少了,课余时间更自主了,但如果学习效果没有得到保证,学生的素养没有得到提升,那么"双减"改革是无法持续发展的。"双减"所倡导的教育教学要求和建议如果没有落实到课堂教学改革上,没有落实到学生的学习方式变革上,没能形成学校教育生活的新常态,那么它也只能又是一项"间歇性发力的政策"而已,对于学生发展和学校发展不会起到实质性的作用。② 因此,学校只有科学合理地安排学生的校园生活,提高每节课的教学效率,确保学生在校内学足学好,才能在真正意义上把学生从校外吸引到校内。

学校教育回归常态,也是对教育的公益属性的坚守,尤其是九年义务教育阶段,曾经有为数不少的孩子认为"我的知识、能力、成绩是花钱买来的",

---

① 刘佛年.中国教育的未来[M].合肥:安徽教育出版社,1995:300.
② 杨小微,文琰."双减"政策实施研究的现状、难点及未来之着力点[J].新疆师范大学学报(哲学社会科学版),2022(04):25-38.

因此,不愿意与他人分享,这产生了严重的教育负效果。梁启超认为"亡而存之,废而举之,愚而智之,弱而强之,条理万端,皆归本于学校"。学校教育具有神圣性的特征,一个"精致的利己主义者",拥有再多的知识,也难以对国家的存亡、事业的举废、民众的智愚强弱产生更大的影响。而一个受益于学校教育,对母校有着较高的满意度、强烈的归属感和浓浓的眷恋的人,更容易具有深厚的家国情怀,因此,也更有可能成为优秀的社会主义事业的建设者和接班人。

(三) 创新常规:让学校教育对接时代需求

在当前基础教育改革力度加大、政策密集出台的背景下,学校要顺应大势、紧跟时代需求,对各项管理常规也要适时修改、与时俱进。通过教学管理、校本教研、课堂变革、作业管理等方面的制度创新,有效落实"双减"的新要求,确保学校在变化中做到有条不紊,提升治理水平。

1. 多途径优化作业管理

"双减"政策提出"全面压减作业总量和时长",这就对作业的质量提出了更高的标准,学校应健全作业管理制度,将作业设计纳入教研体系,建立有效的作业教研和监测机制,从根本上保证作业减"量"提"质",并以此作为撬动课堂教学变革的有力杠杆。

其一,加强作业设计的研究,建立"双减"作业教研制度。浦东教育发展研究院对区域"双减"作业教研进行整体规划和设计,指导学校完善作业管理制度,系统安排跨校、跨学科和跨年级等多层面、多主题的教研活动,加强校际间、教师间和学科间的对话沟通,推进"双减"作业专题教研,提升教研的质量和效能。

小学教研团队研制了《浦东新区小学作业管理指南》,用作业贯穿教学全过程的思路,从作业设计、辅导反馈、作业评价、作业分析四大方面,分 12 个具体的分项编写指导性意见,为基层学校研制校本化的实施方案提供了参考。各学段教研员将作业研究融入区域教研活动,通过组织教师开展研讨与实践,对作业设计、实施过程与学业表现进行循证分析,引领教师建立科学的作业质量观,保证作业内容与课堂教学相匹配,提高教师的作业设计能力。

其二,探索校本化的作业设计,建立作业动态监控机制。浦东新区各中小学探索多样化的作业形式,关注学生的特点和特长,探索分层、弹性和个性化的作业布置,尝试跨学科、探究性和实践性的作业,建立了动态监测作业时间总量机制,形成了丰富的校本作业设计样例,体现了学校作业管理的智慧和创意。上海市建平实验中学制订了《作业管理工作方案》,围绕全体学生学习国家课程、提升学业水平的"刚需",举全校之力,花费数年之功,研究编制了语文、数学、英语、物理、化学五门科目所有年级的校本作业,以难度分层的形式满足学生的需求,并在使用过程中根据学情进行动态的调整与完善,目前校本作业已修订至第四版。学校进行系统化的作业改革,探索长周期作业、项目式作业、趣味化作业、社会实践作业,每学期末的"作业大礼包",每学期初的"优秀作业展评",贯穿整个初中学段的"职业生涯体验","和父母上一天班"等项目已经形成传统,惠及莘莘学子。通过学生记录各学科作业用时,班主任协调各学科作业量,年级主任跟踪分析每周作业量,课程教学中心常态监控每月作业量并进行不定期抽查,定期进行学生问卷、学生座谈、家长问卷、家长座谈等方式,学校发现问题并及时整改。

当然,仅减少作业量只能"治标",而"治本"之策是要落到课堂的实效上的。高品质的课堂建设离不开教师对教学的思考和研究,"双减"之下,我们的教师是否有时间去学习、去积淀?教师们是否有充足的时间进行校本教研修和集体备课?课堂教学是否更高效了?这都是值得进一步追问和改进的问题。

2."课后服务"课程的校本化探索

"5+2"课后服务的模式是推进学校课程改革的重要契机,推动着学校教育内容与形式的扩展和延伸,在一定程度上可以促进学校课程的系统优化,提升学校发展的"软实力"。每一所学校充分挖掘教师资源、场地资源和课后服务资源,为学生提供营养丰富的课后"自助餐"。上海市建平实验地杰中学在疫情期间,着眼于落实"双减"政策,大力推行"五育并举",积极探索行之有效的线上教育教学管理模式。利用早、午、晚非教学时间的"空窗期",进行"早陪伴、午陪护、晚看护",使教师在扮演好自己角色的同时担负起父母和导师的双重责任。班主任根据班级情况设计有特色的、个性化的"早陪伴"活动,播放学生劳动、亲子互动等主题视频,与学生分享热点话题,进行才艺展示,如朗读、分享趣味知识等。一日之计在于晨,"早陪伴"让孩子们身心愉悦起来,精神振奋起来,思想积极起来,态度端正起来。走近心灵的"午陪护"的主要功能是对学生开展心理按摩,进行有针对性的心理专题教育,开设"心灵港湾",播放有教育意义的短片,开展特色、趣味作业展示和各类才艺展示等活动。精心设计的"晚看护"对学生进行有针对性的学业辅导,每晚开设线上自习室,由班主任负责,各学科教师进入课堂针对学生的问题进行点对点辅导。类似这样的课后服务不仅缓解了学生的心理焦虑,而且营造了浓厚的学习氛围,提高了学习效率,为持续学习打好基础。

各个学校不断探索课后服务机制建设,统筹安排教师实行弹性上下班、调休等措施,尝试实施教师弹性工作补贴机制和分层分类的绩效奖励,以实际举措减轻教师负担,提高教师承担课后服务的积极性。作为一项新事物,课后服务的实施面临着缺乏配套政策、学校责任边界模糊、教师工作量核定难等多重问题,这需要学校不断研究和进行相关制度的创新。为了有效提高课后服务的质量,学校还需要引进外部教育资源,构建课程研发与审议机制,让学校课程供给更丰富、更优质、更具有选择性。

二、"双减"下的创变

回望一年来教育领域发生的变化,每项与教育有关的政策举措,都预示着教育发展的风向,埋伏着通往未来教育的线索。仅仅围绕作业管理和校外培训两方面的局部改革,难以真正让"双减"产生实效,我们还需要政府及多方力量进行"系统治理、依法治理、源头治理、综合施策"。[①] 浦东新区通过建

---

① 中共中央宣传部编.习近平总书记系列重要讲话读本[M].北京:学习出版社,人民出版社,2014:116.

设多元主体协同协作的综合治理格局,在教学赋能、课程变革、教研转型等关键环节进行系统优化,多管齐下,落实"双减",全面推进高质量基础教育体系的建设。

(一) 建设多元主体综合治理的教育格局

"双减"作为新时代基础教育改革的重要战略部署,是对政府、学校、社会、家庭多重关系的重构,带动的是整个教育系统的全方位变革。《关于进一步减轻义务教育阶段学生作业负担和校外培训负担的意见》中特别强调,要"完善家校社协同机制。进一步明晰家校育人责任,密切家校沟通,创新协同方式,推进协同育人共同体建设"。[①] 因此,构建政府、社会、学校和家庭等多元主体协同的教育治理格局至关重要。

在政府治理层面,浦东新区教育局立足全区教育改革发展实际情况,科学统筹、整体部署、有序推进"双减"任务落地见效。通过深化学区化治理,加强紧密型学区建设,构建多元主体共同参与的学区治理委员会,研究制订创建工作方案 3.0 版,遴选试点单位,着力提高薄弱学校办学质量,提升集团成员学校校际均衡水平;通过加强作业管理与科学研究指导,完善作业管理制度,对学校作业管理、课后服务工作方面达标情况进行检查;通过案例评选、绩效奖励等激励性措施确保"减负增效"守住底线,不设上限,满足学生发展需求。

在专业服务层面,浦东教育发展研究院充分发挥专业引领的作用,除了推进"作业管理"和"课后服务"等方面的研究、实践与指导,还立足于数字化优质教育资源的建设,研制了区域"名师面对面,慧学促'双减'"课程。以初二、初三年级学生为辅导对象,重点突破相关学科单元教学的重难点问题,设计专题引导学生梳理问题、分析问题、探寻解决问题的思考路径,为学生提供公益性的视频课和个性化辅导,促进优质教育资源的共享。同时,开展区域层面的课外活动,为学生营造轻松愉快的学习氛围。例如,浦东新区教育局

---

① 中共中央办公厅,国务院办公厅印发.关于进一步减轻义务教育阶段学生作业负担和校外培训负担的意见[EB/OL].(2021 - 07 - 24)[2022 - 01 - 16].http://www.moe.gov.cn/jyb_xxgk/moe_1777/moe_1778/202107/t20210724_546576.html.

图工委和浦东教育发展研究院共同举办了"悦读悦享,我为同学荐本书"读书荐书活动,邀请全区中小学生过一个"书香国庆",选一本心仪的书潜心阅读,撰写或制作荐书作品,向同龄人推荐。主办方在短短 10 天里就收到了 14486 份推荐。这次活动极大地调动了全区青少年读书的热情,引导学生有效利用课余时间,积极参与各类实践体验活动。

在家校社协同治理层面,通过校际间、家校社合作等方式促进信息互通和资源共建共享,建立"办家门口好学校"的组织制度,促进学校治理结构的完善。借助家长、社区、第三方组织等多方面的资源,丰富学校的课程资源,拓宽学生的学习边界。例如,上海市实验学校教育集团提出"百家实践课程"的概念,邀请社区和众多有专业特长的家长与教师共定课程方案,为学生开设实践课程,家长和社区参与评价的全过程,有效推进了家校社的合作治理。建平实验小学开展家校社合作的经典诗文阅读特色活动,邀请家长志愿者进校为学生做相关讲座,在社区中开展交流活动。

（二）以教学创新赋能学习方式变革

脱离课堂教学改革的"双减"是无力的,实现政策的预期效果还要聚焦在课堂教学的创新与实效上。2021 年,联合国教科文组织在《一起重新构想我们的未来:为教育打造新的社会契约》报告中提出,"教学法应围绕合作、协作和团结等原则加以组织。""课程应注重生态、跨文化和跨学科学习,以帮助学生获取和创造知识,同时培养其批判和应用知识能力。"面向未来乃至 2050 年的教育,我们必须变革教与学的方式,以创新型人才培养为目标,建设更加高品质和高效能的课堂样态。

其一,将项目化学习作为落实"双减"的抓手之一,变革教师的教学方式,引发学生的深度学习,培养学生的动手实践能力、高阶思维和综合素养。浦东新区义务教育项目化学习项目组以"创造性地解决问题,变革育人方式"为推进目标,以活动项目、学科项目、跨学科项目为载体,引领"种子校""实验校""创建校"等项目化学习的实践和探索,并取得了阶段性成效。建平实验中学采取"由点到面、全方位、立体化"的策略推进项目化学习,在学科融合、场馆建设、课程开发、资源挖掘等方面不断探索,逐步走出了一条"从精英特需到大众普惠,从赛事驱动到课程建设,从边缘活动到主流学科,从单一科技类项目到学科融合"的项目化学习校本化探索之路,为学生开启了通向未来教育的一扇门。建平实验张江中学积极探索学科项目化学习,语文组开展演讲活动单元项目化学习,针对八年级下册语文课本第四单元"演讲任务活动单元",通过学习经典演讲篇目,学习演讲的要素和基本知识,确定演讲主题,组内交流分工任务,制订演讲评价标准,撰写演讲稿,搜集素材,录制演讲视频,演练并完善成果。整个学习过程培养了学生沟通交流能力、协作能力和信息技术以及审美鉴赏等综合素养。

其二,以培养创新型人才为目标,探索区域特色综合课程建设。作为新时代深化基础教育课程教学改革的重要突破口,浦东新区"基于区域特色的学校综合课程创造力培养研究与实践"项目,逐步构建了以"融·创""航·创""科·创""文·创"为特色的浦东综合课程体系,并通过四大特色课程联动小学、中学,力求实现12年贯通设计。在课程实践过程中,建构了大学、政府和学校之间合作伙伴关系模式(UGS)。通过"区域创思""学校创行""智力创能",建立了校长、教师、学生"三位一体"的区域特色综合课程创新主体,形成了以学生发展为本,教师培训、学校发展、区域特色教育资源统整相结合的区域特色综合课程创造力提升推进机制,拓展了区域与社会专业机构、海外教育组织的交流合作机制,为校长和教师赋能,催生了教师的创造力,提升了学生创造性解决问题的能力和实践能力。

其三,在国家全面启动新一轮"双新"课改的背景下,浦东新区正在探索教学数字化转型,以学生的学习方式变革为重心,探索符合时代特征、浦东特点、课改要求的"智慧共生课堂"。浦东教育发展研究院逐步完善多层次、多类型教学调研,开展专项调研、综合调研、蹲点调研和跨部门联合调研等,形成有质量、有深度的调研报告。针对调研中发现的问题和短板,及时提出有针对性和建设性的改进举措,提炼出若干专题作为常规教研的重要内容。

(三) 以教研转型带动教学实践转化

"双减"对区域教研提出了更高的要求,教研机构要进一步提高区域教研的科学性和有效性,构建区校联动的质量保障体系,又要服务学校教育教学和管理决策，指导学校建立高效、务实的校本教研制度。

其一，构建区域"教研立交桥"，推动"大区全覆盖和精准化相结合的教研转型"。针对浦东新区面广、量大、差异显著的特点，浦东教育发展研究院将从以下几方面重点探索教研模式的转型：一是在人员方面，建立由专职教研员主导，以特级教师、正高级教师、学科带头人、兼职教研员为主要力量的立体式教研团队，对其赋予工作任务，建立考核机制和奖励机制；二是在层次方面，构建区域、学段管理中心、集团、学区等多层次教研活动认定机制和教师成果认定机制，进一步扩大供给，增加机会，激发多层次开展教研的动力和活力；三是在平台方面，建设功能强大的信息化、智能化的教研线上平台，既能容纳1000多名教师线上统一教研，又能通过主平台和若干分平台有组织地互动对话，构建总分结合、上下互动、共性个性兼顾的线上线下相结合的新型教研模式，增强教研的统一性和针对性、有效性；四是在组织方面上，通过与市级教研机构的合作联动，提高学科教研员专业水平和综合性、专项性工作的研究和设计能力，推动学科中心组功能从重事务向重研究和重服务转型。

其二，加强对校本教研的指导。学校教研组是影响教师专业成长、课堂教学品质提升的重要力量。区域教研机构必须要深入学校，立足课堂，关注教师，聚焦学生，优化学校的教育教学工作。一是要规范学校教研组建设，指导学校制订课程教学管理规程、教研组建设规程和备课组建设规程；二是培育学校教研骨干力量，通过开展课程教学管理干部、教研组长和备课组长等专项业务培训和主题研修，打造区域教研共同体；三是搭建共享智库，形成资源共享平台。开展区域优秀教研组和备课组的评选，总结和推广以校为本的优秀教研个案和有益经验，发挥典型的示范和引领作用。

三、"双减"后的展望

着眼未来，"双减"的真正落地关键在于要和教育评价改革同频共振，要以更高质量的育人模式、更高水平的教师队伍、更优质的教育资源作为强有力的支撑，要创造良好的教育生态。

（一）以评价改革引领"双减"持续发力

"教育评价事关教育发展方向，有什么样的评价指挥棒，就有什么样的办学导向。"①"双减"政策为推进教育评价改革提供了重要契机，教育的良性发展需要从根本上扭转教育评价体系中"唯分数""唯升学"等不良导向。

首先，多元考核，完善学生综合评价体系。要想扭转应试教育的倾向，首先必须改变以试卷考核为主的单一评价模式，形成综合素质考核的多元评价模式。《浦东新区深化新时代教育评价改革行动方案》明确提出了要构建"五育并举"综合评价模式，建设涵盖道德素养、学习素养、体育素养、美育素养、劳动素养的综合评估指数管理大数据平台，不断完善学生综合素质评价，优化初、高中综合素质评价内容，升级学生综合素质评价信息管理系统，创新德智体美劳过程性评价办法，构建学生成长数据档案，建立学生多维数字成长画像，形成"五育融合"、中小幼纵向衔接、课内课外横向连通、学校家庭社会协同联动的全员、全过程、全方位育人体系。努力转变"以分数论英雄"的评价方式，通过运用"多把尺子"衡量学生，让每一位学生找到自信。

其次，科学测评，健全评估反馈机制。"双减"不是取消考试，而是要在考试内容和评价方式上进行变革。从区域层面进一步健全评估反馈机制，以科学诊断促评价提质，对学校进行精准指导。一方面，加强考试管理，提高命题水平。对学生进行科学合理的测评，既注重考查学生基础、基本技能，又注重考查思维过程、创新意识和分析问题、解决问题的能力，以此诊断教情学情。浦东新区教研团队将更加注重命题指导，通过专题研讨、集体磨题、团队合作来提高一线教师命题的质量和水平。另一方面，严格执行等第制评价，加强学校评价的督导。中小学校要进一步细化等第制评价，明确等第比例，不搞分分计较，不用分数来打压学生。浦东教育发展研究院围绕"双减"开展学校调研，形成一校一报告及区域报告，并对学校开展一对一的问题反馈，对薄弱学校开展蹲点指导。

---

① 中共中央，国务院.深化新时代教育评价改革总体方案.北京:人民出版社,2020:1.

最后，专业引领，指导学校建立自我督导体系。在传承、创新"学校发展性督导评估"实践基础上，浦东新区将进一步完善以学校自评为基础、内部评价与外部评价相结合的学校督导制度，推进学校自我督导体系建设。筹备成立浦东教育评价中心，设立浦东教育发展研究院，开展区域教育评价改革路线图的整体设计与实施。同时，进一步细化与联合国教科文组织教师教育中心、清华大学教育研究院、华东师范大学基础教育研究所、上海师范大学、北京市海淀区教师进修学校、上海市教委教研室等高校或专业研究机构的合作项目，探索学校高质量发展自评机制，优化学校内部治理结构。

（二）以"大师训"新架构优化教师梯队建设

提升课堂教学质量的关键在于提高教师队伍素质，"双减"政策的推进也对教师队伍提出了更高的要求。面对新的挑战，我们要找准教师队伍建设的着力点，进一步优化专业发展平台，完善教师培养体系，促进教师的内驱式成长。浦东教育发展研究院将立足教师专业梯队培养模式的优化，建立更加开放的"大师训"新架构，充分激发教师的内生动力，提升教师的专业素养。

一是坚持高端引领、梯队培养、典型培育的基本策略。推出"萌师计划""明师计划"和"璺师计划"的系统性优师计划。将教学新苗、青年新秀的培养纳入"萌师计划"，将领军人才后备、学科带头人和骨干教师纳入"明师计划"，将特级教师和正高级教师纳入"璺师计划"，建立目标明确、模式清晰的专业梯队培养模式。

二是深化更加开放的教研训一体化模式。建立学科教研的教师专项培训项目群。基于新一轮课改的要求和教学实际，在全部学段和部分学科探索开展双周常规教研与单周教师团队研修项目，实施以科研学段中心组和青年科研骨干队伍建设为重点的项目，分别由教研和科研部门负责策划和组织实施，由师训部门负责项目立项管理、结项管理、学分管理和经费管理，以项目方式促成"教研训"一体化落地生根。

三是构建及时回应新要求的师训课程。建立精品课程建设的迭代升级机制，构建聚焦新课改需求、系统完备、快捷升级迭代的精品课程体系。加快建设项目化学习教师队伍培训课程，开发跨学科教师队伍培训课程、艺术和综合教师队伍培训课程、心理健康教育教师全员培训课程、全员导师制管理者队伍培训课程、家庭教育指导专题培训课程，以及德育干部、班主任、团队干部分层培训课程。全面启用教师专业发展信息化系统，推进教师专业发展，支持系统数字化转型。

"双减"的真正落地是一个系统优化、综合治理的过程，我们在积极推进的同时，也不能回避这一政策带来的不适应性。然而，正如爱默生所说："如果一个人选择一个时代来降生的话，那么他一定选择一个变革的时代。在这个时代里，所有的人的经历都浸透着恐惧和希望。新时代丰富的可能性岂不就补偿了过去时代的已逝的历史荣耀？这个时代像一切时代一样，是一个非常好的时代，只要我们知道怎样对待它。"在这教育变革的新时代，教育人在守常中不断创变和完善，满怀希望向未来，与全社会共同努力办"人民满意的教育"。

激发学习动力，提升办学活力

——实施《上海市中小学生学业质量绿色指标（试行）》的实践探索

　　对那些畸形发展的孩子，我们要尽可能给予精心的呵护，他们缺什么我们就补什么，使他们随时随地获得激励，学得更有信心，更轻省，更有效。

　　为贯彻落实国家和上海《中长期教育改革和发展规划纲要》(2010—2020)等文件精神，推进实施国家教育体制改革试点项目"改革义务教育教学质量综合评价办法"，进一步提升上海义务教育教学质量，上海于 2011 年开始实施《上海市中小学生学业质量绿色指标（试行）》。这一"绿色指标"体系主要包括学生学业水平指数、学生学习动力指数、学生学业负担指数、师生关系指数、教师教学方式指数、校长课程领导力指数、学生社会经济背景对学生学业成绩的影响指数、学生品德行为指数、身心健康指数以及上述各项指标的跨年度进步指数，共 10 个方面。①

　　推行学业质量"绿色指标"综合评价改革的举措，产生了积极影响，并取得了明显成效。这一举措，进一步深化了上海市中小学课程与教学改革，全面提升了学校教育内涵。但面对所有学校的"绿色学业"评价指标及评价结果，宏观呈现出的整体状况和趋势，不足以解决每一所学校基于理念、资源、环境等因素形成的课程设置、学科教学等领域的问题和困难。因此，以校为本的个性化实践探索与改进体系，是解决这一困难的

---

　　①　徐淀芳，纪明泽，汪茂华.学业质量绿色指标：促进学生全面发展的利器——上海市中小学生学业质量绿色指标评价改革概况［J］.人民教育，2013(18)：13－16.

关键。

近年来,上海市建平实验中学(以下简称建平实验中学)作为上海市"基础教育质量综合评价改革试点"学校,连续多年参加上海市"学业质量绿色指标"项目,积累了动态的、具有学校个性化特征的数据与分析,为开展研究与实践提供了大量的依据和基础。本文根据测评结果和学校自我发展需求,主动研究并开展基于校本化的探索,以提升"绿色指标"评价推进学校发展的实践价值。

一、认真分析测评结果,聚焦"学生学习动力"指数研究特点

2012年,建平实验中学开始参与"绿色指标"的教师培训、学生学业质量测试;2015年,建平实验中学承办"上海市中小学生学业质量绿色指标测试(语文)质量反馈"活动,聚焦"学生学习动力指数"的研究,在"绿色"教育观、评价观的引领下,致力于改革课堂教学,建设有特色的校本课程,优化学生的人际关系,努力满足学生成长发展的需要,激发学生的学习动力,提升学校的办学活力。

建平实验中学之所以选择学生学习动力指数的研究,主是基于对"绿色指标"十项指标逻辑关系的理解与学校"绿色指标"质量测评结果的分析。在十项指标中,"学生学业水平"无疑是最重要的一项指标,除"跨年度进步"指数之外的另外八项指标,均为不同程度影响学生学业水平的相关性要素,其中"学生学习动力"指数无疑是影响学生学业质量最为首要的也是极其重要的因素。学校历年的"绿色指标测评"结果也反映出该指标的重要性。

(一)研读测试结果,分析学生学业质量背后的潜在危机

确定研究项目之前,我们重点分析了本校 2014、2015 两年的"绿色指标"测评结果。以下为两年数据对比图、表。(见图 1,表 1)

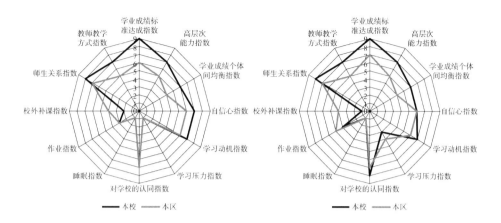

图1 2014年、2015年学业成绩标准达成指数雷达图

表1 2014、2015年"绿色指标"测试指数

2014年	本校	本区	2015年	本校	本区
学业成绩标准达成指数	9	6	学业成绩标准达成指数	9	7
高层次能力指数	7	5	高层次能力指数	7	5
学业成绩个体间均衡指数	6	4	学业成绩个体间均衡指数	6	4
自信心指数	7	6	自信心指数	6	6
学习动机指数	7	6	学习动机指数	7	6
学习压力指数	1	1	学习压力指数	3	4
对学校的认同指数	7	7	对学校的认同指数	8	7
睡眠指数	1	1	睡眠指数	1	1
作业指数	3	3	作业指数	4	5
校外补课指数	2	4	校外补课指数	1	4
师生关系指数	8	7	师生关系指数	8	7
教师教学方式指数	7	5	教师教学方式指数	7	5

　　从上述图、表可以看出,建平实验中学两次"绿色指标"测试中的各项指标都比较好,2014年学业成绩标准达成指数为9(区平均为6),超区平均3分;2015年学业成绩标准达成指数为9(区平均为7),超区平均2分。总体达

到优良水准,无明显劣势。但是各项指标之间存在着不均衡,两年学习动机指数均为7(区平均为6),超区平均1分;2014年自信心指数为7(区平均为6),超区平均1分,2015年自信心指数有下降趋势,下降为6,与区平均值等值。这两个指数是学习动力指标中最关键的要素。通过两年的数据,我们可以看出本校学生在优秀成绩的背后存在着学习动力不足的潜在危机。教育学、心理学的原理与规律告诉我们,学习动力犹如学习的电源,是主体学习过程得以产生、维持和完成的原点,一旦电源发生故障,必然对学习的质量和效率产生影响。如果学习动力充足,潜能总会变成可能,变成现实的能力。如果学习动力不足,眼前的优势也会逐渐消退。

(二) 结合新一轮发展规划的制订,分析研判学校教育教学现状

2015年,是建平实验中学实施"绿色指标"关键的一年。一是学校新老校长交替,上一轮发展规划完成,面临新一轮发展规划的制订。二是"上海市中小学生学业质量绿色指标测试(语文)质量反馈"在我校举行,重点研究教、学、考的一致性,这次活动起到了助推"绿色指标"实施的作用。当时,我们迫切需要对学校的发展现状做出准确的研判,内在需求遇到了外力推动。我们借助这个契机,通过多种举措研判学校现状,力图找到学校新的生长点,同时,也为新一轮发展规划的制订做准备。

学校通过四项举措进行自我诊断:一是上海市教委教研室"绿色指标"项目组来校指导"教、学、考"一致性的教研活动;二是邀请上海市浦东教育发展研究院教师发展中心教研员来校做"两覆盖"教学调研:覆盖所有学科,覆盖所有班级;三是邀请华东师范大学基础教育改革与发展研究所专家就课程、教学、德育、管理、学生发展、教师发展等方面召开系列座谈会,把脉问诊;四是开展"我为学校发展献一策"活动,评出上策、妙策、良策、群策若干,吸引教师参与到规划制订中来。通过这样几番"翻家底"式的分析,我们发现学校具有很明显的发展优势,但是也存在着一定的问题,最主要的就是在教育内涵方面存在种种"不够绿色"的现状,这成为抑制学生学习动力与学校办学活力的主要问题。

一是教育价值与评价方式"不够绿色"。学校有相当一部分教师、学生、家长受社会风气、传统"功名观"、狭隘质量观的影响，一味地求高分，追名校，只管眼前，不顾未来。"重分数轻人格，重显绩轻潜能，重模仿轻创新，重术轻道"的教育观、质量观依然存在。

二是教育教学方式"不够绿色"。教育教学中，教师还存在一定程度地不尊重学生主体地位、不能与学生平等对话的现象。传统的"我讲—你听"的传授式教学方式屡见不鲜，"超前学、超量学、反复学"的题海战术依然存在。这些问题压制了学生的学习热情，打击了学生的自尊自信，影响了学生的身心健康。

三是课程的设置与实施"不够绿色"。作为国家课程的有机补充，校本课程的定位与特点均不够清晰，课程结构不够完整、不够均衡，课程的门类不够丰富，广大学生的多元兴趣与个性发展的需要缺乏校本课程的支撑。

四是学生的生命状态"不够绿色"。在"不够绿色"的生态环境下成长的学生，他们只是作为一个生物意义上的人在长大，但是作为完整的、健康的、有尊严的、有精神的人，他们的成长路径在遭到阻碍与破坏的同时，也会向其他负面的方向发展。就像马路边上被粉尘污染的小树，它虽然活着，但是是畸形的。部分成绩优异者，尤其是所谓的"学霸"，存在着压力过大、焦虑过度的问题，心理人格隐患潜滋暗长；部分学生心理能量日益干涸，对学习抱着无所谓的态度，"人未老，心已衰"，沦为"陪读者"；也有部分学生变得懒惰、顽劣、破罐子破摔，因羞耻而寻求保护荣誉的替代品，用时尚与叛逆掩盖学业低下的耻辱，朝着不良倾向发展，生命状态也自然变得"不够绿色"。

（三）聚焦学生学习动力指数，构建研究框架

在理想的"绿色教育"与"不够绿色"的教育现实之间，建平实验中学有针对性地加以改进，确定了"以'绿色指标'为引领，聚焦学生学习动力指数的提升，带动学校课程、教学的改进，改善师生、同伴、家校之间的人际关系，推动学校的整体发展，促进学生可持续发展"的研究路径，构建了具体的研究框架。（见图 2）

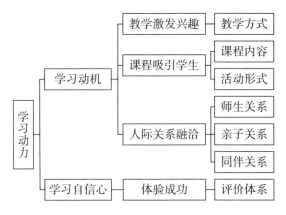

图 2　聚焦学习动力指数的研究框架

二、满足学生绿色发展需求,激发学生学习动机

心理学认为,人的一切行为(包括学习行为)的动机都直接来源于需要,如果我们想要提升学生的学习动机,必须要尽可能地了解他们的需要,想方设法满足他们的需要。

(一) 改变课堂教学方式,满足学生学业进步的"刚需"

我们当下的课程设置中,国家学科课程占有绝对的比重,对国家颁布的考试科目,更是花费了大量的教学时间。这部分课程,属于人类遗产要素主义课程,以间接经验的学习为主,其主要特点是以学科知识为中心,学习方式以记忆、复述为主,很多教师会相应地采取让学生死记硬背、反复练习、题海战术等方式来应对。教材的规定性、考试的不可避免性导致了前述种种"不够绿色"的教学现状。其实,教师、家长和学生明明知道这样的教学行为会导致学生出现压力过重、焦虑过度、效率低下、厌学逃避等问题,但还是欲罢不能,前赴后继地使用这些方式。这是因为积极面对考试是学生生存发展的刚性需求。

布鲁纳认为,学生是最敏感的心理学家。学生清楚地知道学习是他的职业,考试是他的任务,高利害的中考、高考更是对未来产生重大影响。面对学生、社会的教育刚需,通过简单地否定学习的现实任务、减少学业功课、变换计分方式等细枝末节的做法，都不可能真正减轻学生及家长的现实压力与焦虑，也不可能改变种种"不够绿色"的教育现状。

在学科教学方面，我们要着力解决普遍存在的"不绿色"的教学方式与广大学生作为主体的人对学业进步成功的渴望之间的矛盾。建平实验中学积极探索对话教学，通过对话教学来打造绿色课堂。引导教师从哲学的高度认识"对话"的内涵：对话是人的基本生存方式，真正的对话是主体间的对话，对话者要尊重对话对象的权利。伟大的教师都是对话的高手，诸如孔子、苏格拉底。对话作为教师最基本的教学素养，无论教学技术怎样更新，一定会从传统走向未来。提高教师对话的本领与艺术，开展多元对话，确立学生的主体地位，能够有效地激发学生的学习动力。

注重教师与自己对话：知道我是谁，成为我所是。帕克·帕尔默认为"好的教学来源于教师的自身认同和自身完整。"学校通过组织案例研究、叙事研究、撰写教学反思、将微信美篇讲述成长故事等形式，引导教师反思自己，知道我是谁并成为我所是。教师越多地觉知自己的内心与灵魂，对学生就会有越多的睿智与慈悲、理解与共情，也就越能守护学生的绿色心田。

注重教师与学生对话：呵护学生尊严，提升学习质量。学校要引导教师切实尊重学生作为对话者的主体地位，师生之间展开主体间的交流互动，改变传统课堂的知识传授过程中的独白、讲话、训话甚至是指责等形式的"假对话"，代之以真诚、民主、平等、细腻、贴心的"真对话"，体察学生的学习情境，走近学生的逻辑世界，捕捉展开学习的契机，分享学生的痛苦与欢乐，随时随地用自己贴切的、善意的、美好的语言，甚至是一个眼神、一个别样的表情和动作对学生做出评价，编织精彩课堂。①

课堂教学的质量在一定程度决定着学生的生命质量。对话教学尊重了学生，呵护了学生，把学习的主动权还给学生，学生越来越多地被欣赏、被激发、被鼓动，学习动机有所增强，学习质量有所提升。对话教学还起到了"节能减排"、提高效益的作用，最大程度满足了学生、家长的刚性需求。

---

① 李百艳.对话：教师核心素养的本质、传统与未来[J].中小学管理,2017(06):16.

(二) 开发有吸引力的校本课程,满足学生兴趣特长的"特需"

当前的国家、地方、学校三级课程结构,给学校留下了一定的课程开发与设置的空间。虽然,这部分课程目前所占的比重是有限的,但其价值和作用却是难能可贵、不可低估的。在某些方面,学科课程难以给学生带来足够的"绿色"影响,校本课程不宜再以间接经验为主,而是应注重直接经验类课程的开发,淡化知识中心,突出以学生为中心,注重兴趣性、实践性、体验性、自主性和综合性。

建平实验中学以课题"特需导向的校本课程建设的研究"为引领,围绕学生核心素养的培养,开发了"人文素养类、科技素养类、生活健康类、综合探究类、自主实践类"五大类校本课程,通过学科渗透教育、探究课、专题教育活动、主题实践活动、社团活动和环境创设教育等多种途径来实施,旨在培养学生的问题意识、动手能力、综合实践能力,以此来弥补学生学习中直接体验的不足,挽救不够"绿色"的教学给学生带来的负面影响,转移学生心理焦虑与压力,平衡学生兴趣个性发展的需要。这些特需课程的评价注重激励、赏识,通过"量表式、测试式、档案袋式、表演式、竞赛式、展示式、创作式"等多重评价方式,对学生进行综合评价、过程评价、多元评价,促进学生主动发展。

很多课程已经取得明显的成效与成果。如"未来城市"课程整合了科学、英语、劳技、信科等多门课程,为那些爱思考、能动手、善表达的孩子提供了展才的平台。参与课程的学生在 2016 和 2017 年连续两届获得了上海市"未来城市"设计比赛总冠军,TomorrowLand 队还获得了全国特等奖,并代表中国赴美参赛获得了"最佳人气奖",实现了中国参赛队"零"的突破。"编程思维"社团小组在 2017 年荣获"发现杯"中国青少年编程比赛初中组全国总冠军。高尔夫球队多次荣获上海市青少年高尔夫比赛冠军、全国冠亚军。艺术比赛上,学生获浦东新区总分第一名;体育比赛上,学生获浦东新区教育局第二教育署第一名。"职业启蒙体验"课程安排所有学生跟随家人去工作一天,通过观察、实践、思考,切身体验各行各业的甘苦。这不但使孩子们更全面地接触、了解了社会,更让孩子们感受到了学习、生活的责任与意义,为学习注入了原动力。"我为社会主义核心价值观代言"主题活动课程,将宏大的词汇与生活体验相融合,变抽象的记忆为形象的感知,取得了"内化于心,外显于形"的教育效果。

这些特需课程的实施,使学生在自己擅长的领域充分发展兴趣、张扬个性、释放能量,使他们的求知欲、自我表现欲得到满足,也使他们品尝到成功的愉悦,并促使学生将局部的成功迁移、放大到学科知识的学习,促进了健全人格的发展。

(三)建设融洽的人际关系,满足学生青春期成长的"普需"

青春期的初中生有三个主要的心理特点:一是喜欢新鲜事物,求新好奇,易感易激易波动,需要成人(教师、家长)给予更多的理解和接纳。二是自我意识和独立人格开始觉醒,他们在乎自己的表现,渴望得到别人的认可,总想摆脱教师和家长对他们的约束和管教,有叛逆的倾向。三是由感性思维向理性思维过渡,但仍以感性思维为主,表现出"似懂非懂,半生不熟"的特点,在各个方面表现出可塑性强、稳定性差的特点。他们普遍的心理需求就是得到认可、尊重。

上述特点,决定了这个阶段的学生很容易进入人际关系紧张期。建立和谐融洽的绿色人际关系,有利于给予孩子积极正向的影响。对教师和家长而言,懂孩子、爱孩子、让孩子信任、让孩子信服是最重要的。因此,我们在推动对话教学的同时,通过校本培训,包括"三特"(特需导向、特级导师和特别导引)项目、"精业"计划和"成就未来使命团"项目,开展全员心理培训,设置班主任沙龙等课程,评选年度"仁爱教师"等,以提升教师专业技能,强化师德修养,帮助教师培育绿色观念,实施绿色教育行为,营造和谐的师生关系。

家庭对青春期孩子的影响也不容小觑。一方面,我们通过新建班级全员家访、特殊情况特别家访,保持家校紧密沟通;另一方面,通过"星期四家长学校",加强亲子专业指导,把家长纳入绿色教育体系。此外,还通过评选"智慧家长",树立榜样。学校也因这些探索,被评为区家庭教育示范校。

同伴关系对学生成长的影响也不容忽视。一个坏的伙伴的影响力远远胜过一个好的老师。建平实验中学校本心理课程,专门针对同学之间的交往做专题指导,较好地引导了同学之间进行和谐友好的交往。

和谐的人际关系能使学生有安全感、愉悦感、尊严感,能更加激励他们去维护尊严,回报师长。积极的心理状态有助于学生排除学习上的干扰,保持积极的学习动机。

三、推行多样化评价方式,提升学生学习自信心

建平实验中学注重发挥评价的导向作用,注重诊断性评价、形成性评价、多元评价、综合评价的结合,注重实证性评价与人文性评价的结合。除了传统的"三好学生""优秀学生干部"等评价,建平实验中学还通过设立"惟新奖学金""爱心基金";评选"真善少年""五星学子"(好学、勤学、善学、博学、乐学)"钻石苹果奖""小太阳奖""大月亮奖""暖宝宝奖";开展艺术节、体育节、科技节比赛、展演,以及特长展示活动、优秀作业展评、经验交流总结、个人书画展、十大歌手演唱会等,给每一个孩子提供表现、展示的平台和机会,给予他们积极、正面的评价。

建平实验中学基于对话教学的形成性评价不仅是为了判断,更是为了诊断。教学过程中灵活的、有针对性的评价,带来了教师教学上的改进。比如:考试后的"找分数"对话,"小走班"的分层教学,"特需门诊"辅导等教学措施,尽可能使学生各得其所。尤其是对那些畸形发展的孩子,我们要尽可能给予精心的呵护,他们缺什么我们就补什么,使他们随时随地获得激励,学得更有信心,更轻省,更有效,不再是陪读者、失败者、颓废者、叛逆者、自欺者。

四、研究成效与反思

实施"绿色学业质量评价指标"以来,源自生态、生产、经济、生活与消费方式等领域的绿色理念逐步深入人心。建平实验中学崇尚自然、无污染、低能耗、有生命力、可持续发展的"绿色教育",并依托此提高了教育教学质量,提升了教师的育人境界,提振了学生、家长、教师的精神面貌,有效激发了学生的学习动力。在后续的研究中,我们需进一步加强对其他指标的深入研究

以及各项指标之间的关联度研究,加强测量技术的开发与使用,营造"动力具足、活力充沛"的绿色学校生态。

参考文献:

[1]〔法国〕卢梭著.爱弥尔:论教育(上)〔M〕.李兴业,熊剑秋译.北京:人民教育出版社,2017.

[2]〔美国〕帕克·帕尔默著.教学勇气〔M〕.吴国珍,余巍等译.上海:华东师范大学出版社,2005.

项目化学习的价值定位与课程管理创新

教育是为未来世界培养人才的。培养好未来的人才,每一所学校都可以顺势而为、有所作为、大有可为。

学校在课程改革与管理变革中应始终保持开放创新的态势,近年来,我带领团队在开展项目化学习方面做出了积极的探索,本文以项目化学习的中外实践为背景,以上海市建平实验中学的本土实践为依据,从课程领导和管理的角度,对以项目管理方式推进项目化学习进行了梳理总结,对推进项目化学习中的价值定位与课程管理创新进行了探讨,对为何要开展项目化学习、如何开展项目化学习、开展项目化学习的关键是什么做出了阐述。

一、顺势而为:开展项目化学习

项目化学习(Project Based Learning 简称 PBL)是当前教育界的一个高频热词,这种学习形态以学习者为中心、以真实性情境为前提、以挑战性任务为驱动、以持续性探究为路径、以展示性成果为导向,改变了传统的学习方式,让学生在一段时间内对真实的、复杂的、跨学科的问题进行探究,通过分工合作探索解决方案,形成学习成果。项目化学习有助于引发深度学习,培养学生的动手实践能力、高阶思维和综合素养。[①]

(一) 积极回应国内外教育改革潮流

项目化学习的思想萌芽于约翰·杜威的"从做中学"。杜威强调人有四

---

① 夏雪梅.学科项目化学习设计:融通学科素养和跨学科素养[J].人民教育,2018(01):61-66.

种基本本能,即"制造、交际、表现和探索",其中最突出的是制造的本能,他认为只有从"做"中得来的知识,才是"真知识"。杜威的思想影响了世界课程改革的趋势,使课程由传统的以知识为中心逐步转向了以儿童为中心。经济合作与发展组织(OECD)在《影响教育的趋势:流动的人们》的报告中提到"作为个体初始社会化的主要社会空间,教育在培养跨文化技能中必须发挥重要作用",并强调在现今这个"超级多元化"的时代,教育必须要调整教与学的方式,以满足创新型人才培养的需要。中国的基础教育者深刻意识到全球化的挑战,并用世纪之交的新课程改革做出了积极回应,但是具体到日常的教学层面,受历史传统与现实困境等多种因素的制约,我们从教学理念到课程内容、教学方式的落地还有很长的一段路要走。诺贝尔物理学奖获得者,华裔物理学家朱棣文教授在一次采访中曾说道:"中国的学生学习很刻苦,书本成绩很好,但是动手能力差,创新精神不足。"项目化学习在弥补这方面缺失上有着得天独厚的优势,其最突出的一个特点就是让学生在动手实践中将知识内化为自己的能力与素养,这有利于培养学生的创新素养。

(二)迎接学生发展核心素养的政策挑战

新时期基础教育课程改革经历了"由知识立意到能力立意,再到素养立意"的发展过程,教学也由注重"落实双基"(基础知识、基本技能)到"三维目标"(知识与技能、过程与方法、情感态度与价值观)再到"核心素养"的三个阶段。2016年9月发布的《中国学生发展核心素养》,以科学性、时代性和民族性为基本原则,以培养"全面发展的人"为核心,分为文化基础、自主发展、社会参与三个方面、六大素养。一方面通过分科教学进行学科核心素养的培养,另一方面通过跨学科学习进行核心素养的培养。2018年3月,上海市教委公布《上海市进一步推进高中阶段学校考试招生制度改革实施意见》,此次中考改革力求促进学生全面发展,注重能力导向,提高学生解决实际问题的能力和创新素养。新增了道德与法治、历史两门学科的开卷考试,物理、化学两门学科的实验操作考试,地理、生命科学等学科的跨学科案例分析,综合素质评价等内容。评价方式的变革促使教育者开始重视学习方式和育人模式的变革,项目化学习因其在跨学科学习方面有突出的优势,因此也成为培养核心素养的一种自然选择。

(三) 引领学校走向高质量教育的有效载体

2011 年开始实施的《上海市中小学生学业质量绿色指标(试行)》对教学起到了科学评价、正向引导的作用,但是教育中还是或多或少地存在种种"不够绿色"的教育现象。"重分数轻人格,重显绩轻潜能,重模仿轻创新,重术轻道"的教育观、质量观依然存在;对间接经验书本知识的背诵、理解、记忆、复述、训练,依然是主要的学习方式;"超前学、超量学、反复学"以及刷题训练的现象屡见不鲜。这样的教学压制了学生的学习主动性,影响了学生的身心健康,甚至给学生埋下了心理人格隐患,在一定程度上使真正的教育质量打了折扣。

2018 年的国际学生评估项目(PISA2018)测试,我国四个省市(上海、北京、江苏、浙江)作为一个整体取得全部 3 项科目(阅读、数学、科学)排名第一的好成绩。这喜人的成绩带给我们自信的同时,也反映出一些值得反思和改进的问题,诸如学生学习效率不高,幸福指数偏低,学生的学校归属感、生活满意度偏低,学习负担偏重,家长情感支持有待提高,教师队伍建设有待进一步加强等。教育质量不能只关注学业分数的质量,更要关心学生学习的过程质量和生命质量。2019 年 6 月颁布的《中共中央、国务院关于深化教育教学改革全面提高义务教育质量的意见》指出要切实提高教学质量,特别强调了要优化教学方式,积极探索基于学科的综合化教学,积极开展研究型、项目化、合作式学习。项目化学习赫然出现在高规格的教育文件中,足见其受重视程度。

(四) 学校特色校本课程的品牌创建需要

初中在基础教育学段中面临较大的发展困境,甚至被称为"豆腐腰""洼地",主要的原因是地区、校际、学生之间学业水平不均衡,学生家庭背景差异大,加之初中生处于身心发展的特殊时期,发展方向日趋多元化,导致课程开发难度较大。建平实验中学充分考虑到处于青春期的初中生普遍具有求新好奇、兴趣多元、自我意识觉醒、要求人格独立、容易出现叛逆倾向、稳定性差、可塑性强等特点,围绕学校"探索真知、追求真理、学做真人、活出真我"的育人目标,开发了"三需"课程。一是因人施教,满足学生青春期身心成长的"普需";二是因材施教,满足学生兴趣特长发展的"特需";三是因学施教,满足学生升学考试的"刚需"。努力创设真实的学习情境,探索项目化学习,培养学生在真实的学习与生活情境中发现、解决真问题的能力。

二、本土创新:项目化学习的深入探索

从 2015 年起,建平实验中学组织学生参加"未来之城"大赛。该项比赛是由美国"全国工程师周基金会"发起的面向全球青少年的一个教育课程和项目活动,距今已有 30 多年历史,每年有来自全球各个国家近 4 万名学生参与比赛。参赛学生通过对科学、艺术、技术、工程学和数学等相关学科知识进行综合运用,为人类设计一百年以后的未来城市,设计成果通过城市描述论文、城市物理模型、虚拟城市设计、现场演讲来展示,要求模型制作费用需控制在 100 美元以内。该项活动于 2014 年被引入中国,目前全国已有几百所学校参加。建平实验中学于 2015 年首次参加该项比赛,并荣获上海赛区的总冠军。此后,建平实验中学连年参加该项比赛,成绩不断刷新,不断突破,目前保持着全国初中参加此项比赛的最佳成绩,是全国初中在全球比赛中,也是在主办方美国以外地区的最好成绩。

建平实验中学"未来城市"实验室陈列着学生获奖的系列作品,其中有由 Magic 团队以企鹅岛为原型创作的"人与动物自然共处"的特色城市, TomorrowLand 团队以印尼群岛为原型制作的中国版的"诺亚方舟"——漂浮的蜂巢岛,有由 WTO 团队以杭州萧山为原型设计的"现代与历史融合的桃花源",有由 DreamlikeLand 团队以上海临港新区为原型设计的色彩缤纷的迪士尼版养老型城市,有由 FutureDesigners 团队以希腊科林斯地区为原型创作的新旧文化冲突的城市,有由 STEP 团队以青岛为原型设计的多元文化交融的城市,有由 IdealLand 团队以西藏林芝为原型设计的天人合一的未来城市,也有由 Philosophers 团队以冰岛雷克雅未克为原型设计的一个"最佳系统整合典范"的城市。

建平实验中学的"未来城市"项目已经具有扎实的基础，显著的效果，具有相当的成熟度，也积累了一些校本经验，诸如注重知识与生活的有机联系，科技与人文的比翼齐飞；追求历史与现代的完美融合，中国与世界的紧密对接；引导学生对人类命运的深切关注等。但这毕竟是一项赛事驱动的项目化学习，受种种条件制约，能够参与的还只是几支队伍，项目化学习的受众面还局限于学校中的小部分被挑选出的"精英"。为了让全校所有学生都能够体验并受益于项目化学习，建平实验中学近年来致力于校本化实施。下面我将以六年级的"整本书阅读"的项目化学习为例，来提炼本土化实施的主要特点。

（一）提出真问题，创设真情境

根据《义务教育语文课程标准（2011 年版）》中的"培养学生广泛的阅读兴趣，扩大阅读面，增加阅读量""多读书，读好书，读整本书"的教学建议，六年级语文组开展了《鲁滨逊漂流记》整本书阅读项目化学习，以"一个人二十八年在荒岛上如何生存？请为他提供一份《荒岛求生指南》"作为主问题，将学生带入到一个真实的学习情境中，去解决主人公面临的真实问题，以此构建主题阅读的任务群，形成立体化的学习场域。

（二）体验真阅读，实施真合作

学生带着问题阅读原著，不再只是粗略地、浅表性地阅读小说的情节。为了寻找问题的答案，学生更加关注文本的细节，真正把握小说学习的重点。他们在学校里寻找同伴分享自己对于问题的思考，在碰撞中催生出新的想法概念，从而形成阅读共同体，校园里洋溢着浓浓的阅读氛围。学生阅读文本的兴趣与专注度不断地被激发，愈研愈入，愈入愈深，很多见解都是见人所未见，发人所未发。比如，他们关注到鲁滨逊一个人漂流至荒岛，他需要面对衣、食、住、行、生病、孤独等重重困境与艰难，在漫长的时光中，他面临的挑战不仅是实际生活中生存的技能，更是对孤独与恐惧的忍耐。

（三）建立真联系，进行真探究

学生根据自己的任务，在开放的学习时空里，开始进行自主、探究、合作式的学习实践，融合各个学科的知识解决问题。从整体设计到标注在荒岛求生地图的小小比例尺，从原料采购、工具选用到呈现出的创意推拉门，以及用二极管点亮的篝火,学生在自己动手制作的过程中,会利用更多维的学科知识和学习资源收获更多技能。而对于一些难以解决,甚至不能解决的问题,学生会通过撰写小论文来讲述自己的想法和观点,运用多种学习平台去获取资讯,从而解决自己的问题。比如,一位学生对于烟叶为何能治病产生了困惑,经查询书籍、网络后发现,用适量烟叶来治病是有传统可循的。在这个过程中,学生们提升了问题意识,学会了文献收集,提高了写作与口语交际能力,提升了语文核心素养。

(四) 完成真任务,诞生真成果

沙盘与立体书合在一起成为了这次项目化学习的完整成果,并在校内与自媒体平台上被展示。每个班级都评选出了"匠心创作奖""妙手绘制奖""巧嘴介绍奖""慧眼细读奖""神脑深研奖",这些奖项由师生共同参与评比,激励着学生用心、用情、用力去创作更优秀的作品。

真问题、真情境、真阅读、真合作、真联系、真探究、真任务、真成果,这八个"真"成为建平实验中学项目化学习贯穿始终的策略,把学生推到学习的中心、展示的前台,引向真实的生活、具体的问题。师生陆续开发了"投石车""西游棋""谈古喻今名言隽句诵写讲画演"等项目。从借鉴"他山之石"到开采"本土之玉",建平实验中学采取"由点到面、全方位、立体化"的策略推进项目化学习的实践,在学科融合、场馆建设、课程开发、资源挖掘等方面不断探索,逐步走出了一条"从精英特需到大众普惠,从赛事驱动到课程建设,从边缘活动到主流学科,从单一科技类项目到学科融合的项目化学习"校本化之路,开启了一扇通向未来教育的大门。

三、管理变革:项目化学习的组织保证

课程改革的深化和项目化学习的推进,呼唤学校的管理变革,而学校的管理变革也成为推动项目化学习的主要力量。项目化学习作为项目管理,从项目的萌芽、生成、培育、实施到评价都需要学校管理制度相应地发生变化。如果没有科学、民主、平等、开放的现代学校管理制度的保障,项目化学习很难推进,也很难成功。

（一）观念变革：跨学科教学协同育人

项目化学习是一种跨传统、跨文化、跨学科、跨教学、跨年段、跨时间、跨空间的新的学习形态。不同于传统的学科教研组、备课组逐级落实的纵向管理方式，项目化学习需要横向的跨学科的学习组织、教研组织、评价组织来推动实施，这带来的是学校学习组织方式和评价方式的变革。开展项目化学习首先要敢于从分科教学和传统的教学方式中"跨"出来，跨出一步才会为学生的学习打开一片广阔的天地。建平实验中学通过问卷、访谈了解学生的学习体验，发现他们在"创造思维、学以致用、解决问题、交往合作、自我探索"等方面有较深的体会。有人说"'漂浮的海上城市'解决了人类生存空间不足的难题"，有人说"我交到了很多相同爱好的好朋友，都是不同班级的，还有不同年级的"，也有人说"如果有一天我也被困在荒岛，我怎样战胜内心的寂寞与恐惧"……学生所获得的与传统课堂不一样的体验弥足珍贵。

关于项目化学习，一些认识误区仍然存在。有人认为项目化学习属于STEM课程领域，以科技类为主，是主流学科之外的一种点缀，担心项目化学习可能对学科教学造成冲击。其实，项目化学习与基础的学科知识是分不开的，真正有质量的项目化学习非但没有淡化学科知识，反而是基于学科知识、运用学科知识、巩固学科知识、融通学科知识，最后在实践中提升学科知识。

（二）课程审议：基于需求的课程开发机制建设

好的学习项目从何而来？目前各地、各级学校之间的发展很不均衡，有的缺少资源集聚能力，项目稀缺；有的则是项目泛滥，开展得比较随意。这就需要建立规范的课程审议机制。校内只有建立起规范的课程审议机制，才能保证项目化学习的科学性与合法性，保证项目被师生认同，保证学习质量，保证项目满足学生的成长需求。课程审议包括课程规划论证、课程实施调研反馈机制、课程质量的自我评估机制等。建平实验中学提炼了课程审议机制流程图。① 机制建设，有利于形成公开透明的课程开发机制，保证了课程的合法

---

① 李百艳.走向现代学校治理的对话机制建设研究——以公办初中 JS 中学为例[D].博士学位论文.华东师范大学,2019:202.

性以及认同度,避免"为特色而特色"的表面热闹、内在匮乏的课程开发弊端。

```
                        下一轮课程研发
        ┌──────────────────────────────────────┐
        │                                      │
   ┌─────────┐   ┌─────────┐   ┌─────────┐   ┌─────────┐
   │ 需求调研 │ → │ 资源评估 │   │ 课程研发 │   │ 课程实施 │
   └─────────┘   └─────────┘   └─────────┘   └─────────┘
    │     │       │     │       │     │       │     │
 ┌────┐┌────┐  ┌────┐┌────┐  ┌────┐┌────┐  ┌────┐┌────┐
 │需求││问卷│  │资源││资源│  │试行││形成│  │调整││多元│
 │甄别││访谈│  │挖掘││分析│  │方案││方案│  │完善││评估│
 └────┘└────┘  └────┘└────┘  └────┘└────┘  └────┘└────┘
    ↑            ↑            ↑            ↑
        ┌──────────────────────────────────────┐
                  校本课程开发的审议机制
```

（三）关系重塑:立体对话促进伙伴合作

建平实验中学积极探索走向现代学校治理的对话机制道路,主动进行机构变革,重构学校人际关系,积极开展校长、干部、教师、学生、家长、专家之间的多元多层次的立体对话,变"领导与被领导"的关系为合作伙伴关系。一是将原有行政处室变革为专业中心,如原教导处改为课程教学中心,原办公室改为学校发展中心,原政教处改为学生发展中心,原总务处改为行政事务中心。组织变革后的各大中心从原来的以行政执行功能为主转变为以专业化的服务协调功能为主,逐步释放出专业组织的活力。如课程教学中心不再以落实课务、考务为主,而是注重课程开发建设与课堂教学改革;学生发展中心对学生的教育也不再局限于以行为规训为主,而是更加注重学生的特长发展、心理健康,更加注重德育课程的建设与综合实践活动的设计。二是成立松散型的项目化学习教研组,教研团队来自不同学科,他们协同指导学生选题立项并根据项目需要适时讲授相关领域的知识和技能,与学生灵活、亲密互动。三是从校外特聘科学顾问,加强团队力量,开拓项目化学习实践的领域,引入更多课题与活动课程。四是每个班级都特设一名项目代表负责本班与项目化学习相关的组织与安排。项目代表协助教师发现项目、自主选题、自主调研、落实项目。师生的参与热情被点燃,学校积聚了课程改革与发展的内生力。

（四）资源集聚：多方助力提供有效支撑

项目化学习打破了传统课堂的时间与空间结构。很多项目的学习过程都要突破以40分钟为单位的传统上课时间，需要在时间上统筹，由课内向课外延伸。学习空间方面，传统的教室变成项目工作坊、释放潜能的生命场。课程需要添加许多智能装备，让高科技的力量日益深入影响教学。这些都需要资源的支持。建平实验中学深刻意识到开展项目化学习要充分挖掘各种资源，因此，我们调动一切可以调动的力量，诸如政策资源、课程资源、家长资源、学生资源、竞赛资源、企业资源、公共环境资源、网络资源，等等。从拿来主义到校本创生，从局限校内到放眼社会，整合丰富多样的资源为项目化学习的开展提供了坚实的保障与助力。

（五）评价多元：关注潜能提升学习动力

建平实验中学注重发挥评价的导向作用，注重诊断性评价、形成性评价、多元评价、综合评价的结合，注重实证性评价与人文性评价的结合。除了传统的"三好学生""优秀学生干部"等奖项，建平实验中学还设立了"每周一星""五星学子""真善少年""惟实惟新奖""钻石苹果奖"等名目繁多的奖项，让更多的学生体验成功、受到激励。项目化学习尤其注重学生参与体验的过程，采取交流展示、打擂竞赛、创作表演、档案袋记录、师生对话述评等多种评价形式。

当然，现阶段以项目管理为手段推行项目化学习依旧有着诸多不可回避的问题，比如师生的精力分配、项目的开发与延续、绩效工资的核算等，在课程结构和评价机制方面需要继续深入探索。这些难点往往使很多校长、师生、家长望而却步。建平实验中学的管理实践经验是构建"宏观—中观—微观""对话治理"的整体课程领导管理模式，宏观管理抓机制，中观管理抓规划，微观管理抓项目。教育是为未来世界培养人才的。培养好未来的人才，每一所学校都可以顺势而为、有所作为、大有可为。

中考改革:给孩子未来更多的可能

如果我们能做到知其变,也知其所以变,在这场改革中,我们就不仅仅能顺势而为,也一定能够发挥主观能动性,大有作为,努力推进公平而有质量的教育,给每个孩子未来更多的可能。

相比现行的中考框架,新的上海市初中学业水平考试方案涉及了考试结构的变化、考试内容的变化、考试形式的变化、考试总分值的变化、录取方式的变化,等等。"事有必至,理有固然。"每一个改变必然有其道理与缘由,其中也蕴含着培养更具理性与理想的人才的诉求。

一、考试结构的变化:尊重初中阶段学生的成长规律

中考改革在考试结构上体现为在原来的五门统考科目(语文、数学、英语、物理、化学)加体育的基础上,增加了道德与法治、历史和综合测试(物理、化学两门学科的实验操作考,科学、生命科学、地理、社会、劳技五门学科的跨学科案例分析)。总分也相应地发生了变化,由原来的 630 分,变为现在的 750 分,并结合综合素质评价,择优录取。这种变化,不是简单地增加考试科目。从结构上来看,变化主要是由"窄"到"宽",借着考试的调节作用,引导师生重视每门科目的教与学,丰富学生的学习经历,努力消弭"主科"与"副科"之间的界限,避免学生的偏科与知识面的窄化。这对于处于成长关键时期、学习基础阶段的初中生来说是至关重要的。一般来说,小学阶段是养成期,初中是形成期,高中则是相对成熟期。初中阶段,青春期的孩子可塑性很强,他们的求知欲望、兴趣爱好、思维品质、思想情感、精神人格等都处于一个迅

速变化的过程。这个阶段的学生一切尚未定型,一切皆有可能。因此,不能过早地限制他们求知的边界,更不能只强调智育一维而忽视五育并举。然而,长期以来形成的"主科"与"副科"的思想意识导致了教师、家长、学生对非考试科目学习上的敷衍,这影响了学生综合素养的提升,在很大程度上阻碍了学生的全面发展、可持续发展。中考在考试结构上的调整是对初中生教育规律的尊重,是对立德树人这一根本任务的有效落实,有助于夯实基础教育中的基础,为学生的一生奠定宽厚的根基。

二、考试内容的变化:培养有灵魂有创造力的新人

在具体的考试内容方面,有几点变化可以体现考试在教学导向、人才培养方面的立意与追求。

改革后的考试方案中,道德与法治、历史两门学科分别以 60 分计入考试总分。这两门学科关系到教育为谁培养人的问题。党的十九大报告中强调"落实立德树人根本任务,发展素质教育,推进教育公平,培养德智体美全面发展的社会主义建设者和接班人"的教育目标,我们的建设者和接班人首先要了解我们国家的政治、历史,了解社会,在潜移默化中形成国家意识和文化认同。那份从小形成的爱国情怀、公民素养、文化基因是我们立德树人的根基与灵魂,不会轻易因为外界环境的变化而改变。"三观的养成非一日之功""读史使人明智"。这两门学科还有助于拓宽学生的视野,增加人文底蕴,使学生博学、活学。

物理、化学实验操作考试,英语听说考试,跨学科小课题探究都是新增加的考试内容。这三种考试方式与传统的考试方式大不一样。

过去的五门考试科目主要考的是间接经验类知识,学生的学习以书本知识为中心,学习方式以记忆、复述为主。然而变化后的考试内容增加了直接经验的考察,淡化了知识中心,突出以学生为中心,注重实践性、体验性、探究性、自主性、综合性、创造性。旨在培养学生的动手能力、实践能力、创新素养。诺贝尔物理学奖得主、华裔物理学家朱棣文早些年曾经说过:"中国的学生学习很刻苦,书本成绩很好,但是动手能力差,创新精神明显不足。"虽然,这些问题经过近 20 年的课程改革有所改善,朱教授近年也曾表达过"中国必

将成为一个创新大国"的言论,但是,不可否认的是,我们的教育距离更好地解决上述问题,有效地提升学生创新素养,还有很长的一段路要走。考试不变,教学就不会真正地改变;考试一变,教学就会随之而改变。相信这些考试内容的变化一定可以更好地释放学生的创造力,培养出更多有"中国灵魂"、富有创造力、能够适应未来社会且在国际上有竞争力的时代新人。

三、考试形式的变化:保障学生承受合理的学业负担

很多人担心,现在的考试已经给学生带来了很重的负担,改革之后,增加了考试内容,学生的负担会不会更重? 应该说,人们有这种担忧是正常的反应,但是大可不必为此焦虑。所谓负担,原本是一个中性词,学习负担是客观存在的,没有负担的学习是不存在的。人的能力与素质的发展就是一个学习并承受相应负担的过程。苏霍姆林斯基认为学习是一种劳动,而且是并不轻松的劳动。求取知识本来就是要花费劳动的。当下学生过重的学习负担主要是为应试而不得不采取的超前学、超量学、重复学、单一地死记硬背、乏味的题海战术等行为导致的生理与心理负担。减轻学习负担不是少学或者不学,而是遵循人的心理规律,调动学生的学习主动性,让合理的学习负担多样化,并且不同的负担之间能够互相转换、补充、平衡。中考考试形式的变化,如道德与法治的开卷考,物理、化学的实验操作考,英语听说考,跨学科案例分析等都有别于传统的闭卷纸笔测试形式,追求的就是让学生在探究、实践、活动的过程中完成考试,并以考试评价带动学习方式的变革。这样的考试形式能够变外在的被动承受负担为学生内在的自主追求负担,化学科知识负担为实践活动负担,把学生个体对负担的消极体验变为积极体验,保障学生承受合理的负担,从而更有效地提升学习能力。

中考改革体现了随着时代的发展,国家对人才培养目标的调整,是与高考改革相承接的必然选择。如果我们能做到知其变,也知其所以变,在这场改革中,我们就不仅仅能顺势而为,也一定能够发挥主观能动性,大有作为,努力推进公平而有质量的教育,给每个孩子未来更多的可能。

从质量监控走向质量自觉

——运用教学质量监控工具进行管理的思考与实践

教学质量监控致力于催生教师专业发展的内驱力,发挥其主观能动性,使教师从"被监控"不断走向质量自觉,成为教学质量的承担者,自我发展的承担者,学生发展的推动者,实现与学校共同成长。

孔子曾经说过:"工欲善其事,必先利其器。"在人类进入数字化时代的今天,我们似乎很容易找到一柄利器来帮助自己把想要做的事情做得更好。然而,再锋利的器具也只不过是工具而已,它能否更好地发挥作用,关键在于使用的目的与艺术。笔者在使用浦东新区学生学业质量监测系统和学校与软件公司开发的学生成绩管理系统的过程中,深刻地意识到教学质量监控不同于企业控制或工艺式程序,教学质量监控绝不是只要按照规范操作、监控到位就会生产出质量合格的产品的问题。离开了被监控对象的自觉的质量追求以及主观能动性的发挥,再精密的教学质量监控都无法达到预期的质量目标。

一、工具何用:从判断性评价到专业化分析

当今的中学教学,基本上处于在应试的现实压力与素质教育的理想之间谋求发展空间的状态。素质教育的东风给学校教学带来了春天的福音,然而,应试教育的西风却在秋天盘点果实的时候毫不留情地吹醒人们的教育梦想。教学管理者和教师都变得更加现实,更加急功近利,管理手段和教学手段也变得更加直截了当。在这样的背景之下,许多学校把教学质量的理解窄

化为学业成绩,也就是考试分数。质量监控以中考、高考的一分(平均分)两率(合格率、优秀率)为目标,在阶段性的历次考试中,学校通过判断每位教师的教学成绩的优劣,来敦促教师更加积极地投入到教学中来,以促进教学质量的不断提高。这样的判断号称"以数据说话",这看起来客观公正,容易操作,但实际上是教学管理者把质量压力转化乃至转嫁给教师。

一段时期内,一定程度上,这种"以分数论英雄"的判断性评价确实会刺激更多的教师争当"育分英雄"。然而,教学是一项非常复杂的工程,影响教学质量的因素是多方面的,这几个简单的数据,毕竟不能还原师生共在的、原初的教学情景,无法考虑到师生的情感、心理等诸多难以量化的因素,损失了很多的教育完整性,在很多方面表现出无能为力。这种判断性评价在起到正向刺激作用的同时,也会带来较大的负作用,最突出的是带来斯克里文提出的"人们心理上的威胁或不安全的印象"[1]。正如以色列学者内伏在他的《教育评价概念的形成:对文献的分析评论》一文中所说的,"一个表明评价'判断性'的定义,也许会引起潜在的评价者的许多忧虑和评价对象的抵制。"[2]克龙巴赫曾严厉地把持判断性评价观的评价者称为是"为主人服务的奴仆",是"专门雇来决定(判断)'对'或'错'的篮球裁判员"。判断性评价会引起评价者的许多忧虑和评价对象的抵制。在某种程度上恰恰损害了教学质量监控的功能。[3]

判断性评价的副作用引发了我们对教学质量监控的价值取向的思考。教学质量监控的最终目的不应该仅仅是分数,在分数质量的基础上还应有人的发展质量和教学过程质量。人的发展包括教师和学生的发展,因为学生的发展是依托于教师的发展而实现的,教师是关键,所以我们重点讨论教师的发展。陈玉琨在《教育评价学》中谈道:"英美等国的教师评价的实践表明,不注重教师专业发展的评价,注定是得不到教师欢迎的,在实践中也会受到教师

① 　葛大汇.教育管理中评价的使用目的[J].政治教育,2004(04):18-19.
② 　[以色列]内伏.教育评价概念的形成:对文献的分析评论[A].瞿葆奎主编.教育学文集(第16卷　教育评价)[C].北京：人民教育出版社,1989:345-346.
③ 　陈玉琨.教育评价学[M].北京:人民教育出版社,1999:20.

的反对,最终也注定收不到预期的效果,这是值得我们借鉴的……促进教师的成长与发展,比只接到一份判定他们工作的等第报告更能使他们接受。"①

我们必须重视质量监控过程中的对教师教学效果的专业化分析。专业化分析能帮助教师获得足够的信息与有用的建议,满足教师改进自己的教学所需的条件,激发教师对教学的高度热情。

教学质量监控工具为教学质量的专业化分析提供了更多的可能。面对功能强大的质量监控工具,许多管理者和教师登录进去之后都有"芝麻开门"的感觉,想要的数据基本上都有了,甚至没想到的数据也有了。浦东新区的学业质量监测系统,细致到全区范围内每个班级、每个学生在每次考试中每一道小题的得分率,并可以做出横向的比较。建平实验中学开发的成绩管理系统在教师的教学业绩、学生的学习成绩的纵向比较方面要更便捷。通过这些数据和图表,管理者和教师自己可以进行更加精细化的质量分析。比如,某位教师某次考试平均分位于年级的末位,但是,通过分析,可以了解到他的教学是整体薄弱,还是也有强项。从而,帮助一些教师找到自己的弱项所在。这两套工具,还特别便于教师分析到每个学生的学习情况。当教师获得足够的信息与有用的建议后,他们就有可能调整、改进自己的教学,达到预期的水平。实践表明,受过较高程度教育的教师作为专业工作者,本身对其专业具有高度的热情,具有根据新情景的要求调节自己的能力。学校如果能为其工作创造更好的条件,他们就会爆发出极大的创造力,以改进他们的教学,不断提高教学质量。如果很多教师在教学中未能取得优秀的成绩,其主要原因在于他们未能得到足够的信息和可供选择的机会。

二、工具谁用:从管理者专用到团队共享

这两套质量监控工具由谁来使用? 打开浦东新区的质量监测系统,每次考试后我们都会收到一份内容详尽而丰富的,给校长的质量报告。按照常规逻辑,校长或分管教学的副校长对该报告进行阅读分析,然后做出评判,再反

---

① 陈玉琨.教育评价学[M].北京:人民教育出版社,1999:104.

馈给教研组、备课组直至教师本人。但是从实际操作来看,如此多的指标,校长不可能一项一项去分析,对这些数据的处理也是一项很艰巨的任务。何况,很多指标对校长来说是不必要掌握的,却需要教师自己去分析比较,根据自己任教班级的实际情况进行创造性的分析。

因此,在使用质量监控工具的过程中,我们必须改变以管理者为单一主体的监控思路。一般而言,外部压力可以迫使教师达到最低的标准,但很难使他们达到优良的水平。根据内部动力比外部动力更为有用的原则,学校应该明确教师在质量监控过程中的主体地位,重视教师的专业权力,强调教师的自我诊断、自我调整与自我改进。如同"教是为了不教",从"他律"走向"自律"一样,教学质量监控的理想境界是教师的自我监控。当教师有了自我监控的意识,他才会主动地去分析、反思自己的教学,主动地去了解同伴的教学,学习同伴的经验。

培养教师自觉地进行教学质量监控,就要授予其权限,把两套监控系统作为教师成长发展的信息技术平台,把绝大部分资源提供给整个团队共享。

三、工具好用:与组织氛围营造交互为用

教学质量监控绝不是简单的制度和一套计量技术,也绝不因为它适用于全体而必然公正,它是与组织氛围交互为用的。无论如何,工具总是刚性的东西,质量监控需要一定程度的"硬评价",更需要一定程度的"软评价",唯有软硬兼施,刚柔相济,才能营造良好的组织氛围。没有良好的组织氛围,再先进的教学质量监控工具也难以发挥其应有的作用,甚至还会变成一把"利剑",恶化组织氛围。好的管理产生好的氛围,组织氛围本身又是一种管理手段,能够把刚性的建章立制、评价鉴定,变为隐性的、深层次的文化。

(一) 研究式的工作方式

两套系统开发出来之后,学校出台了教学质量监控草案。这个草案是学校各个层面多次"商量"的结果,是从学校自己的土壤里长出来的,教师认同并愿意执行。通过这种研究式的工作方式,不但营造了和谐、开放的民主氛围,而且把管理者要做的事情变成了老师认为应该做,也是他们自己想要做

的事情,工作开展起来阻力较小。

(二)"交流、共享、互助"的研修模式

每一次质量分析会后,学校都会发现几位教学业绩突出或进步较大的教师,为了促进教师的专业发展,学校组织开展"经验介绍"或"同行观察"的教研活动,再现教师的"默会知识",挖掘教师的实践智慧,倡导同伴互助,注重培育团队精神。目前,学校已初步探索出"交流、共享、互助"的研修模式。

(三)管理中的换位思考

进行质量监控不能只遵循"学科逻辑",还必须要重视"心理逻辑"。好的教育是培养学生自信力,激发学生学习动机,帮助学生体验内在学习愉悦的过程。好的教育管理是使管理对象消除恐吓、压抑、抵制、反感、冷淡、疏远、敷衍、无所谓等负面情绪和态度,代之以感激、兴奋、欣悦、信服、尊重、认识自己、清醒自我、爱上学生、在学生那里寻求好的反馈、乐于表现、士气高昂、团结、积极等正面的情绪和态度。

因此,在质量监控过程中,管理者必须重视情感因素、心理因素的重要作用,以同情心、同理心达到"理解的沟通",多做换位思考,在管理者的"欲"与管理对象的"不欲"之间做好平衡。

四、工具限用:以促进教师发展为重

对教学质量的追求,绝不能陷入技术主义、功利主义的泥潭,要以清醒的理性来限制使用质量监控工具。教学不能单单地以学生的学业分数为重,而应以促进教师、学生和学校共同成长为重。建平实验中学围绕以下"三个一"开展教学管理与教师专业发展工作,并取得了较好的效果。"三个一"具体为:

认识一个悖论:以应试为目标,以质量监控为手段的教学管理,导致了一个教育的悖论。那就是:短期成全了学生,长期消磨了教师;表面造就了学校,实质淹没了教师。教师的职业生涯成了个体生命不断萎缩的、黯淡无光的过程。

坚持一个出发点:以人为本,成事成人。提高教学质量不只是提高学生的学业成绩,还要提高师生的素质。

确立一个目标:教师与学校相互成全、相互成就,教师与学校同步成长。努力把每个教师打造成一个大写的教师、大写的人,把学校教师群体打造成一个有愿景共识的团队。

(一) 发现教学中最迫切的问题,为教师成长找准基点

教师是最需要学习的人,教师是在基于问题的学习中成长的。一所学校在一定的发展时期,在教学上总会面临一些特殊的、迫切需要解决的问题。对教师而言,发现一个问题,就等于发现一个成长空间。最有效的教师学习是问题驱动的学习,教师对教育问题的认识,往往是从面临的现实问题出发,最终又回到解决现实问题的方法策略上来。基于问题的学习具有"目标明、动力足、效果显"的特点。

上海市建平实验中学创建于 1999 年,上海市的二期课改始于 1998 年。2000 年,建平实验学校成为课改实验基地。一所崭新的学校,一块待垦的试验田,来自全国各地、五湖四海的中青年教师大批量进校。如何把这些教师真正打造成拥有共同价值观、相似行为特质的团队,是学校面临的首要问题。

1. 定规范,学规范,行规范

教学规范是教学质量的前提与保证。与两套质量监控工具相配套的《建平实验学校教师教学工作规范》《教学五环节管理规范》《学科教学规范》《教学质量监控方案》《教研活动规范》等文件已经成了教师们的教学行动指南。通过这些教学规范的执行,学校实施教学管理,精心完善教学内容,精心组织教学过程,精心雕刻教学细节,追求精教优学,提高教学质量。

这些规范的出炉是主管教学的副校长和中层干部带领骨干教师、教师代表一次次研讨、总结工作需要和工作经验教训制订出来的,并且是反复向各教研组征求意见,修订的结果。规范的学习由校长、主管副校长、各主管部门的负责人以报告的形式在暑期集中培训时呈现,并辅之以教学管理中的案例,讲得生动鲜活,使教师能够入耳入心,并做到知之、认之、行之。

2. 学理念,研理念,悟理念

建平实验中学是第一批投入二期课改的实验学校,在起步阶段,没有现成的可借鉴的经验,理念学习与实践是同步进行的。一是向书本学。学《基础教育课程改革纲要》、学新课程标准、学新基础教育研究丛书,学教育期刊上有关教改的文章,了解教改动态、领会教改精神。二是向专家学。在建平实验中学,教师们可以见到许多教育专家。他们不但帮助教师更新理念,以自己研究的精华给教师启迪,更以强烈的人格魅力给教师感召。三是向实践学。教师们边学习,边实践,让课改在课堂里真实地发生,学校制订了"青年教师课前课""骨干教师研究课"制度,要求每位新毕业的教师,开学前两周的课要在组内说课通过后,方可上课;每位骨干教师每学期上一节"有主张、有突破、有效率"的研究课。上课之后有交流,交流之后有反思。通过这些教研活动,课堂教学质量有了基础的保证。

在每年一度的学科教学论坛上,学校围绕一个主题,展开学习与讨论,有课堂实践,也有理论研讨,注重设计,也注重反思。实践与理论紧密结合,教学与科研同频共振,这既提升了教师的教学水平、教学质量,也提升了教师的理论水平。

(二) 加强校本研修制度建设,为教师开辟"知行合一"的成长路径

"知行合一"由明代思想家王阳明提出,强调认识中"知"与"行"的同步交互与"悟性自足",注重主体精神的发挥。"知""行"不是分离的,而是相辅相成、共进共生的。课程改革与教师的专业化发展呼唤"知行合一"的校本研修方式。教师的知识和智慧的形成需要经历实践,需要在实践中检验与发展。

1. 暑期培训制度

"弘扬建平特色,创建一流学校"是建平实验学校的传统培训项目,学校在每年暑期的 8 月中旬组织为期一至两周的集中培训。主要采用基本功比赛、说课比赛、演讲比赛、经验交流、小品表演、风采展示等培训形式。暑期培训现已成为建平实验学校校本研修中的一大亮点。

2. "六个一"教研制度

每位教师每学期开设一节研究课,一门探究课。每个教研组要组织一次学生学习竞赛,一次教师教学论坛,研究一个科研课题,整理一个网上资料包。每个教研组、每个备课组、每位教师在校园网上建立一个包含教案、课件、备课资料、单元及月考试题、教后记和学生学习动态分析资料的文件夹。

"六个一"教研制度,促使教师进行行动研究,加强反思意识、积累意识,增强了学校教研的造血功能,实现了由"输血型"向"造血型"教研机能的转变。

3. 课堂教学改进的举措

学校采取了建立备课组"磨课"制度,召开周五干部"课堂教学观察分析会",组织"建平实验杯"课堂教学大赛与"主题教研","3.18"对家长设立课堂教学开放日等改进课堂教学的举措,构建"教师受关注、课堂受关注、学生的课堂表现受关注"的教育情境,真正凸现教学工作中心工作的地位,向课堂要质量。在课堂教学的改进过程中,学校特别注意处理好"公开课"与"家常课"的关系,提出"把公开课当成家常课来上,把家常课当成公开课来上"的理念,使教师能够打开教室之门、心灵之门,接纳来自同行的建议与指导,逐步形成了建平实验学校特有的开放、有效的课堂文化。

(三) 搭建多元对话的平台,为教师成长创设情境

顾泠沅教授在《再造教师学习文化》一文中指出:"教师不应该是一个孤独的职业,教师职业的欢乐和痛苦需要一个群体来共同分享。"这个群体要由教师同伴、学校领导、专家、教研员、骨干教师等多方面的人员组成。教师可以从自己的同伴那里获得支持与挑战;可以从学校领导那里获得引导与扶持;可以从专家、教研员那里获得理论的指导;可以从骨干教师那里获取鲜活的教学经验。每个教师既是被培训的对象,也是一种培训的资源。学校创设各种教育情境,组织教师与同伴、与自己、与专家等进行多元对话,双向引领,鼓励教师把自己的文本知识与"默会知识"挖掘出来,与同伴共享。

1. 与专家对话——由"高空喷洒"到"根部滴灌"的专业引领

建平实验学校特别注重专家的引领作用。随着课程改革的不断深入,随着教师成长需要的不断提高,专家对教师的引领方式、引领作用也发生了质的变化。自 2004 年起,学校提出教师要走近专家,专家要走近教师。活动形式不只是听专家的报告,还有向专家拜师学艺,请导师跟踪听课,与专家同台切磋、共同研讨等。专家不再是高高在上的让教师崇拜的对象,而是实实在在的言传身教的引导者、参与者、共享者。专家与教师共历教学设计、实施、反思的全过程,与教师同甘共苦。这样的专业引领不再是容易挥发的"高空喷洒",而是从根部进行滴灌,促进教师的稳步成长。

2.与同伴对话——从"默会知识"到显性知识的充分共享

学校开展的"建平实验大讲坛","我与建平实验共同成长"经验交流会,教育智慧小品表演,教育教学专题研讨会,师生"同一本书"等活动,让教师们在真实的教育教学场景中与同伴交流,有交流就会有对话,有对话就会有碰撞、感染、顿悟、启迪和升华。通过对话,教师工作中的困惑在不知不觉中得到了解决,在教学实践中容易丢失的、散落的、自身没有发现的实践智慧也在不知不觉中被挖掘出来了。教师的"默会知识"外显出来,同伴之间共享共生,有效地激活了教师的教学自觉意识和生命主体意识。

3.与自己对话——由点状到立体,由静态到动态的个人反思

建平实验中学要求教师做到"一课一反思",写好教后记。但是实践表明,这种反思方式对教师教学能力提升所起的作用是有限的。散点式的反思有一定量的积累,但是很难实现质的飞跃。学校适时调整反思研究的策略,指导教师"由点状到立体,由静态到动态",进行教学反思。具体措施有写单元反思案例,写专题反思案例等。

在教学反思的过程中,有时,一次反思是远远不够的。从实践到反思,再从反思到实践,再到反思,反思由静态到动态,呈现出一个螺旋上升的趋势,对教师教学能力的提升、教学质量的提高有显著的推动作用。

综上所述,教学质量监控不是为了监控而监控,教学质量监控工具作为一种手段,一种教学资源,一个不断优化的管理工具,在实施过程中要依托于"好的"组织氛围,营造"好的"组织氛围,致力于催生教师专业发展的内驱力,发挥其主观能动性,使教师从"被监控"不断走向质量自觉,成为教学质量的承担者,自我发展的承担者,学生发展的推动者,实现与学校共同成长。

智慧处理家庭教育中的辩证关系

　　每个父母都应该更智慧地面对家庭教育中的问题,处理好那些复杂的、对立统一的辩证关系,始终对孩子保有一个美好的期许,用自己的生命去见证孩子成长的奇迹。

　　父母对儿女的爱被公认为人间至爱,但凡心智、人格正常的父母,都心甘情愿爱自己的孩子,无条件、不求回报地为孩子付出自己的情感与精力,希望通过自己的抚养和教育,给孩子带来美好的前程和幸福的人生。然而,很多家长的投入与产出并不成正比,甚至出现了许多事与愿违的现象。影响家庭教育的因素具有多样性、复杂性、多变性的特征,需要家长们更加智慧地处理好家庭教育中的辩证关系。

一、严格家教与自由家风的关系

　　传统的家庭教育大多主张严格的家教,《论语》中的名句"不学诗,无以言;不学礼,无以立",就是孔子对儿子孔鲤的过庭训;诸葛亮在《诫子书》留下了"静以修身,俭以养德"等诸多金句名言;陆游对教育天资出众的后辈提出"切须常加简束,令熟读经子,训以宽厚恭谨,勿令与浮薄者游处"的建议;纪晓岚对子女提出"四戒""四宜"的要求:"戒晚起、戒懒惰、戒奢华、戒骄傲","宜勤读、宜敬师、宜爱众、宜慎食"……中华民族千百年来的优秀的家规家训不胜枚举,这些经典寄予着中国古代知识分子对下一代的殷切期望,对培养"修身、齐家、治国、平天下"的君子起到了积极的作用。传统的严格家教培养了很多人才,但是也有明显的弊端,在一定意义上阻碍了人的全面发展,也对现代教育产生一定的影响,主要表现为:重功名,导致价值观偏差;重包办,导致自主性缺失;重管教,导致创造力薄弱;重分数,导致内驱力不足。现实中屡见不鲜的"书呆子""妈宝男""巨婴""工具人""空心人""精致利己主义者""学习终结者"都或多或少受其影响。

现代社会的亲子关系更趋于平等、民主,家庭氛围也更为宽松、自由。在当下这个思想多元的时代,很多家长都有较高的文化素养,有先进的教育理念,教育孩子比前几代人更精心、更科学,也取得了更好的效果。但是,"自由"这个词,有很大的诱惑力,人人都向往这样的境界。而现实中,有些家长的教育主张过于前卫,对孩子低要求、少约束,对孩子的各种主张和要求都是没意见、全满足,亲子之间边界不清晰,导致很多孩子"没大没小",习惯不好,把打破规则当作自己的规则,让没礼貌毁了美好的容貌,把学习当成给家长完成任务,对是非美丑没有辨别力。一些孩子特别任性、顽劣、不学无术,甚至变成了野蛮生长的"熊孩子",偏离了正常的成长轨道,错过了最佳成长期。

过度自由的家风所产生的弊端是显而易见的,因此,我们在尊重孩子的同时,也要充分考虑孩子不成熟、不稳定的心理特征,向传统的严格家教汲取智慧。但有些家长又矫枉过正,对孩子管得过多、过严,时刻想让自己的想法和意志在孩子身上得到实现,把孩子当成自己的附属品、私有财产,随心所欲、不讲方法地随意训诫,只要孩子哪一个行为表现不如自己的意,就大发雷霆,以爱之名做着伤害孩子的事情。科学的严教不是严厉、严苛,而是能够辩证地平衡"宽"与"严"的关系,要努力做到:严而有爱,让孩子感受到父母的爱;严而有度,不压伤孩子的心灵;严而有格,有适切的方式、标准;严而有序,遵循孩子成长规律的教育。在具体操作上,可以借鉴美国青少年教育专家约翰·汤森德博士提出的给每个孩子设立界限和谈话的"下锚固定"原则。第一支锚是爱心,我是站在你这一边的。第二支锚是真理,我有些规则和要求。第三支锚是自由,你可以选择遵守或是违反规则。第四支锚是现实,如果你这样做,将会有这种后果。

二、父亲角色与母亲角色的关系

《中华人民共和国家庭教育促进法》明确规定，父母要共同参与到孩子的教育中，发挥父母双方的作用，这是法律赋予父母的责任和义务。现实生活中，父母在教育子女方面大致有这样几种形态：第一种是隔代养育，父母双双缺位。由于年轻的父母忙于工作等原因，请长辈帮助带孩子已经成为很普遍的现象。客观而言，请自己的父母在接送孩子上下学、偶尔照顾孩子等方面"搭把手"是很正常的，也是很必要的。但是祖父母辈一旦代替了父母的角色，就会出现无原则的隔代亲、溺爱、教育方式落后、孩子与同龄人差距大等诸多问题。第二种是"丧偶式"育儿，主要指父亲的缺席，父亲因传统的"带孩子是妈妈的事情"等观念，或忙于自己的事业，无暇教育孩子。"父爱如山"被调侃成父亲在家里像山一样一动不动，指的也是这种情况。第三种是缺爱型教育，主要指母爱的缺失。很多职业女性特别是有些"女强人"，忙于自己的事业而忽略孩子的感情需求，使孩子成了富裕家庭中的亲情匮乏的"穷小孩"。第四种是最理想的家教，父母互补相融，形成教育合力。

因为先天性别的差异和后天社会角色的形塑，父母的性格特点和教育方式有很大差异。一般而言，母亲管教孩子，可谓是精心细致、呵护备至，但是巨细无遗的关注常常让孩子有被炙烤的感觉；父亲教育孩子，喜欢抓大放小，给孩子更多自由、自主的时间与空间，比较让孩子容易接受，当然，也可能会给调皮的孩子更多"钻空子"的机会。父亲的"钝感力"和母亲的"敏感力"要配合，父亲的威严厚重和母亲的温柔细腻要并重，父亲的"大方向"和母亲的"小细节"都不可或缺。父母要发挥各自的优势，努力做到互补。鲁迅先生说"怜子如何不丈夫"，父亲的威严中包含着深深的爱；老舍先生说"一个母亲必定是一位英雄"，女性虽然柔弱，但是"为母则刚"；古人说"慈父严母多忠孝，严父慈母多败儿"，暗含了父母角色中的辩证关系。梁启超先生家庭教育成功的密码就是父亲严中有爱，母亲爱中有严，严慈相济，相得益彰。他的九个孩子中，有三个院士，其他几位个个都是对社会有突出贡献的人才。治理家庭和管理一个团队的相似之处就在于达成共识、形成合力。在孩子面前，父母的教育观点要保持一贯与一致,最好是夫唱妇随、妇唱夫和,即便没有达成共识,至少一方在孩子面前保持理性沉默,避免思想分歧造成教育效果打折扣。父母甚至可以为孩子悄悄地开"家庭教育研讨会",分析研判孩子的现状,共商育儿妙计,在很多事情上防微杜渐,未雨绸缪。在成长过程中,孩子难免会犯错误,父母两人要注意"打配合",一个人负责批评教育,一个人负责敲边打鼓,共同促进孩子知错、认错、改错。在孩子情绪低落时,母亲最好的态度不是"火眼金睛加上精准打击",而是"意味深长加上谅解劝告"。母亲一个发自内心的微笑,一个温柔的眼神,一个拍拍肩膀、拉拉手、掖一下被角的动作,都能让孩子感受到母爱的气息;而父亲要适时、要言不烦地指点迷津,催化孩子的内心觉醒。父爱像山一样厚实稳重,给孩子足够的安全感,但是不可以轻易碰撞;母爱像水一样温柔灵动,成为孩子释放压力的港湾,但不是寸步不离的掌控。营造"山清水秀"的家庭氛围,孩子才能在一个安全、平衡的环境中健康成长。

三、精心养育与自主发展的关系

教育孩子需要特别精心,如同养花一样,既需要阳光雨露的照耀与滋润,还要适时地浇水、松土、施肥、拔除杂草、修剪旁逸斜出的冗余枝子。《傅雷家书》是一部非常有名的书信集,也是一部脍炙人口的家教经典。其中,很多书信中,傅雷对孩子的称呼是"聪,亲爱的孩子",每逢读到这一称呼,我的心都会为之一颤。可以想象,这种亲切的、柔声的呼唤,带着呼之欲出的爱,给远在异国他乡、孤独苦闷的游子带去怎样的温暖与安慰。一部家书充满了宽严相济的殷殷父爱,既给予儿子艺术的教诲,更昭示出崇高的人生境界。傅雷和傅聪,已经超出父子、朋友的界限,成为艺术上、思想上的知音。这是亲子之爱的美好境界。

生活中,有很多像傅雷先生一样精心养育儿女的父母,但是也有一些家长在教育孩子上比较粗心,或是无心,常常忽视孩子在成长中看似无伤大雅实则容易出现行为偏差的因素。网络时代,影响孩子成长的不利因素有时防不胜防,正如一个美国家长所说:"过去特别担心孩子去三流影院,但比三流影院更可怕的东西,现在随时随地可以入侵孩子的电脑。"一个充满诱惑力的网页,一个莫名其妙的链接,轻轻一点,可能就是孩子沉迷、成瘾的开端,甚至有可能把一个阳光的孩子拖入无比可怕的深渊。电子产品的使用,如果没有引导和监督,任由孩子在网络的汪洋大海中浮沉,让青春期的孩子自己去筛选、抵挡一些不良信息,是非常困难的一件事情。近两年,因为孩子沉迷电子产品、网络游戏、浏览不良网页而感到无计可施的家长越来越多。有些家长在忍无可忍的情况下采取了"摔手机、断网、砸平板电脑"等粗暴的手段,导致亲子关系破裂,孩子情绪崩溃,甚至发生孩子"愤而出走"或"一跳了之"等自我伤害的悲剧。反思问题产生的原因,主要是家长没能做到防患未然、防微杜渐。

除了行为忽视,父母对孩子的情感忽视也普遍存在。孩子的世界里有很多自己的小心愿、小烦恼,比如同学之间发生不愉快后,孩子不知如何沟通,家里有了二宝,孩子感觉到被冷落。但是家长总把孩子当小孩,觉得这些孩子气的事情无关紧要,导致对孩子的情感需求不能及时回应,更难以做到息息相关。与行为、情感忽视并存的还有对孩子独立意识、独立人格培养的忽视。很多家长本着"一切为孩子好"的初衷,对孩子的生活包办代替,在学习上过度陪伴,导致陪孩子写作业成了家长的重负,也成了孩子的梦魇。孩子的兴趣发展得不到有效的支持,甚至高考志愿选择也都会由父母的意志来决定。长此以往,孩子习惯了服从,丧失了自我,不仅学习不主动,也形成了"被动型人格",当父母认为可以放手的时候,孩子却迷失在了人生的十字街头。

有智慧的家长既要把孩子当成自己最亲最爱的人来爱护,也要把孩子当成一个人格完整而独立的"别人"来尊重。再小的孩子也是一个神圣的生命,是一个"大写"的人,有自己独立的想法和情感。人民教育家陶行知先生说:"人人都说小孩小,谁知人小心不小,你若小看小孩子,你比小孩还要小。"父母对孩子要该郑重时郑重,该亲密时亲密,该扶持时扶持,该放手时放手,既能够及时地介入孩子的生活,也能够适时地退出。每一个孩子天生被赋予了探索自己的人生、活出独特生命价值的使命,他自己的人生要他自己去承担,家长的使命是要努力把孩子培养成自我发展的承担者。纪伯伦有一首诗《你的孩子其实不是你的孩子》，这首诗启发我们，做父母的一定要懂得让孩子与自己分离，唯有分离，才能让孩子真正地独立。

> 你的孩子不是你的孩子，
>
> 他们是生命对自身渴望而诞生的孩子。
>
> 他们通过你来到这世界，但不是来自你，
>
> 他们虽然与你同在，却不属于你。
>
> 你可以给他们你的爱，但不能给他们你的思想。
>
> 因为他们有自己的思想。
>
> ....①

四、家庭教育与学校教育的关系

一个人的成长是家庭、学校、社会共同作用的结果，家庭教育伴随人的一生，并且代代相传，对一个人有潜移默化的影响，不可忽视。家长要坚持终身学习、自我教育，精心管理自己的言行，给孩子正面的影响和熏陶，做好孩子的第一任老师和终身教师。学校教育是专业化、系统化的教育，对一个人的成长产生最直接、最有力的影响。学校要致力于办"人民满意的教育"，体谅"天下父母心"。学校教育和家庭教育的培养目标趋同，但是功能不同，各有其用，应各负其责，不可偏废。家庭应该承担起培养学生良好习惯和品德的责任，而不能轻视、忽视，甚至漠视，将责任完全推给学校。学校要承担起引导学生求知、培养学生成才的责任，而不是把检查批改作业、答疑解惑等各种任务转嫁到家长身上。家长要关心孩子在校的教育生活，但不要多多干扰学校教育。家校之间要努力做到休戚相关，携手共育，让教育更懂家长，让家长更懂教育。

---

① ［黎巴嫩］纪·哈·纪伯伦.你的孩子其实不是你的孩子[A].李飞译.朱自清，［意大利］列奥纳多·达·芬奇等.大师写给孩子的诗[M].南京：江苏凤凰文艺出版社，2020:62.

"世间爹妈情最真,泪血溶入儿女身。殚竭心力终为子,可怜天下父母心!"据传这是慈禧太后在其母亲六十大寿时做的一首诗。这首诗让我们看到这位有诸多负面评价的历史人物,从"身为子女"的角度所展现出的美好人性,其中"可怜天下父母心"一句引发了天下父母和儿女的共鸣。毕竟,古往今来,普天之下,父母的心总是父母的心。无论养育儿女会遇到多么复杂的问题,还是孩子有些时候不是那么尽如人意,每个父母都应该更智慧地面对家庭教育中的问题,处理好那些复杂的、对立统一的辩证关系,始终对孩子保有一个美好的期许,用自己的生命去见证孩子成长的奇迹。

小契约里藏着大教育

好的教育就是生命影响生命，契约教育正是通过成人有意识地、科学地对孩子施加积极、正面的影响，唤醒其天性中本就存在的尊严与美好，促进其自我完善，塑造更美好的生命样态。

作为教育工作者，我常常问自己，做了这么多年的教育，究竟什么是教育，什么是好的教育？这个问题很难一下子用简洁的语言来回答。我相信很多教育人会和我有同样的感受。这个问题的答案写在古今中外许多大教育家的皇皇巨著里，也写在很多普通的教育工作者的日常实践里。

一、小变化中的大惊喜

一位妈妈分享道："我儿子做任何事都慢慢吞吞、拖拖拉拉地。我有时着急得暴跳如雷，但他丝毫不为所动。这才过了一个礼拜，我惊喜地发现家里的'小磨叽'显著提速了，在执行任务的过程中自己会时不时看看表，明显比过去有时间观念。"

另一位妈妈也表示："面对孩子的错误，我的脾气像个火药桶，可这段时间我感觉自己的心态真的不一样了。昨天傍晚看到孩子作业才做了那么一点，我能压住怒火对他说：'我们很久没做蛋糕了，晚饭后不知道还来不来得及？'只见孩子拍手叫好：'行，我来帮忙打蛋清！我现在就去把剩下的作业解决掉！'天哪！我变成了智慧家长啊！刹那间，我感到家庭气氛都变得无比和谐温馨了！"

一位爸爸说："我今年刚四十出头，可是烟龄都有一半的岁数了，屡次尝试戒烟,屡次失败。没想到这次我居然在小家伙的监督下一个星期没抽烟,简直难以置信啊!"

还有一位妈妈说:"过去女儿跟我在家里就跟'死对头'似的,我们说什么她都不愿意听,可最近,她愿意主动找我谈心了。今天爸爸加班很晚回家,女儿破天荒地邀请爸爸跟她一起完成运动打卡,说工作太辛苦,要通过运动帮助爸爸缓解疲劳,这孩子怎么一下子变得这么懂事啊!"

这些话语中有一个共同的特点,那就是"变化"。家长们惊喜于孩子的变化、自身的变化和亲子关系的变化,这种变化简直令人感到神奇! 要知道,初中生教育总是会遇到许许多多的困惑、难题和挑战,这个时期的孩子处于身心发展最迅速的青春期,他们的认知能力、自我意识以及成人感不断增强,他们渴望独立,抵触大人的控制管教;但另一方面,他们的行为判断能力和自我控制能力相对较弱,他们在很多方面还需要依赖家长和老师,在"知、情、意、行"四者之间存在着很大的差距,常常表现得易感、易激、易波动,容易做出不理性的行为。然而,这一时期也是成长的黄金季,只要教育得法,孩子就会正向发展,实现跨越式成长。上述家长口中的"神奇变化"就是源于我校针对这个年龄段孩子特别实施的行为契约教育。

二、小行动中的大立意

2019 年,我校开始倡导行为契约教育,在这一年的开学典礼上,我面向全校师生做了"有约在先,以终为始"的主题发言,倡议每一位学生和家长都签订一份行为契约。学生从学习、健身、阅读、兴趣爱好、家务劳动、电子产品管理等诸多方面明确自己的目标与任务,并请家长指导督促。我希望借助契约教育改善亲子关系,更好地推动家校共育,帮助每个孩子健康成长。学生发展中心向全体家长发布"告家长书",拟定"行为契约"模板给家长们作参考,学生在家长的协同下拟定一份"行为契约",由班主任和家长监督执行,收到了一定的效果。

2020 年初,突如其来的新冠疫情席卷全国,但各大中小学校需"停课不停学",学生、家庭、学校都面临着前所未有的挑战。我们以变应变、转危为机,针对学生在居家学习中面临的问题，开展"践行契约，自律自学"线上行为契约教育项目，更加集中、深入、细致地开展行为契约教育。学生发展中心、专业心理团队与班主任们协同合作，通过专家讲座辅导、前测问卷分析、成立训练营等举措，手把手地指导家长和孩子立约、守约，帮助学生自律、自学。全年级以4～5个班级为单位进行分组，分为专门的家长营和学生营。每位家长和学生每天都要在训练营里打卡，写执行契约的体会、感想以及遇到的困难和有待解决的问题。辅导员和班主任督促训练营每日打卡，同时为家长和孩子们答疑解难，出谋划策，提供心理疏导，并收集相关案例资料和反馈突出问题。项目实行闭环式管理，从启动、中期评估、项目总结、后测问卷到形成常态化机制，学校不断反馈问题并提供解决途径，最终形成了螺旋式上升的态势。

我们进一步明确了行为契约教育的准则，在目标制订方面做到五育并举，促进学生"德智体美劳"全面发展；追求目标少而精，避免造成因为契约任务难以完成而打击孩子的信心；实行"双60分"原则，保证家长和孩子双方都有契约目标，互相督促，共同成长。在执行过程中，加强对话沟通，激发学生的主体意识；在奖惩方面，注意及时反馈、投其所好，把握物质和精神奖励"双平衡"等原则。对不合理的契约目标及时修正，以确保学生和家长持之以恒，契约项目能收到实效。

契约教育通过契约的协定、践行、监督，促使学生主动自觉地改变自身的行为习惯和情感态度，提高其对于目标内容或行为的心理适应能力和自信心，从而达到自我管理教育、自我促进发展的目标。契约教育不仅促进了学生行为习惯的改变，更宝贵的是促进了学生精神的成长。教育的过程不再是要求、强迫、命令、训斥，而是尊重、平等、鼓励、信任，对学生在法治社会公共生活领域中的契约精神的培育起到了启蒙的作用，这对于学生将来立足社会，成为自我发展的承担者，无疑具有重要的意义。

三、小契约中的大影响

从契约教育实施的效果来看，可谓是成果喜人，影响深远。诸多学生、家长乃至教师都产生了神奇的"化学变化"，这些变化正是很多家长在家庭教育实践中多年求索而难以实现的。

居家线上"空中课堂"学习期间，不少学生能够做到按时上课不玩手机，晚上不再熬夜，能自觉准时起居。学生学习更加自觉，开小差和拖拖拉拉的毛病都有所改善。很多同学根本不需要家长督促就会主动坚持完成每日任务。有的孩子一改遇事急躁易怒的脾性，能够心平气和地与父母分析自己任务失败的原因。有的孩子学会了给家人做可口的饭菜，更加懂得心疼自己的父母了。由他律到自觉，由被动到主动，由小我到大我，孩子们的改变，让我们看到了生命在茁壮成长中绽放出一种绚丽的色彩，这种色彩就是教育的魅力。

许多家长也不再像以前一样那么焦虑了，而是学会了尊重和理解孩子，能够控制自己的情绪，用温柔的方式和孩子进行沟通，用科学合理的奖惩措施帮助孩子养成良好的学习和生活习惯。家长们意识到了陪伴的重要性，能够放下手机，更多地和孩子进行亲子互动，他们更深切地体会到"言传不如身教"，在改变孩子之前，先改变自己，学习做一个专业化的家长。由训话到对话、由感性到理性、由无奈到得法，家长们的改变让我们听到了生命在自我重塑中迸发出的一种强大的力量，这种力量就是生命的蜕变。

过去，面对学生的问题和"问题学生"，很多老师倍感头疼，抱怨学生的问题根源在于家庭。而契约教育项目的一系列成功案例引发了教师们的思考：对学生的教育，不能孤军奋战，也不能单纯依赖家庭的改变，学校教育要对家庭教育进行有效的指导，家校之间要形成合力。对家庭教育如此有效的契约教育是可以应用于学校的教学和班级管理之中的，老师们开始用契约教育改变学生学习习惯，指导学生自主学习，用契约精神激发学生的主人翁意识，营造平等、民主、自律、和谐的班级氛围。学生越来越热爱班级和学校，家长对学校也越来越认可信赖，家校合作更加密切给力。由苦干到巧干，由庸常到创新，由迷惘到悟道，老师们的改变，让我们感受到教育在不断超越中积淀了一种宝贵的精神，这种精神就是专业的更新。

好的教育就是生命影响生命，契约教育正是通过成人有意识地、科学地对孩子施加积极、正面的影响，唤醒其天性中本就存在的尊严与美好，促进其自我完善，塑造更美好的生命样态。

青春期是一场孩子的"内战"

——兼谈初中生教育的交往理性

青春期很美好,但也是残酷的。

提到初中生,人们马上会想到"青春期",而提到"青春期",人们马上会想到"叛逆"这个词。其实学生所有的外在表现,都是源于心理的变化,他们的心里常常像战场一样,里面有好几个"自我"在打仗。

一、把握初中生主要的心理特点

初中阶段是一个人成长的关键期,也是敏感期。这个时期,孩子的生理和心理快速发育、不断变化,思想、情感容易产生波动,常常表现为"多愁善感"和"喜怒无常"的剧烈动荡,敏感激情有余,稳定理智不足,因此,青春期也常常被称为"疾风暴雨期"。这个阶段的孩子会有多面性,他们依然还保留了一些孩童的特点,比如对父母的依赖,热衷于模仿等。不过,最重要的一个变化就是他们的自我意识和独立人格开始觉醒。有些孩子开始在意自己的个人空间,如果父母或其他长辈不敲门就直接闯进他们的空间,会让他们很不愉快。有时他们也会以炫耀的口吻对家长提起"我朋友如何如何",那种口吻和神情,仿佛自己是一个有一定社会关系甚至地位的重要人物。他们尤其反感家长拿优秀的同学或邻家孩子与自己比较,一旦家长忍不住做了比较,如同上了一个魔咒一般,他们立刻就会沮丧甚至崩溃。诸如此类的表现都是初中生在自觉或不自觉地凸显自我,表达自己希望被当作一个独立的人来看待的心理需求。但实际上他们还不足以独立,很多时候认识问题容易以偏概全,思想、行为、语言之间还存在着巨大的差异,并不能像一个真正成熟的人一样有理性地判断选择,也并不能够很好地依从自己的理智行事。他们对自我角色的认知也是模糊多变的,经常充满内在冲突。一旦他们遭到拒绝、质疑、否定,就容易表现出强烈的排斥感。如果家长或老师无视这个孩子的心理变化,依然强势地主导、控制他们的行为与思想,就会引起他们的不满与逆反,他们心里的内战也会引发外在冲突。

二、正确看待初中生成长中的"跑偏"问题

青春期很美好,但也是残酷的。有些孩子的青春期并不是理想中的斑斓多彩,而是陷入了污淖泥潭。作家冰心曾写过一篇文章,主要内容是画家要画一个天使,人们找来一个男孩作模特,男孩容貌俊美,纯真圣洁,几乎符合人们对天使的想象;过了几年,画家要画一个魔鬼,人们又找来了一个模特,画家笔下的魔鬼肮脏丑陋,邪恶狰狞,简直就是魔鬼的化身。然而后来,人们得知这两个模特竟然是同一个男孩。几年里,男孩发生了巨大的变化,由一个天使堕落成了一个魔鬼。这篇文章形象地揭示了青春期孩子教育的重要性,如果没有做好引导,孩子就会朝着你无法预想的方向发展。

不可否认,现实生活中有些孩子在这个时期的生活完全脱离了正轨,就像冰心的散文中刻画的男孩,因为放纵而堕落。这种情况虽然不普遍,然而,其对青春期孩子的心灵与人格的损害程度、对家庭社会所造成的危害还是相当残酷的。对于大多数家长而言,孩子的所谓"跑偏"问题更多的是追星、早恋、沉迷游戏等比较普遍的问题。由于社会文化的影响,网络游戏的盛行,同龄人之间的相互感染等,这些问题可以说已经是司空见惯,然而,诸如此类的问题如果放任不管或引导不当,就会影响孩子的健康发展。一般而言,采取放任态度的老师和家长是很少的,大多数人都是积极地管教。然而,效果却往往不理想。老师和家长常常陷入一种"坚决反对—僵持对峙—无可奈何"的教育模式之中。要解决好这些问题还是要从"心"出发,搞清楚孩子在这些事情上"入迷""着魔""成痴"的心理因素,然后有的放矢地予以

破解、纠偏。

比如追星问题，其实和孩子这个阶段喜欢"求新好奇，亲远排近"的心理特征有关。伴随着青春期自我意识的觉醒，很多孩子认为身边的人都在管他、操纵他、安排他，对他发号施令，不停地对他叮嘱唠叨，他就会特别排斥亲近的人。也由于"距离产生美"的缘故，他们更容易对距离远的人有好感。明星们距离孩子的生活很远，明星的时尚感、特立独行的风格对青春期的学生来说是非常有魅惑性的。青春期尚不够理性的少年往往看不到明星身上的问题，只看到他们身上的光环，以偏概全地将明星看作完美人物。在人际交往上也是如此，别人给予的一个小小帮助，或是某种程度上的"意气相投"，都会使他们感动，甚至把英雄、仗义、善良等形容词全部用到对方身上。

再比如关于早恋问题。曾有一个男生和一个女生之间产生了朦胧的情愫，被老师发现后，女生就告诉这个男生，不能再和他来往了，男生听了后情绪很激动，在随笔本上写了一首小诗："假如因为我喜欢你，全世界都来反对你，那我就要站在全世界的面前，对他们大吼一声：你们退后！"这个男孩俨然一个护花使者、盖世英雄。可老师把他找来交谈的时候，他又立刻显示出羞愧的样子，让人哭笑不得。这恰好说明青春期的孩子自以为很成熟，但其实遇到问题的时候恰恰是很不成熟的。这种情况下，家长和老师要注意扬长避短，回避亲密关系中容易出现的弊端，点破"明星偶像"与"自诩英雄"的实相，引导孩子的思维由感性向理性发展。

三、初中生教育中的交往理性

初中生的很多"异常表现"归根结底都是源于孩子的内在自我觉醒，一个觉醒的人最在意的就是捍卫自己的主体地位。虽然这个主体地位有时是不稳定的。他们不断地塑造着自己的内在角色，有时目标明确，有时听话顺服，有时桀骜不驯，有时侠肝义胆，有时满怀理想，有时又玩世不恭，有时甚至扮演一个英雄的形象。这多个"自我"经常争战交锋，使他们表现出青春期特有的烦躁与动荡。加之，升入初中后学习时间拉长，自由支配的时间越来越少，课业负担加重,中考带来前所未有的压力等诸多原因,"内忧"常常遭遇"外患",处在青春期的孩子特别需要宣泄的突破口,去释放他们内心的各种思想和声音,释放快速积聚的能量。这种状态下的亲子关系很容易出现"擦枪走火"或"僵持冷战"的局面,特别需要理性地交往与沟通。

哈贝马斯认为所谓交往行为,所涉及的至少是两个具有语言能力和行为能力的主体之间的关系,是至少两个具有语言能力和行为能力的主体之间为达到相互理解而进行的交往。他认为交往行为以语言媒介为前提,主体通过相互沟通达成理解,最终形成"非强迫性的共识"。成人社会的交往如果违背了交往理性的"主体间性、非强迫性"等特点,就会出现无效甚至负效交往。其实在与处在"半成熟期"的青春期初中生交往时尤其要尊重他们的主体地位,使得交往成为主体之间的真正的交往,这样有助于达成真正的理解沟通,更有助于培养学生的主体意识,建构学生的主体性,使他们逐步成长为"自我发展的承担者",成为可以"活出真我"的"真人"。

从理论到实践,面对青春期这些似懂非懂、既成熟又不成熟的少年,理性交往会面临诸多的挑战。老师和家长要注意自己的语言,第一,要学会和孩子好好说话。不要总对孩子发号施令,要给他们发言权。第二,要逐步和孩子建立合理的边界与距离。亲近是好事,但在有些场合,父母应该以更成熟稳重的形象教会孩子学会尊重他人与尊重自我。第三,要给孩子选择的空间。不要总是包办、代替,不要总是替孩子做决定。一个总是被安排的孩子要么失去自我,变得唯唯诺诺,要么逆反对抗,变得难以沟通。

学生成长的每个阶段都有相应的教育侧重点,一般来说,小学是养成期,初中是形成期,高中则是相对成熟期。初中阶段是一个人成长中至关重要的时期。这个阶段的孩子可塑性强、稳定性差,性格、人格、品德、学习能力等各个方面存在着分化的多种可能性。他们要面临人生关键的考试——中考。所以,这个阶段奠定什么样的根基对一个人一生的影响是至关重要的。老师和家长只有把握这个年龄段孩子的心理特点,才能有针对性地教育孩子,与孩子间建立起和谐、良性的关系,帮助他们平稳地度过青春期,使他们的生命拥有靓丽的底色。

参考文献:

[1] 曹卫东.交往理性与诗学话语[M].天津:天津社会科学院出版社,2001.

[2] [美国]盖瑞·艾卓,安玛莉·艾卓.如何智慧地教养孩子[M].王虹等译.北京:中国轻工业出版社,2009.

家校心心相印，共育阳光少年

学校的"心心相印"池，是师生之间、同侪之间、同学之间、家校之间的家校共育、精神共勉和生命共生的隐喻。

在上海市建平实验中学的中心庭院里，有一个被水袖回廊簇拥着的心形水池，水池中央托起了一颗在阳光下熠熠生辉的苹果雕塑。这是学校"用心呵护心尖上的每一颗小苹果"的教育情怀最生动、最直观的表达。陶行知先生说："真教育是心心相印的活动。唯独从心里发出来的，才能打到心的深处。"①学校的"心心相印"池，是师生之间、同侪之间、同学之间、家校之间的家校共育、精神共勉和生命共生的隐喻。

一、建设家校对话机制，优化学校治理

在教育综合改革背景下，学校已经由传统管理走向现代化治理。传统的管理理念偏向于集权命令控制，而现代化治理理念则偏向于分权协商参与。学校在内部治理中，一直致力于家校对话机制的建设。何为家校对话机制？即确立家长作为学校多元主体的地位，尊重其主体权利，与其平等对话，积极协商，解决教育教学问题，实现学校教育与家庭教育的共同发展。具体举措主要有：一是成立三级家委会，按照章程参与学校管理，确立家长参与办学的主体地位；二是家校活动制度化，主要细化为家长参与教学制度，家长参与教育制度，家长参与生活制度。

---

① 陶行知.陶行知全集 第二卷[M].成都：四川教育出版社,1991:446.

家长参与教学制度,请每一名家长走进课堂听课。这样的制度,可以让家长亲身参与孩子的班级学习生活。课堂上,家长或许不能听懂专业知识,但一定能感受到班级的学习氛围。身处真实教育情境之中,家长对教师的了解势必会加深,对教师工作的理解也会增进,从而在心里信任学校、认同学校。

家长参与教育制度,首先是新生入学前的全员家访,这是拉近家校距离、增进家校沟通、凝聚家校情感的一个有效举措。其次是日常管理中的个别随访,当教师面对很多问题,百思不得其解时,与家长的交流与碰撞,会使其对这些问题有全新的认识。除了常规的家长会外,学校还设立了家长接待制度,教师每学期均须一对一、面对面接待家长,使教育更有针对性,更具实效性。

家长参与生活制度,即让家长走进学校,并可随时走进食堂。家长对学校最关心的便是"两个堂":课堂与食堂。学校选用绿色安全食材制作饭菜,让 5000 多名学生的饮食安全有保障,这得到了广大家长的一致认可。

二、建立家长学校,加强家长队伍建设

学校不仅重视教师队伍建设,也十分关注家长队伍建设,并将其作为办学目标之一,写进学校发展规划。在办学过程中,学校深刻意识到,家长对于办学质量提升的作用不可小觑。因此,学校通过表彰智慧家长和开展亲子共同入学活动等,加强家长队伍建设。每年新生入学国防教育结束后,校长都会给家长们上"为人父母第一课",并于每个月的最后一个星期四定期开展活动,故而命名为"星期四家长学校"。目前,经过共同探索与努力,"家长学校"活动内涵逐渐丰富,质量不断提升。"家长学校"的课程包括必修课程、选修课程、函授课程和面授课程。必修课程主要包括开学第一课、青春期课程、毕业最后一课等;选修课程是家长根据自己需求自主选择学习课程;函授课程主要是通过社交媒体等渠道,定期推送一些课程供家长学习;面授课程则是请家长到学校参与上课和交流。学习结束后,学校还会对家长参与学习的成效进行评价,并颁发合格家长证、优秀家长证和智慧家长证。家长的称谓简单,但要做一名合格家长、优秀家长、智慧家长,需要持续学习、提升能力。这一举措,在激发家长积极性和提升家长专业性的同时,也促进了学校的内涵提炼与品质提升。

三、用父母心办教育,培育亲密家校关系

好的教育应是用父母心办教育。我们希望自己的孩子受到怎样的教育,就应该为别人的孩子提供怎样的教育。

长期以来,家长对学校的种种不信任、投诉等现象都与家校之间沟通不畅、缺乏换位思考有关。因此,学校首先要唤醒教师的同理心和共情力,教师要对特殊孩子、有困难的家长,抱有一颗共情与悲悯之心。不少家长在教育孩子时已精疲力竭,所希望得到的不是教师一次又一次地告状,而是希望教师提供支持与帮助,找到方法与对策。在每年初三考生最后一天离校放学时,校长和任课教师都会在校门口拥抱每一名学生,给予其鼓励,并送上祝福,缓解学生与家长的焦虑。

其次,将真爱化作行动。学校不仅是学生的心灵港湾,也应是教师的心灵港湾,更应是家长的心灵港湾。在学生生病或学生家长有困难时,学校都会派班主任与学校领导班子成员去家中慰问,即便只是一束鲜花,即使只是几句家常话,也可抚慰心灵,增进互信。

再次,开展"五个一"亲子工程,助力幸福家庭建设。"同读一本书""互写一封信"等活动,以书为媒介,以信为舟楫,拉近了两代人的距离,消除了青春期的隔阂,打开了家庭教育的"双通道"。"共上一天班""同做一次家务劳动"以及"共赴一次特别约会"等活动,则让学生在体验中尊重劳动、热爱劳动,也让学生与家长理解彼此、理解他人。

夏丏尊曾言:教育"好像掘池……教育没有了情爱,就成了无水的池,任你四方形也罢,圆形也罢,总逃不了一个空虚。"①通过家校共育,学校培养出一批批阳光快乐的真善少年,打造出智慧家长"亲友团",提升了教师育人境界,同时也丰富了学校办学内涵,提高了育人质量。今后,学校将进一步探索青少年"行为契约"教育在家校共育中的运用,强化家校融合,深化共育内涵,更好地为学生积极心理品质的培养与发展助力。

---

① 夏丏尊.夏丏尊散文集[M].哈尔滨:北方文艺出版社,2019:103.

惩戒是手段 教育是目的

合理的惩戒制度不仅是合法的,也是必要的。这种合理的惩戒制度有助于养成学生坚强的性格,培养学生的责任感。

2019 年,中共中央、国务院印发《关于深化教育教学改革全面提高义务教育质量的意见》,其中明确提出的"制定实施细则,明确教师教育惩戒权",引发广大教育工作者的热议与期待。苏联教育家马卡连柯认为"合理的惩戒制度不仅是合法的,也是必要的。这种合理的惩戒制度有助于学生形成坚强的性格,培养学生的责任感,锻炼学生的意志和人的尊严感,培养学生抵抗诱惑和战胜诱惑的能力"。①

鉴于人本身的不完善性和学生成长的动态形成性,教育的确不能没有惩戒,没有惩戒的教育是不完整的、不负责任的教育。教育惩戒权是教师专业权利的有机组成,教师拥有、行使教育惩戒权,对犯错误的学生进行科学、规范、合理、适度、有效的惩戒,有利于学生的健康成长和全面可持续发展。

纵观中外教育历史,教育惩戒可谓源远流长。世界上许多国家都有关于教育惩戒的立法或完备的教育惩戒体系。我国教育历来有"严教"的传统,推崇"严师出高徒",重视维护师道尊严。从《尚书 · 舜典》中记载的教刑"扑"到《学记》中记载的"收其威"的"夏、楚二物",从国子监绳愆厅里的红条凳到私塾"三味书屋"里的戒尺,再到现在很多人记忆中老师的教鞭,教育惩戒在

---

① 王芳,唐和英.优秀班集体的建设与维护[M].芜湖:安徽师范大学出版社,2013:120.

不同历史时期的人才培养上发挥了一定的积极作用。

放眼当前的教育现实,教育惩戒亟待科学规范。在思想文化与教育理念日益多元化的今天,赏识教育、快乐教育、幸福教育越来越被接受、推崇,教育惩戒的价值意义与实践做法不断受到质疑、非议。一方面是教育惩戒的失范。有些教师教育理念不能与时俱进,在教育过程中采取一些或随意、随性,或过度、过激的教育惩戒方式。不恰当的体罚、变相体罚、心罚等手段,给学生造成了不同程度的身体伤害、心灵创伤、人格隐患,引发了师生之间、家校之间的矛盾冲突。另一方面,是教育惩戒的缺失。教师受到来自社会、家长以及学校等各方面的压力,顾及教育惩戒所带来的职业风险,放弃了对学生进行合法、合规、合理的惩戒与教育,纵容了一些学生不良德行的养成,甚至酿成严重的恶果。教育惩戒从过去乱惩滥罚的误区走入了不敢罚、不能罚的误区,挫伤了教师教书育人、立德树人的积极性,造成了一定程度的教师消极履责与职业倦怠。

教育惩戒是一把约束、警戒、威慑、纠正学生行为偏差的利剑,但也是一把双刃剑,用得不好就会背离培养人、造就人的教育初衷,出现害人、毁人的负效应。惩戒是手段,教育是目的。教育惩戒要想收到良好效果,关键是让学生预先知道惩戒的合法性,能够从内心认同惩戒的必要性、认可惩戒的适切性,在受到惩戒后进一步享受到教育的补救性。

因此,我们期待并相信有关细则的制定会本着法制性、科学性、人文性、协商性、慎用性的原则,引导教师在教育过程中做到惩戒有爱、惩戒有约、惩戒有据、惩戒有方、惩戒有效、惩戒有救,更好地承担起培育一代新人的责任与使命。

把图书馆建设成学生成长的"第三空间"

学校图书馆的定位不再仅限于"书籍的仓库"与"阅读的场所",而是培养"全面发展的人"的重要阵地。

博尔赫斯有句名言:"如果有天堂,那应是图书馆的模样。"图书馆在学校的教育中有着不可替代的作用。如何建设好一座图书馆,是学校办学的一项重要工作。时代的进步,经济的发展,教育的变革,学生的成长需求对学校的图书馆建设提出了新的需求。学校图书馆的定位不再仅限于"书籍的仓库"与"阅读的场所",而是培养"全面发展的人"的重要阵地。学校图书馆建筑已从传统单一型的功能空间过渡到多功能复合型建筑,是提供给读者各方面信息情报、咨询服务的信息资源中心以及读者进行学习、研究、文化传播、交往活动的场所。

在这种转变下,传统的学校图书馆建筑已不能满足当代学校教育培养模式下的使用要求,因此,如何通过合理的设计为学生提供一个开放的、自主的、多元的、智能的学习与交流的场所,为实现人才培养目标创造条件,成为学校办学中一个不可忽视的问题。

一、中小学图书馆的使用现状与问题

中小学图书馆是学校教育的重要组成部分。随着教育改革的不断深入,中小学图书馆作为学校的信息资源收藏、整理、传播和利用的中心,无疑将成为学校师生教学、研究和学习交流的基地。中小学图书馆的建设及使用效果如何将直接影响到中小学的教育教学质量。当前中小学图书馆主要面临如下问题。

（一）图书馆利用率不高，闲置情况严重

馆藏资源建设是图书馆建设的基本任务之一，馆藏资源丰富多样，才能更好地满足读者的需求。目前，图书馆藏书和书籍资料的购入和更新不足，书目的更新和管理较为缺乏，图书馆的空间布局缺乏吸引性等问题导致学校图书馆利用率不高。此外，学校图书馆仍然以传统纸质书的流动为主，缺乏对信息技术的利用，各类电子读物配备不足也是导致图书馆闲置的原因之一。

（二）图书馆功能定位单一，未发挥应有作用

持续不断的学校教育改革要求学生转变学习方式，注重自主、合作、探究的学习方式，培养创新精神、开放的视野和利用信息技术搜集、处理信息的能力等。当前，学校图书馆仍旧以传统纸质书本为主要流通途径，对培养学生信息搜集和处理的能力无所助益；学校图书馆的功能定位单一，主要以借阅书籍和阅读为目的，缺乏信息技术等的运用和推广，未能适应当前学校变革和学生发展的需求，急需改造和完善。

（三）图书馆人文性不足，难以吸引学生

图书馆作为学生在校生活的重要组成部分，是学生拓展学习资源、满足个体化学习需求和实现社会交往的重要载体。然而，图书馆在建筑设计、布局安排和空间使用等方面都不能很好地发挥作用，无法满足学生的学习和社交需求。此外，中学图书馆普遍面临人文性不足的困境，舒适、自由的人文环境创设较为欠缺，缺少交流对话的空间与氛围，无法提供吸引人的活动。

（四）图书馆管理问题突出，缺乏服务意识

中小学图书馆内比较常见的有九类服务，即借阅、参考咨询、检索、阅读指导、讲座、放映电影、作业指导、心理指导、读书活动。当前，中小学图书馆在管理方面面临的主要问题有：专业工作人员缺乏，图书分类管理不够，服务内容单一等问题。这些问题的存在导致中学图书馆应有的多元功能大打折扣，影响了学生的积极性和参与度。

（五）图书馆与教育教学活动脱离，缺乏有效互动

图书馆应该成为教育教学活动的延伸，成为一个活动丰富的教育场所，然而,现实中,学校最浪费的空间和资源就是图书馆,学生更多地在教室、实验室或专用教室活动,而图书馆常常变成了"仓库",甚至变成了人迹罕至、毫无生气的"空房子"。

二、构筑学生成长的"第三空间"

"第三空间"的概念最早是由美国后现代地理学家索雅提出的,米昆达和欧登伯格对其进行了扩展,他们认为"第三空间"是居住空间(第一空间)和职场空间(第二空间)以外的、不受功利关系限制的公共空间,如咖啡店、博物馆、图书馆等。

"第三空间"的首要功能是服务功能,包括休息、阅读、收集信息等。图书馆在这一点上,具有天然的强大优势,因为图书馆可以利用优厚的馆藏资源满足休闲中的人们吸收信息的需求,营造出一个充满人文关怀的、充分尊重读者人格的、平等自由的空间,让每个人在温馨的氛围中学习新知识,满足人们的精神多元需求。它同样是一个公共交流的地方,读者可以自由地释放自我,具有集聚资源和人气的功能。

(一) 功能定位多样化

作为学校的"第三空间",图书馆有着它独有的教育和人文功能,能够对学生的发展起到推动作用。因此,图书馆要改变之前的单一借阅和阅览功能,打造成为集学习、阅读、交流、社交、休闲为一体的功能多元体。通过营造充满人文关怀的氛围,打造充分尊重学生人格的、温馨的、平等的、自由的空间,每个人在平等的氛围中学习新知识,自由地去获取信息,愉快地去享受图书馆乐趣。

(二) 空间布局开放化

图书馆的开放程度直接影响功能的发挥,因此图书馆内部空间的开放化设计要与"以人为本"的现代化开放式管理理念相呼应,注重使用的灵活、便利和高效。通过对图书馆进行模块式设计,即把图书馆的空间按不同职能进行分区,保证每一区块的相对独立性和开放性,也保证图书馆的多样性和实用性。

根据中学生的特点和学习需求,图书馆的空间改造主要包括独立的学习区、不同类型和大小的讨论室、公共讨论区和交流区、上网区、休闲区等,以满足学生多样的学习和社交需求。

此外,中学图书馆在室内装饰上可以选择明朗、统一的风格,要符合青春期中学生"求新好奇,兴趣丰富"的心理特点,从空间布局、色彩搭配等方面给学生提供美的享受;在醒目位置设立咨询台,学生可以通过人工或电脑查询的方式获得想要的知识;借阅室、阅览室(或借阅一体室)、电影室、讨论室、休闲吧等功能区的划分要清晰明了,方便识别;图书馆在组织各种活动激发出读者兴趣的基础上,鼓励具有相同兴趣爱好的读者成立小组,等等。

(三)学习方式多元化

在知识爆炸的时代,掌握知识的多少已经不是最重要的,而掌握知识的方法才是至关重要的,这已经被越来越多的人所接受和认可。所以,基础教育的任务不仅仅是传授知识,最重要的是培养学生的学习方法,培养学生终身学习的愿望和能力。因此,改变学生的学习方式成为我国教育改革的重要目标之一。

图书馆在实现这一目标上,有着独特的推动作用。图书馆可以通过设置多样的学习区域和模块,如个人学习区、讨论室、阅读区、上网区、休闲区等,满足学生的多元学习和社交需求。

此外,图书馆开放、平等、自由的特点,使得学生可以利用图书馆平台开展知识文化交流活动,例如根据学生需求、节日、节令等的不同,开设形式各异的名人讲座、摄影展、猜灯谜、知识竞赛、电影鉴赏、图书馆学生夏令营、书友会、音乐欣赏等活动。

(四)媒体运用智能化

随着现代技术的飞速发展,图书馆智能化水平愈来愈高,可以借助电子信息技术、计算机技术和现代通信技术等协助图书馆管理及信息服务等活动,适应时代需求和学生需要。

图书馆可以通过网络及新媒体技术,让书"行走",开发诸如移动阅读推广、个性化新书通报、电子书整合查询、馆藏目录功能强化等项目。图书馆可以打造免费的信息资源平台,通过对信息的搜集、组织、整理、二次加工、三次加工等,将高质量的文献呈现给学生。同时,学生在这个资源平台上,可以借助一定的图书馆知识,自由地获取自己需要的信息,实现自主学习。

(五) 管理系统交融化

自助是服务方式的一类,强调自主与自由。咨询服务要求图书馆管理人员对学生的借阅和学习需求等给予协助,满足学生的需求。自助与咨询为一体的图书管理系统,是利用高智能技术提高管理的一种形式,它要求实体与虚拟图书馆相融,电子文献与纸质资源并存,馆内借阅与远程访问相辅相成,文献传递与培训交流互动并重。这种管理系统的运用,可以充分利用网络资源,为学生提供更多的信息和活动。

学校图书馆不仅是物理意义上的信息资源中心,更是协助学校实现教育目标的重要力量,是教育过程的参与者和推动者。当今世界处于一个物质满足与精神焦虑并行的时代,人们渴望理解、渴望沟通、渴望关怀和抚慰。在这种大背景下,图书馆"第三空间"成为了师生们向往的场所。把图书馆建设成为学生成长的"第三空间",能够有效补充教室等主要教育空间的育人功能,让学生在这个美好的空间里享受人类文化的熏陶、滋养,享受人与人之间的美好关系,在天堂一样的环境里遇见更美好的自己。

参考文献:

[1] 段小虎,张梅,熊伟.重构图书馆空间的认知体系[J].图书与情报,2013 (05):35-38.

[2] 李红培,鄢小燕.国内外图书馆第三空间建设进展研究[J].图书馆学研究,2013(16):16-20.

[3] 苏欣欣.城市"第三空间"的设计研究[D].硕士学位论文,青岛大学,2015.

规约与关怀并重的师德分层建设机制探索

师德成长不仅需要规范的约束引导,还需要教师专业成长的支撑和对其进行精神、情感、物质方面的关怀。从人性出发,尊重差异,规约与关怀并重,分层推进的建设路径,有助于促进教师的师德成长。

师德建设是一个古老而常新的课题。自古以来,社会对教师的道德素养一直持有很高的期望,教师在某种程度上被期许为社会道德的楷模。"德高为师,身正为范",便是对教师职业道德要求的凝练概括。然而现实生活中,教师作为一个普通人,囿于个性、经验、能力、学识、境界的局限,也囿于生存、竞争以及其他的社会压力,不能很好地满足社会的期许。作为学校的管理者,一定要高度重视师德建设,认真分析存在的问题,剖析师德内在成长机制。笔者在实践探索中发现师德成长不仅需要规范的约束引导,还需要教师专业成长的支撑和对其进行精神、情感、物质方面的关怀。从人性出发,尊重差异,规约与关怀并重,分层推进的建设路径,有助于促进教师的师德成长。

一、师德问题简析

(一) 理想与现实之间的裂痕

当今社会正处于深刻转型期,在市场经济的冲击下,在各种社会思潮的围拥下,在多种压力的挤压下,有一部分教师在道德信念、职业操守上发生了动摇。由于社会、经济地位的影响,大众传媒对负面事件的过度炒作,教师的社会信誉受损,教师的自我认同出现危机,职业幸福感和自豪感降低,致使教师产生职业倦怠和松懈。全国各级各类学校中,教师违反师德、行为失范的事件时有发生、屡禁不绝,甚至出现追求功利实惠、有偿家教、收受家长礼金、侵犯学生人权等不良现象。

(二) 传统师德建设收效甚微

我国早已颁布的《中华人民共和国教师法》《中小学教师职业道德规范》等国家层面的教育大法对教师的职业道德行为准则做了统一的规定,针对近年来出现的新问题,教育部于 2013 年 9 月出台了《关于建立健全中小学师德建设长效机制的意见》,倡导建立健全教育、宣传、考核、激励、监督、惩处、保障七大机制,推进中小学师德建设,减少和遏制师德问题。2014 年,教育部又先后出台了《中小学教师违反职业道德行为处理办法》《严禁教师违规收受学生及家长礼品礼金等行为的规定》等文件,对师德师风提出了硬性规定和刚性要求,各地采取有效措施,广泛开展整治教师收受学生及家长礼品礼金等行为的专项行动。有关师德的社会宣传也日趋增多,各级教育部门也加大了师德教育培训考核的力度。

但是,由于师德教育普遍存在偏重道德说教、强调外在制度规范的遵守、师德榜样过于悲情、教师言行被泛道德化评价、物质待遇与精神要求未能同步、相关制度规范及评价可操作性不高、师德与师能呈现"两张皮"倾向、教师内在精神需求和物质需要没有得到应有的尊重和表达、作为一般人的德行成长规律和教师这一职业道德成长规律没有得到尊重、无视不同发展阶段教师的特定需求等问题,师德建设总体成效甚微。

(三) 校本师德建设的虚化

师德本身不易被量化,同时,在分数和升学率至上的教师评价机制占据主导地位的教育环境下,师德建设处于力不从心的尴尬处境,师德建设活动化、表面化、形式化,难以获得实质性的进展。学校里以考评代替师德建设,以开展具体的师德"活动"代替师德"建设",导致师德建设不能系统、有效地开展。教师的职业道德与教师的职业行为脱节,背离了师德建设的实质意义和初衷。诸如此类的师德"活动",不能激发教师提升师德修养的愿望,甚至令教师产生抵触情绪。传统师德建设受到挑战,师德建设的重要性进一步凸显。

二、师德成长内在机制

道德成长是每个人终身的功课。道德成长是一个不断由他律到自律，是一个"由外到内—由内到外—内外兼修"的过程，不仅仅是道德规范的认知，更重要的是在实践中的体验和内化，要尊重知情意行协同作用、整合提升的过程与规律。

（一）师德成长需要规范的约束引导

在教师职业道德发展中，师德规范发挥着重要作用，是师德的重要组成部分。多数情况下，师德规范就是外化的师德，而师德又是内化师德规范的一个结果。师德规范一般是通过法规、制度、行为准则的形式进行规定和体现的。通过法规、制度、行为准则等对教师的职业道德行为进行约束和引导，确保教师的教育行为合规、合法、正当。

（二）师德成长需要专业发展的支撑

教师专业水平和师德修养之间存在相辅相成的关系，教师专业水平是师德修养的基础，师德修养是教师专业水平提高的内在动力，教师专业水平的提高又是师德建设成效的具体体现。师德建设的起点是教师从事教育劳动的"良心"，师德建设的终点是教师彰显高尚师德的教育教学业绩。教师职业道德具有很强的实践性，必须在教育职业实践中体现，在教育教学工作中提升与生成。教师对教育理解的深刻性，所秉持教育信念的高度，对教育规律掌握的准确性以及专业技巧的科学性都会影响教师在具体的教育实践中职业道德素养的彰显。师德建设不能脱离教师的专业成长，师德建设要以教师专业成长为载体。

（三）师德成长需要精神、情感和物质的关怀

在传统文化中，人们倾向于将教师"圣化"，将教师看成一个"完成了的人"，天然地具有爱生乐教、无私奉献的情怀。而教师作为一个普通人，实际也是一个"未完成的人"，也有一部幸福和失落交错的成长史，现实生活中也会遭遇到这样或那样的精神、物质上的困境，教师的精神世界并不总是阳光灿烂，难免会有乌云笼罩，生命也不时陷入疲乏无力的状态。然而，真正的教育是爱的感召、生命能量的传递,心理疲乏、处于无力状态的教师是很难有能力去播种爱,向学生输入正能量的。因此,学校要营造良好的舆论环境,给予教师体贴到位的心理关怀,尽可能地满足教师物质方面的需要,着力提高他们的人文素养,丰富他们内在的精神生活,让他们的生活需求得到很好的满足,工作得到应有的尊重,努力付出得到充分的认可,获得社会应有的尊重,让他们重新找回失落的尊严,激发他们的师德情怀,让他们以饱满的热情和火热的生命投入教育。

三、规约与关怀并重的师德建设机制

师德建设需要通过立法立规的方式,使教师职业道德制度化、外显化、规范化,给教育工作者一个"有法可依、有法必依"的制度环境,对教师的行为给予一定的约束和指导。这种约束和指导是外部规定性的、约束性的、非自觉的行为规范,所以它能生成教师他律的、遵从的、可以奖励也可以惩罚的规范行为。但是,如果过于依赖制度上的刚性要求,就会导致教师职业道德走向工具化和利益化的困境。在现实生活中,教师的职业态度和职业行为往往以教师职业道德评价标准为出发点,为的是"对得起"教师的职业道德这样的外在规范,却忽略了"自身的内在管理与建设"。传统道德教育通常将道德作为一种外部力量,利用道德对人进行约束。在某种意义上,这种"道德约束"是缺少人性化的。显然,职业道德约束对教师发展而言是不够的,它缺少对人内心的关怀。毋庸讳言,规范行为的修炼是必要的,也是基础的,但仅仅停留在合道德性的行为修炼,不能满足主体的内在需要,它有可能被异化成虚假不实的道德,这样的师德教育就有可能成为规训或者灌输教条。道德行为修炼,要在转向关注内部非规定性的、非约束性的、自觉的道德的情况下,在实践中不断修炼,逐步生成师德智慧。因此,在师德建设中,既要重视师德行为外在规范,更要重视对教师内心的关怀,促进教师师德智慧的生成。

四、师德建设分层实施

传统师德建设之所以难以取得很好的成效,其中一个重要因素是师德标

准过于笼统模糊。对于不同发展阶段的教师都采用同一个标准，可操作性不强，从而导致师德建设流于形式化和表面化。师德建设分层包括教师群体的分层和规范制度的分层。

（一）师德标准的分层

美国的教育专业伦理规范分为"师德理想""师德原则""师德规则"三个层面。师德理想是教师职业道德发展的最高目标；师德原则是每个教师应该达到而且能够达到的一般性要求，是对教师的中级要求；师德规则是最低要求，也是核心部分。与之相比，我国的师德建设在一定程度上保持着高标准的姿态，有些师德要求过于空泛和混沌，难以贴近师德修养的实际需要，其基本特点主要表现为"无私、奉献、忘我"，回避教师现实利益，要求教师担当社会道德楷模。尽管新修订的师德规范遵循倡导性要求与禁行性要求相结合的原则，一定程度上克服了传统弊端。然而这种横向的二元式划分仍然存在缺陷，它对教师的师德修养路径难以起到有效引导的作用。道德本身可区分为"义务的道德"和"追求的道德"两个层次，前者是"一个有秩序的社会里作为一个人所必须具有的最起码的道德"，后者是"当人的幸福生活和人的力量得到充分实现时人的道德"。据此，师德要求也可划分为"义务的师德"和"追求的师德"两个层次。"义务的师德"是将教师作为教育专业人员，这部分的义务应是制订师德规范的重点，同时，它也是初任教师师德修养的重点。"追求的师德"是将教师作为德性的楷模，这部分的追求可以超越师德规范，而成为教师个人的内在信仰，这种追求是成熟期教师师德修养的重点。在以上两个层次的基础上，还可将每一层次进行细分，形成教师职业道德的四个层次，据其制约效力，从高到低依次是：法律层面的"师法"、纪律层面的"师规"、习俗层面的"师德"和伦理层面的"师道"。建立师德建设的四个层次，形成师德修养的由外而内、由群而己、由低而高的上升路径，可以对处于不同生涯阶段的教师起到师德修养的导向作用。

（二）校本制度规范的分层

学校层面的师德制度规范，除了要贯彻国家相关政策法规之外，还要在充分领会国家相关政策法规基本精神的前提下，根据学校具体校情，与教育教学实践以及学校文化相结合,依照便于操作的原则,大体按照以下几个层面制订相应的规章制度。一是指导性的制度。如学校师德建设工作条例、师德建设实施细则、教师教学工作道德规范、教师科研工作道德规范、文明语言规范、校园环境道德规范及教师育人行为准则等,这些条例应明确教师如何履行师德义务以及怎样才能达到师德的要求,要具有导向作用。二是约束性的规范。如师德公约、师德倡议书、教书育人工作职责等,这类制度应明确各级各类教师的岗位职责,向教师指明如何做到言传身教、以身作则、为人师表。三是政策性的制度。如设立师德奖、育才奖,开展"今天我们怎样做教师""我心目中的好老师""仁爱教师"等讨论和评选活动,促使教师加强道德修养。通过以上制度,让教师牢记不能做什么、让教师明确应该做什么、让教师知道应该努力做什么。从而,为教师职业道德行为画定边界,同时指明教师努力的方向。

(三)专业关怀的分层

毋庸置疑,教师在不同发展阶段,对师德的认识处于不同的境界,专业发展水平也处于不同层次。因此,需要根据不同发展阶段教师的特性及需求,设置系列师德成长目标,采取与目标相匹配的措施。本人在实践中依据教师的不同发展阶段将教师分成初任教师、合格教师、成熟教师三个层次。初任教师指刚刚踏上教育岗位的新入职的教师;合格教师指在知识技能等方面已能独立胜任教育教学工作的教师;成熟教师指那些深受学生、家长及社会欢迎,也受到同事、专家和学校好评,在教育教学中表现出自己的独立理念和独特风格的教师。对于不同层次的教师,培养目标有层次上的差别。对于初任教师,着重规范其教育教学行为,使其逐渐生发职业情感和职业理想,做到敬岗爱业。对于合格教师,则着眼于职业使命感的培养和师德践行能力的提升,使其业务上逐渐达到专和精。对于成熟教师,要着重提高其职业成就感,使其进一步升华道德情操,达到乐业的境界。对于不同层次的教师,师德培养方法和策略也应有所不同。对于初任教师,着重将外在的支持环境和唤醒内心的道德自觉相结合,给予其思想、技能上的引导和带教;对于合格教师,重点将其师德发展与专业水平紧密结合起来;对于成熟教师,则侧重于为其提供充分展示、发挥才能的平台,如让其带教示范、开设讲座、参与课题研究等。

　　总之,学校层面的师德建设,应该以夯实教师道德根基、建构教师精神家园为着眼点,以习近平总书记所倡导的"四有"教师为标杆,结合制度约束和人文关怀两个方面,对教师在行为上予以规范,在思想上加以正确引导,在情感上予以关怀,在利益上给予合理的满足,在业务能力上予以帮助,营造良好的文化氛围,增强教师内心的归属感,提高教师的成就感,增加教师的职业幸福感。通过上述举措,激励教师形成坚定的价值信念、稳固的道德根基、强大的责任意识。分层分类推进师德建设,达到教师"敬业、专业、乐业"的境界。

参考文献:

[1] 陈华.教师评价制度与师德规范的人性假设冲突[J].湖南师范大学教育科学学报,2014(06):60-64.

[2] 韩忠月,刘民生.寻找师德建设的有效途径[J].人民教育,2012(15):65-66.

[3] 萧成勇.现代师德建设与学校教师管理[J].教育理论与实践,2013(09):41-44.

[4] 杨启亮.教师道德及其修炼的特殊性[J].教育科学研究,2015(01):37-42.

提升支部组织力,激发办学新活力

——上海市建平实验中学"书香支部"党建品牌建设的探索与实践

党支部组织力倍增,学校办学合力倍增,教育教学在新时代焕发出了新的生机与活力。

基层党组织是党的执政之基、力量之源。习近平总书记说:"我们共产党可以说是全世界最重视基层的党。"党的十九大报告强调,加强党的基层组织建设要以提升组织力为重点。建平实验中学作为一所拥有 3 个校区、5000 多名学生、300 多名教师、100 多名党员的大规模学校,如何"办人民满意的教育",如何力担"立德树人"的光荣使命,如何让这艘"大船"在教育现代化的大背景下乘风破浪、行稳致远,成了学校领航人的夙兴之问、夜寐之思。经过反复思考、多元对话,建平实验中学党组织牢固树立"抓好党建就是最大政绩"的意识,把抓好学校党建工作作为办学治校的基本功,千方百计激发党支部的组织力,筑牢执政基础,办老百姓心目中家门口的好学校。

一、把握特点,确立党建理念

(一) 魂体相依抓党建

建平实验中学党组织始终遵循党的教育路线方针,紧紧围绕《浦东教育现代化 2035》目标,突出党建工作的核心地位与引领作用,通过党建来铸学校立德树人之"魂",强教育教学工作之"体"。发挥党建政治引领、文化引领、思想引领的作用,以党建工作引领带动学校中心工作的开展,使学校整体工作有魂有体、魂体相依。

（二）虚实相生抓党建

党建工作给人的印象往往以务"虚"为主，但这个"虚"不是虚浮、虚构、虚假，而是对事业发展的规律与方向、趋势与目标更加高屋建瓴的宏观把握。务虚与务实不是对立的关系，而是相辅相成的关系。建平实验中学党建工作虚中有实，虚实相生，特别注重突出政治思想、意识形态、政策理论、教育规律等方面的引领，以丰富的内涵、扎实的投入，使先进的思想转化为教育教学的生产力。

（三）软硬相济抓党建

党建工作是软实力，是思想阵地，是文化载体。中心工作有硬指标，有质量要求，有科学评价。硬指标的完成要靠软实力的支撑与保障。一个人或一个组织，思想的土壤不是鲜花满园，就是杂草丛生，或是一片荒芜。党建引领下的学校文化生态有助于凝聚人心、达成共识，激发师生发展的内生力量，使学校不断走向高质量办学。

二、围绕重点，明晰党建主线

建平实验中学党组织坚持"为党育人，为国育才"的立德树人宗旨，以"不忘初心、牢记使命"主题教育总要求为指导，确立"五四三二一"的党建工作主线，即"五个层面、四个定位、三项联系、两个榜样、一颗初心"，促进教育优质均衡发展。

五个层面：从五个层面来推进党建工作，一是上级党委层面，即党中央、市委、区委、教育工作党委、初中教育指导中心党委五个层面；二是学校支委层面；三是校区中心组层面；四是党小组层面；五是党员教师层面。五个层面形成链条、织成网络，实现党建工作全覆盖，对上级的有关精神能够做到时时关注，事事落实，做到党对教育全面领导的逐层、逐级增值执行。

四个定位：建平实验中学党建工作围绕"支部要有阵地感，党员要有使命感，教师要有归属感，学生要有自豪感"四个定位，开展组织建设、环境文化建设，培养党员队伍，促进教师发展，"呵护心尖上的每一个小苹果"，促进每个孩子全面、可持续发展。

三项联系:建平实验中学党建工作坚持走群众路线,注重从群众中来到群众中去,建立"从心出发"党员联系制度:党员干部联系群众,党员教师联系学生,支委委员联系民主党派老师。开展层层上党课,书记给干部教师上党课,校区分管副校长给校区干部教师上党课,党员干部分头给组内教师上党课。党员教师作为有特殊需求学生的导师,对学生成长发挥了重要作用。

两个榜样:时刻强调党员干部是教师的榜样,教师是学生的榜样,保证党组织的先进性,保证教师队伍的先进性。

一颗初心:中国共产党人的初心和使命就是为中国人民谋幸福,为中华民族谋复兴。建平实验人的初心和使命就是"用父母心办教育,办人民满意的教育"。这是对共产党人初心与使命的理解、诠释与践行。

三、突出亮点,打造党建品牌

依托"书香支部"品牌,积极组织开展各种形式的读书活动,力求通过读书使校园充满书香气,教师充满书卷气,学生富有书生气,促进学校优质发展。

(一) 开展多种形式读书活动

读书是拉开人与人之间差距的重要途径,阅读应成为人类的一种信仰。学校组织有计划、有步骤、分层次、全方位的读书活动,制订读书计划,开展读书交流,进行读书评比。将书的概念进行拓展和延伸,使教师所读之书突破传统、狭隘的书本范畴,拓展到社会各个领域和层面,以多种形式读书。

读书活动形式多样、内容充实、内涵丰富。注重拓展阅读的广度与深度,阅读内容由党建书籍、教育专业书籍到人文科学素养类书籍、热点时文等;阅读者从党员到教师,从教师到学生,从学生到家长,从个人到集体;阅读范围从理论到实践,从书本到专家,从学校到社会,从纸质书籍到网络书籍,读有字之书,读人生之书,读社会之书。全方位、多角度、多侧面学习经典、汲取精华、开阔视野、丰富精神,有效地提升了师生的思想境界。

读书本。自"书香支部"创建以来,支部组织了系列读书活动,包括暑假党员专题读书、教师全员读书以及学生阅读经典等系列。读政治理论书籍,读教育专业书籍。教师阅读《中国共产党党章》《习近平关于"不忘初心、牢记使命"论述摘编》《知之深 爱之切》《滋润上海》《重建教师的精神宇宙》《发展中的教师校本培训模式》，以此修炼党性，提升专业素养。组织学生开展整本书阅读，从中感悟人类文化之魅力，厚实人文底蕴，培养科学精神。

读专家。邀请各级各类专家来校指导教师教育教学工作，周增老师对师德与教师专业素养之间关系的阐释鞭辟入里，发人深思；长江学者、华师大著名教授李政涛教授用"登高山""拜高人""找对手"激励教师放大格局，提升自我；建平集团学校的灵魂、老校长冯恩洪用他对教育始终不变的激情感动着所有的建平实验人。学校重点学习人民教育家于漪老师，十几次邀请于老师来校指导，做教师专业发展的报告，于漪老师为"国培计划——李百艳工作室"题词"举旗定向，播种未来"，为学校出版的语文专业书籍《魅力语文》作序。教师们感受到专家、大师们的人格魅力、精神高度与专业内驱力，感动于他们的经历，把他们的谆谆教导当作一本本活生生的书籍，指引自己的思想、专业向更高层次迈进。

读同侪。学校党组织开展"仁爱教师"评选活动，用这样的方式崇德弘毅；组织"共享、互助、成长"同侪对话校本研修系列活动，分类分层分主题开展教师之间的专业经验分享，相互学习、相互借鉴；组织师生家长"同读一本书"等读书研修活动，围绕共同的话题，展开交流讨论，产生思维碰撞与共鸣，实现精神的跃迁和提升。

读社会。组织党员学习优秀企业文化精神。走进华为，让教师们学到了敏锐、团结、不屈不挠和始终保有危机感、远见与创造感的精神；走进中国商飞，让教师们深刻领会了"长期奋斗、长期攻关、长期吃苦、长期奉献"的精神以及"一靠班子、二靠支部、三靠党员、四靠人才"的战略在实现伟大梦想过程中所起到的关键作用；参观美术馆，让老师们感受到了艺术与人文的交汇，领悟到如何在生活中感知美、发现美、诠释美、唤醒美，培养学生的审美意识与素养。

读历史。建平实验中学党支部将校史教育融入"四史教育"，邀请建平中学历任校长冯恩洪、程红兵、杨振峰、赵国弟，建平实验中学首任校长姜晓勇,为全体教师做校史报告,分享教育思想和办学经验,为全体教师赠送教育专著。通过校史的学习,全体教师增强了爱学校、爱浦东、爱国爱党爱教育的热情与信念。教师们打开了视野,激荡了思想,明确了使命,焕发了激情。

(二) 创立"三特三环"新型读书模式

"三特",即"特需导向、特级导师、特约导航"骨干教师成长计划。以"三特"为导向,成立特级教师导师团,对教师进行专业引领。学校联合金杨教育学区、建平教育集团、强校联盟成员单位,开展读书、研究活动,提升教师专业素养,抬升区域教育水平,推进教育均衡发展,造福浦东一方百姓。

"三环",即"内环、中环、外环"专业联盟。"内环"即与上海各区优质初中携手共建,有师徒带教保障,有专家引领护航,有参观考察促进。"中环"即通过支教辐射全国,特别是援疆援滇,与各地教育交流互鉴,拓展职业生涯体验,提升立德树人境界。"外环"即与英国、美国、西班牙、日本、澳大利亚等国开展跨文化交流,开拓国际视野。

(三) 开展六项修炼活动

支部精心策划"修炼"系列研修活动,打造区域教师专业发展品牌研修项目。通过"修炼·教育的魅力""修炼·教育的实力""修炼·教育的功力""修炼·教育的合力""修炼·教育的志力""修炼·教育的心力"等六项系列修炼活动为广大教师,尤其是青年教师,搭建交流分享、互助成长的平台,促进教师专业向纵深发展。

四、筑牢基点,凸显党建成效

(一) 提升了党建工作的内涵和质量

建平实验中学由点到线、由线到层、由层到面、由面到体的党建工作探索与实践,推动了党建工作与中心工作水乳交融、魂体相依、相互结合、相互促进,激发了教师发展的内驱力,使学校中心工作充满生机与活力,不仅在校内起到了凝聚人心的作用,在区域层面也起到了引领示范作用。2018 年、2019年,学校党支部连续两年被评为浦东新区先进基层党组织;2021 年,学校党支部荣获上海市先进基层党组织,在上海市庆祝中国共产党成立 100 周年庆祝大会上受到表彰。"书香支部"被命名为"浦东新区教育系统基层党建工作品牌"。2019 年,"新时代@中小学党建长三角一体化背景下中小学党建高质量发展论坛初中分会场"在建平实验中学举行,学校代表在会上分享、交流支部党建工作经验。浦东新区区委副书记冯伟同志、区委第六指导组领导吴泉国同志等相继来学校调研党建工作。

(二) 促进了学校治理效能全面提升

高质量的党建引领学校全面提升了治理效能,促进了学校均衡优质发展。枣庄路校区保持率先发展、全面发展、优质发展的优势,地杰校区已经成为北蔡地区老百姓心目中的好学校,张江校区一开办就惊艳亮相。学校教学质量稳步提升,学生学习动力增强,学业成绩优异。学校被评为上海市文明单位、上海市首批文明校园、全国心理健康特色培育学校、上海市首批家庭教育示范校、教师专业发展学校、浦东新区十佳科技特色校,语文组被评为上海市巾帼文明岗。学生全方位发展,参加各级各类比赛硕果累累。学校为浦东新区教育的优质均衡发展提供了样本,学校的社会美誉度逐年上升,《上海教育》对学校做了长篇报道《初中崛起的秘密》。学校建校 20 周年纪念之际,《上海教育》《中国教育报》以及中国教育电视台多次报道我校,学校经验文章多次上学习强国,产生了良好反响,赢得了社会美誉。

(三) 激发了师生对学校的深层次认同

党建工作凸显了学校的文化本质和内涵,极大地发挥了党员干部的先锋模范作用,促进了广大党员及教师、学生对学校文化的深层认同,达成了发展共识,提升了学校的软实力。办学理念深入人心,特别是"用父母心办教育"的理念内化为每个教师的行为。干部、教师干劲十足,团结一心,以校为家,倾情投入。学校赢得了家长的信任,家长们热情参与学校活动、献计献策。干群关系、师生关系、生生关系、家校关系和谐融洽,营造出风清气正的文化氛围。

(四) 唤醒了教师立德树人的内生动力

建平实验中学党政工团结一心,本着对教育本真意义的深刻解读,对学校文化的深层认同与敬畏,在对学校建校以来一贯宗旨合理传承的基础上,通过探索走向现代化学校治理的对话机制建设,营造了平等、开放、多元、民主、自治的管理氛围,起到了文化引领、提振人心的作用,唤醒了教师立德树人的内生动力,打造了一支专业、敬业、乐业的仁爱教师队伍。

建平实验中学党支部工作有魂有体、魂能入体、体能载魂、魂体相生,高质量党建推动了学校高质量发展。党支部组织力倍增,学校办学合力倍增,教育教学在新时代焕发出了新的生机与活力。

借督导之力，促学校发展

督导评估，是对学校工作的全面诊断与把脉，既给予全校师生发展的信心和动力，也为学校进一步发展提供方向和路径。

2015 年 12 月 16 日至 17 日，浦东新区人民政府教育督导室对我校进行发展性教育督导评估。督导组对学校近年来的办学成绩予以充分肯定，同时也提出了改进意见和建议，认为学校在推进民主管理、完善课程设置、优化教学管理等方面可有进一步的作为。围绕学校办学理念与核心价值追求，并结合上述建议，全体教职员工脚踏实地、团结协作、千方百计、拼搏奋进，一年多来，始终保持着良好的发展态势，取得了优异的成绩，在 2016 年度义务教育绩效考核中，我校获评优秀一等，近期正积极申报、创建市级文明单位。

以下就学校一年来针对督导建议开展的相关工作做简要回顾。

一、完善对话管理机制，助推学校和谐发展

学校近年来一直在积极探索对话式的民主管理。在听取督导专家的指导建议后，我们更坚定了进一步完善对话管理机制的信心。

从校务委员到中层干部，从课程教学中心、学生发展中心、行政事务中心等职能部门到教研组、备课组、年级部、每一位教职工……无论是事关学校发展的重大决策，还是日常管理中需要协调、处理的各项事务，我们都会在不同层面通过"对话"的方式，倾听来自各方的声音。在对话渠道畅通、各方意见得以充分表达的基础上，民主集中、求同存异，确保学校各项工作有序推进。

以 2016 年绩效增资方案的制订与通过为例，学校先后组织全体中层干

部、行政人员、骨干教师、各学科教师代表等召开9次座谈会,广泛听取各个层面教职员工的意见。在用心倾听、耐心解释的过程中,完善增资方案,在遵照文件精神、坚持原则的基础上,既充分考虑学校的可持续发展,又照顾到大家的切身利益。最后绩效增资方案一次性全票通过,就在情理之中了。

又如2016年岁末总结,我们同样借助座谈会等对话形式,引导教师挖掘身边同事的工作亮点,开展了"同心同愿,撸袖实干"为主题的期末总结分享会,教师关注身边事,欣赏身边人,以此来营造团结、和谐的工作氛围。

建立对话管理机制旨在确保群众能够发声音,确保群众的声音能够被重视。对话管理机制的进一步完善,不但推动了学校的民主化管理进程,引导全体教师以主体的身份参与学校治理,也极大地凝聚了人心,激发了动力,这是学校发展规划得以顺利实施的重要保障。

二、紧扣学校核心课题,完善校本课程体系

督导报告指出,学校需要对符合课改要求和学校实际,体现办学理念、目标和特色的课程建设进行整体思考。为此,学校进一步明确了以"特需导向校本课程建设的实践研究"区级课题为抓手,完善校本课程体系的策略。

近一年来,学校一方面邀请华东师范大学杨小微教授、复旦大学徐冬青教授、市教科院杨四耕教授、浦东教发院曹明老师等专家,对学校课题研究、课程建设进行专题指导;另一方面积极开展行动研究、实践探索,紧扣课题研究,紧扣师生的"特需",想千方设百计,不断挖掘潜能,开发校本课程。

目前,学校三类课程架构日渐清晰。以预备年级为基点开发的科技类(未来城市、编程思维、3D建模、航模船模)、思维训练类(数学探秘、数独探秘、象棋思维)、艺术人文类(阅读时光、诗海撷珠、书法鉴赏、篆刻初级、创意手绘、平板绘画、美剧配音、英剧听力、非洲手鼓、演讲辩论)、体育健身类(太极初级、高尔夫球、拉丁舞蹈、阳光体育)等特需课程,深受学生欢迎。"诗海撷珠"等一批精品课程逐步成型。经过两轮运行,特色课程"未来城市"项目越发成熟,由初二年级学生组成的参赛队继获得全国总冠军后,又代表中国,在美国华盛顿举行的全球总决赛中获得最佳人气奖,实现了中国历年参赛奖项

零的突破。

在此基础上,我们又成功立项上海市教委教研室提升课程领导力项目"五育并举引领下初中学校'三需课程'开发建设的实践研究",针对学生差异较大的特点,积极探索对话教学,因材施教,满足学生学业进步的刚需、兴趣特长的特需、德智体美劳全面发展的普需,促进学生全面发展、健康成长。

三、研制教学管理工具,优化教学过程管理

教学质量是学校发展的生命线。2016 年为进一步加强教学过程的精细化管理,学校特别研制设计了"教师课堂教学目标管理手册"和"教研活动与听课评课记载手册"。通过手册的填写、检查、反馈,落实集体备课、课堂教学、作业布置及批改等教学常规。其中"教师课堂教学目标管理手册",重在引导教师思考每节课的教学目标与单元目标、周目标、月目标、学期目标之间的必然联系,强调整体设计,使教学活动摆脱碎片化和随意化。

在此基础上,学校还开展了"课堂教学改进月"活动,设计了校本听课评价表,明确活动目标,通过倡导同侪对话互助,引导教师寻找同侪课堂上的亮点,反思自己课堂上的短板,取长补短,改进课堂教学的策略方法,提升课堂教学效率,减轻学生的学业负担。备课组、教研组对老师们在课堂上的表现进行梳理、汇总,再反馈,供老师们参考学习。此项活动中,干部、教师听课节数累计超过 600 节,并发展成为长效机制。新学期,学校还将对上述工作作进一步的梳理、小结、改进、推动,通过闭合管理,提升管理质量。

四、丰富对话研修形式,促进教师专业成长

干部教师队伍建设是学校发展的永恒话题。近一年来,学校在原有基础上,以党支部品牌项目"书香支部"的实施为依托,开展读书活动,提升教师师德修养;开展"共享、互助、成长"对话式校本研修,组织校际、区域联合主题教研,扩大"朋友圈",拓展"对话场",开阔教师视野,促进教师专业提升。

学校通过挖掘、整合资源,丰富教研的内容和形式。近一年来,学校与尚德实验学校多次开展语文联合教研活动,与新纪元双语学校开展数学联合教

研活动,与市英语名师基地及浙江温岭骨干教师团队开展英语联合教研活动,与嘉定迎园中学及山东骨干教师团队开展综合理科联合教研活动,将综合文科的市级联合教研活动请进学校。2016 年下半年,学校组织区级展示活动"书香支部"读书交流暨"两学一做"学习教育报告会、浦东新区教学展示周学科专场展示、STEAM 学校联盟校长论坛……丰富多彩的活动、深度对话的专业活动,给教师提供了学习机会和实践、展示的平台,深受教师欢迎。

督导专家站在依法办学、办好学校的高度,为学校发展提供了专业指导与服务。督导评估,是对学校工作的全面诊断与把脉,既给予全校师生发展的信心和动力,也为学校进一步发展提供方向和路径。相信在"建德建业,惟实惟新"的价值追求和"脚踏实地育真人,千方百计创未来"的理念引领下,建平实验全体教职员工将再接再厉,努力办老百姓满意的、家门口的好学校。

让优秀的人入队，让入队的人更优秀

——新时代上海教师队伍建设的卓越导向

教师内在职业精神的焕发与外部人事政策的支撑相互作用，必将带来教师职业认同感与职业魅力的提升，教师成为一种令人羡慕的职业不再遥不可及。

认真学习、研读了《中共中央、国务院关于全面深化新时代教师队伍建设改革的意见》(以下简称《中央意见》)和《中共上海市委、上海市人民政府关于全面深化新时代教师队伍建设改革的实施意见》(以下简称《上海实施意见》)之后，感受最深的是《上海实施意见》既充分贯彻落实了《中央意见》的精神，又突出了上海城市特点，具有鲜明的导向性——让优秀的人入队，让入队的人更优秀。真正让教师有获得感，让教师成为令人羡慕的职业。

一、更核心的价值引领与更开放的发展格局

《上海实施意见》把提高教师思想政治素质和职业道德水平放在首要位置，特别强调师德师风的建设，探索建立教师以德立身、以德施教、以德育德的考核机制，把社会主义核心价值观融入教书育人和人才培养的全过程，使教师成为社会主义核心价值观的坚定信仰者、积极传播者和模范践行者，推动教师成为先进思想文化的传播者、党治国理政的坚定支持者、学生健康成长的指导者。价值引领解决的是教师为谁从教，为谁培养人的问题，越是思想价值多元的时代，越要坚守核心价值，突出社会主义核心价值观在教师队伍建设中的核心地位。

如果说核心价值是"定海神针",那么在核心价值引领下的上海教师队伍建设呈现出的则是一片"海阔天空"。长期以来,学校处于相对封闭的环境,教师的视野相对狭窄。教师接触社会和学术团体的机会相对较少,教师的专业生活甚至日常生活方式都比较单一,更多的时候,教师生活在两点一线之间,缺少发展的资源与机会,眼界格局难以得到拓展,影响了自身的专业发展与生命成长。这也是教育家型的教师出得少、出得慢的主要原因之一。《上海实施意见》中提出了师范院校与中小学之间要"互设基地、互派教师、互动发展",东西部之间要开展扶贫协作和对口支援,"长三角"区域需加强校长和教师队伍的交流,此外,要完善国外研学机制,积极开展多种多样的教育合作交流、伙伴研修项目,设计更丰富的培训内容与更灵活的培训机制。我们从中可以看到上海更加开放的发展格局与"上善若水,海纳百川"的精神。

二、更新的国家定位与更高的上海品位

《中央意见》提出的教师队伍"高素质专业化创新型"定位,本身就体现了高标准高要求。《上海实施意见》提出"确保正确方向,突出师德师风,深化改革创新,分类分步施策,扩大人才开放"五大基本原则,确保了国家高标准的落实,也凸显了上海高标准的追求。《上海实施意见》中提出"聚焦高水平再出发,着眼打造世界一流的教师队伍,建立系统、科学、完备的教师专业发展体系。"明确了 2022 年与 2035 年两个时间节点的目标,到 2022 年,上海教师队伍水平达到"全国知名""具有国际影响力",到 2035 年,上海教师队伍达到"国际一流水平"。

这样的上海品位主要是基于上海教育的高质量、高水平提出的。这样的上海定位更是基于上海教师队伍建设的深厚基础而提出的。上海一贯重视教师队伍建设,实施"双名工程",开展见习教师规范化培训,建设各种层次和各种类型的培训基地,为高端教师的培养搭建出国研学、"讲台上的名师"、著书立说等展示与交流平台,一年一度开展暑期校长大培训,交流展示项目研究成果,聚焦教育重点、难点、生长点开展攻坚项目与课题……十几年来,上海培养了一大批名师名校长,提升了整体师资队伍水平。上海各个区的教师

队伍建设也各具特色,比如浦东新区采取机制创新、项目运作、科研引领、合作共建等方式,构建了基于标准的分层分类教师培训体系,形成了"青年新秀—骨干教师—学科带头人—特级教师—基地工作室主持人"的名师队伍培育体系,又进一步推出"萌师—明师—望师"强师计划。各个学校的校本培训也在市区的指导下分层分类开展,因校制宜,彰显特色。上海市建平实验中学既是见习教师规范化培训基地,也是教师专业发展学校,非常重视校本培训,出版了《发展中的教师校本培训模式——建平实验中学建校以来的探索》一书,总结了学校初创期、发展期、新时期不同发展阶段相对应的"绩效管理导向的校本培训,专业发展导向的校本培训,对话管理导向的校本培训"不同模式。校长、干部和老师们在这样的培养体系中一步一个脚印,一步一个台阶成长起来,拥有满满的获得感。可以说,我们很幸运地赶上了一个好时代,更幸运地能够跨进一个新时代,上海教师队伍建设的卓越导向值得我们更多期待。

三、更实的专业培训内容与更活的培养管理机制

《上海实施意见》中提升教师思想政治素质的四个方面与提升教师专业素质的九个方面,针对实际、放眼未来。"双带头人""双培养""双线""双结对""加大基础教育教师职前培养力度""健全教师准入制度"等很多措施,非常具体务实。其中特别强调了主动适应信息化社会发展要求,加强人工智能等新技术对教师队伍建设影响的研究,建设"上海微校",构建数字时代人才培养和教育服务新模式等,这些都让人眼前一亮。

《上海实施意见》中最让人心动的还是开放灵活的培养管理机制。搭建市、区两级教师教育平台,建设两级教师专业发展学校,深化"名师名校长培养工程",开展跨学科、跨校、跨区域团队建设等,这些灵活的以满足教师个性发展为导向的培训机制,让我们对丰富多彩的教师专业生活充满期待。而与之配套的建立健全学校教师配置标准和机制、完善校长和教师专业发展机制、提高教师地位待遇等举措,以及建立教师工作联席会议制度,鼓励社会团体、企业单位、民间组织出资奖教等灵活的制度,也为教师队伍建设注入活

力。教师内在职业精神的焕发与外部人事政策的支撑相互作用,必将带来教师职业认同感与职业魅力的提升,教师成为一种令人羡慕的职业不再遥不可及。

教育现代化是人的现代化,教育现代化的关键在于"化人",拥有现代精神的教师队伍才能培养出适应未来世界的人才和公民。严把入口关,建立教师培训体系,强化组织保障和经费保障,等等,这一系列举措让教师在教育实践变革中成长,让我们看到把优秀才人吸引进教师队伍的更多可能,更让我们看到让教师队伍变得更优秀的无限可能。"国将兴,必贵师而重傅。"新时代的上海教师必将肩负起为中华民族伟大复兴培养建设者和接班人的神圣责任。

在教育中获得生命的完整

我们的教育生命,唯有实现长度、阔度与高度的均衡发展,才能去唤醒其他生命,去成全其他生命的完整。

每个人都在追寻生命的价值,并在一定的价值观引导下,展开自己的生命之旅。无论一个人从事何种职业,理想的生命状态从来都不是单向度的发展。马丁·路德·金在《完整生命的三个层面》中讲到,任何完整的生命都包括长度、阔度和高度三个层面。生命的长度并不是指它的延续与寿数,而是生命要达到个人目标与理想的前行动力,那是人对本身福祉的内向关怀。生命的阔度是对他人福利的外向关怀。生命的高度则是灵魂的向上攀越。这就是生命的三个层面,倘若这三者不是紧密相连、协调和谐地运作,生命就不完整。作为教师,我们该如何规划自己的职业生涯,在专业发展的同时,活出完整的人生? 教师的教育之旅、生命之旅,应该是专业发展的长度、成全他人的阔度、灵魂升华的高度三个维度的整体提升、均衡发展、和谐律动,从而,教师生命不断更新,日益趋向完整,并创造美好的人生境界。

一　拓展专业发展的长度

关于教师专业发展,国际上出现了三种取向:理智取向、"实践—反思"取向、生态取向。在赞同理智取向的学者看来,教师欲进行有效的教学,最重要的,一是自己拥有"内容"(知识、技能、价值观等),二是有知识和技能帮助学生获得这些"内容"。这种取向的教师专业发展就是向专家学习某一学科的学科知识和教育知识。"实践—反思"取向的教师专业发展强调"反思性实践"，通过"反思"，教师对自己、自己的专业活动以及相关的物、事有更为深入的"理解"，并能发现其中的"意义"。生态取向的教师专业发展主张努力构建一种合作的教师文化，更为关心的是专业发展的方式和途径。近年来，持"实践—反思"取向与生态取向的人偏多，持理智取向者越来越少。究其原因，多数人认为教师的学历基本达标之后，知识储备已经够用了，无须再加强。本人认为三种取向各有侧重，不可偏废。在当下，后两种取向已经得到足够多的重视的背景下，理智取向有被特别强调的必要。试看那些真正经得起时间检验的语文名师大家，哪一个不是学养深厚，厚积薄发？著名学者资中筠感叹："比起上一代的人，就是比我的老师或者父母辈，我的旧学底子差多了。但是在我这个年龄段的人，应该说再跟下一代比起来的话，我们又好像学得稍微多一些。"此语真实地道出了我们这代语文教师在古典文学、传统文化方面的欠缺，与资中筠这一代相比，我们这代人不是差不多，而是差很多。我们深感功底不厚，难以望前辈之项背。在知识爆炸的时代，作为教师，不能满足于现有的知识而止步不前，不能满足于教教书、上上课、批批作业这样的原地打转的工作状态。不断拓展专业的长度不仅是教师专业化的一个必然要求，也是教师实现个人目标与理想的一条必由之路。未来社会的挑战越来越大，课程改革已经步入深水区，以语文教材为例，部编教材全面投入使用，无论是弘扬传统文化还是培养学生创新能力，语文教师都将面临极大的挑战。"水之积也不厚，则其负大舟也无力……风之积也不厚，则其负大翼也无力。"一个教师要想使自己和学生走得更远、飞得更高，在本体性知识、实践性知识、条件性知识等方面都必须不断加强学习。作为有二十多年教龄的教师，回顾自己的经历，我一直坚持做一个终身学习者，努力做一个学者，不断拓展学科专业的长度，既有自我更新、主动发展，也有外力推动、文化熏陶；既有日常阅读式的"自学小补"，也有攻读硕士、博士学位式的"求学大补"；既有"提升式"的理论学习，也有"下沉式"的教育实践。我力图整合三种取向的专业发展，在知识理论高地与中学基础教育之间进行循环互动，在教育者与学习者两种角色之间进行换位思考。一路走来，亦教亦学，自身的专业发展不断进入新阶段，跃上新台阶。

二、拓展成全他人的阔度

教师发展与学生发展是相互促进的关系,教师与教师之间是同侪互助的关系,教师队伍与学校办学是相互锁定的关系。教育者工作的独特性在于提高受教者的同时提高自己,在成全他人的同时成全自己,自身的价值是通过影响学生、培养学生来实现的。有一段时间,很多学校单纯抓升学率,老师们身陷题海之中,提高了学生的考分,刷新了学校的业绩,但是却忽略了专业,淹没了自己,消磨了生命。然而最近几年,由于专业发展得到了前所未有的重视,很多老师又走向了另外一个极端,那就是自己发展放第一,学生放第二,学校放最后。教师多的是对本身福祉的内向关怀,少的是对他人福利的外向关怀,似乎已经忘记了为什么而出发,也不明白怎样才能真正地到达,到达何处。如果教师只追求专业发展的一个向度,那么他的路就会越走越窄,甚至会变成一个孤芳自赏的个人主义者。一名教师,无论怎样的才高八斗、学富五车,如果没有为学生付出足够的爱与智慧,就永远不能算作一个合格的教师、一个优秀的教师。无论自己的教学业绩、科研能力达到一个多么高的水平,如果没有与周围的同侪共同学习与成长,即便成为一面高高飘扬的旗帜,一阵狂风就可能将又细又长的旗杆吹断。"除非你能够成为你所是,否则我永远不可能成为我所是",这是"我们"对"他者"的付出,更是"他者"给"我们"的回赠。教师的首要价值就是立德树人,成全"别人家的孩子"。在我的从教经历中,一个写作文曾经像挤牙膏一样的学生一夜未睡,写了《语文的魅力》《我的恩师们》《当青春期遇上更年期》三篇作文,并且说:"老师,我才知道写作文原来是这么痛快的事儿,我真是不吐不快呀,谢谢您鼓励了我!"一个学生在随笔中写道:"老师,这学期的语文学习像美丽的浪花,唐诗的浪,宋词的浪,小说的浪,一浪比一浪高,一浪比一浪美。"作为一个专业优先发展的幸运教师,我与同侪之间营造的是互助共生的关系,常在一起切磋交流、共同提升。我所带的李百艳语文教师培训基地的学员在培训总结时由衷地感慨:"在这里,我们遇见了更好的导师、同伴,也遇见了更好的自己。"作为校长,领导管理一所学校既要求"成事",也追求"成人",尽可能地为每一名教师的发展搭建平台……没有一个人是完全自足的孤岛，每个人都是大陆的一小片，作为这一小片的"我"，要想生命实现更大的价值，就要与其他生命连接互动，用生命的阔度去环绕生命的长度。

三、拓展灵魂升华的高度

作为社会背景下、时代洪流中的人，教师面临着更多的发展可能性，也面临着更多的迷局与困境。诚如狄更斯所写的"这是一个最好的时代，也是一个最坏的时代"，文化思潮与价值观日益多元，整个社会越来越急功近利，教育领域问题芜杂、矛盾丛生，教育价值失落、行为失范司空见惯，"纠结"与"焦虑"成了时代流行病，加之，每个个体独特的人生际遇，使得教育者在现实面前总有跳脱不开的无奈感。社会对教师的认知，在长期以来的神圣化主流中出现了妖魔化的浊流，教师对自身的角色认同在总体上表现为自尊与坚守，但也不乏自嘲与流俗。网络上的各种吐槽、宣泄、恶搞，让我们看到教师的压力、焦虑、苦涩、无力。一向被誉为"人类灵魂工程师"的教师，承担着帮助学生建构精神家园的使命，却无法安顿好自己的灵魂。荷尔德林说："世界充满劳绩，然而人却诗意地栖居在大地上。"前半句道出了人生充满劳苦愁烦的真实光景，我们教师当然无法逃避，与其他人相比，甚至劳苦更重，愁烦更多。然而，作为主体的人，我们还有一种盼望可以在大地之上，活出诗意栖居的理想状态。纵然世界带给人的是与精神家园的隔绝、断裂，然而，充满劳绩者追寻的是诗意，只有在诗意中，人才能栖居在大地上。诗意栖居的内涵比较接近中国文化中"天人合一"之境，臻于这种诗意之境是人所能体验的最安宁、自足的状态。在常人看来，这种"诗意栖居"的境界常常是可望而不可即的。其实，诗意栖居不是去找一处外在的桃花源，而是在自我内在生命中建设一座美丽的精神家园、心灵花园。到达诗意栖居最近的路，是向内寻求，回归我们的心灵。法国作家雨果说"世界上最广阔的是海洋，比海洋更广阔的是天空，比天空更广阔的是人的心灵"，如果我们的内心世界比天空还要广阔高远，还有什么能够绊住我们前行的脚步，还有什么能夺走我们内在的安宁与满足？面对这个充满功利的世界，我们就可以在双脚走过一片泥泞时，拥有

"晴空一鹤排云上,便引诗情到碧霄"的果敢与潇洒;我们也能够在双眼望去一片迷雾之时,拥有"世事沧桑心事定,胸中海岳梦中飞"的安然与坚定。不惮顺逆,不虑得失,宠辱不惊,毁誉不屑,在生存中感受诗意,使生存变得更加诗意,是人对现实的一种胜利,对命运的一种把握。生命被赋予了一种责任,那就是精神的成长。身为教师,我们只有不断提升精神灵魂的高度,才不会被繁重的事务所捆绑,才不会被物质主义的洪流冲击,才不会被世俗主义的旋涡裹挟。只有自己过上了有天空的生活,才能为学生撑起一片自由翱翔的天空。对待自己热爱的教育事业,要始终坚持有心栽花,花不开也要栽的精神;对待外在的名利和荣誉,要一贯保有无心插柳,柳成荫也无心的态度。教育不是单向度的教书,而是多角度、全方位的育人。完整的生命是均衡的生命,是不断拓展、不断成长的生命。我们的教育生命,唯有实现长度、阔度与高度的均衡发展,才能去唤醒其他生命,去成全其他生命的完整。

学做一个名副其实的好校长

于漪老师常说一句话"做了一辈子教师，一辈子学做教师"，正因为有这样一种"学一辈子，做一辈子"的心态与精神，才成就她这样的名师大家。

尊敬的各位领导、各位导师、各位同行：

大家好！

非常感谢教育工作党委领导的鼓励，感谢各位同人的信任，让我作为参训学员代表发言，来表达我们共同的心声。

我们这批学员来自不同的学校，做校长的时间长短不一，资历深浅不同，专业背景各异，个人职业体验也是如鱼饮水，冷暖自知。但是，我们有幸参加此次名校长培养项目，就有了共同的心愿和梦想，那就是，我们都想在校长这个岗位上更有作为、有突破、有建树，成为一个名副其实的好校长、名校长。我们这样说，不是我们高估自己、野心勃勃，而是我们不敢轻看立德树人这项事业的神圣，不敢怠慢社会和组织这份托付的郑重。然而，并不是说，我们进了名校长培养基地就一定会成为名校长。让梦想照进现实，我们还需要走很长的路，在这条路上我们可能会遭遇山重水复的磨炼、歧路亡羊的考验、风起浪涌的挑战。苦苦摸索的我们盼望得到名师指点、智慧引领；独立支撑门户的我们更要与同伴见贤思齐、抱团取暖。在这样的现实需要面前，组织恰逢其时地给予我们培训学习的机会，在此，我代表全体学员衷心地感谢浦东新区教育工作党委、教育局的关怀和培养，感谢各位导师对我们这些后生晚辈的眷顾和垂爱，使我们这些过去只能在远处仰慕你们的私淑弟子，得以成为你们的受业门徒、门墙桃李。在感恩的同时，我们更要珍惜这个机会，以恭谨的态度和实际行动来回报这份厚爱。

首先,我们要理解"名校长"的真正内涵。本次培训的终极指向就是培养一批有较大社会影响力和知名度,能够引领基础教育改革发展的知名校长。毫无疑问,经过组织的培养,成为"名校长"是关键词。如果我们不弄清楚"名校长"的真正内涵,培训就可能会走调变味,要么敷衍了事、蹉跎时光,要么沽名钓誉,名不副实。真正的"名校长"应该是在长期的亲力亲为的教育实践中,形成了系统的、成熟的、独特的教育思想,取得了影响广泛、深远的重大教育成果。真正的"名校长"应该就是我们的导师们所塑造出来的教育人的最美好的样式,他们以教育为天职,具有深厚的文化底蕴和高尚的人格操守,拥有悲悯之心与家国情怀,有着对教育理想的自觉选择、对教育使命的主动担当,执着追求教育真谛,深刻理解教育本质,虔诚遵循教育规律,永远坚守教育初心,拥有高远的教育境界。在种种的价值失范、行为失当的社会问题与教育困境面前,不盲从、不跟风、不误导,不急功近利,不抱残守缺,不剑走偏锋,能够以自己的洞见与勇力直面问题,切中肯綮,解决弊病,振兴教育,在应对大大小小的变局之时,有足够的定力和智慧,做到守正出新,行稳致远。

更重要的是,我们要学做一个名副其实的好校长。我们能够成为浦东新区名校长培养基地的首批学员,是非常幸运的一件事情。组织上为我们聘请的导师都是在上海乃至全国知名的真正的"名校长"。每一位导师都是校长中的高手,他们每个人都是一个经验的富矿、一个思想的高地,每一个培训基地都是一片实验的沃土、一个智慧的加油站、一个校长成长的学习共同体。我们的导师以及许多优秀的校长都有着一个共同特质,那就是有着独特的人格魅力,他们令人敬佩,可模可范。人格魅力的形成绝非朝夕之功,不能一蹴而就,需要经年累月地雕琢,日复一日地更新。于漪老师常说一句话"做了一辈子教师,一辈子学做教师",正因为有这样一种"学一辈子,做一辈子"的心态与精神,才成就她这样的名师大家。虽然可能穷尽一生,我们凡俗之辈也难以望其项背。然而,"学不可以已",我们一定要真心求学,专心研学,不断地广博见识,探索实践,提炼学习成果的同时,优化我们的思维,净化我们的心灵,提升我们的气质。

　　成为"名校长"不只是一个目标、一个结果,更是一个修炼成长的过程。我们要淡泊名利,忘其名而求其实,把做一个名副其实的好校长作为我们终身的志业。真正的好校长为学生而生,为教育而来,为党育人,为国育才。古人云:"好学近乎知,力行近乎仁,知耻近乎勇。"只要我们努力地向下扎根,向上成长,我们也一定会不断提升领导力,提升自身的人格魅力,也会像我们的导师一样。优秀不仅是我们的一种追求,也会成为我们的一种习惯。

　　以德为邻,道不远人,让我们携手共进!

第三辑 **魅力语文**

每一门学科都有其独特的育人价值，语文教学要"教文育人、立文立人"，以智启智、以德润德、以情动情、以趣激趣、以美唤美、以心印心，带领学生走进魅力语文的"桃花源"。

语文，使人变得更美好

哪一门学科能有语文那样的灵动蕴藉；哪一片天地能有语文世界那样的斑斓多彩。

关于语文教育的研究，不同层面有不同的研究重点，比如高校教授和中小学语文教师关注的问题就很不相同。一般而言，语文教师更多关注的是怎么教的问题，而对学科性质、育人价值等一些最基本的问题关注很少，认为那是语文教育专家的事情。殊不知，这方面思考的缺失直接或间接导致了语文教学的诸多问题，如语文教学"少慢差费"的低效问题，学科性质研究工具性人文性"此消彼长"的折腾现象，语文老师"越来越不会教"的专业困境……凡此种种，使我们意识到学校课程的领导者和执行者必须要有原点思维和终极追问的意识，思考语文教育中类似于"我是谁，我从哪里来，要到哪里去"这一类最基本也是最富有哲学意味的问题。笔者将结合自身感悟以及学校语文教学实践谈一谈语文教育中"学科独特的育人价值是什么""实现学科育人价值的关键在哪里"这两个基本问题。

一、追问学科独特的育人价值

教了二十多年的语文，我总是在思考语文究竟应该教什么、学什么，这似乎是一个早就应该解决了的问题。然而，要想简单明了地回答这个问题好像还真不那么容易。用王尚文先生的话来讲："语文教什么、学什么，这'什么'，在某种意义上，就是语文是什么的问题。自清末民初废科举、办学堂以来，基础教育的课程诸如数学、物理、化学、生物、体育、音乐、图画（或称'美术'）等，教什么,学什么,界限都十分明确,几乎从来没有过什么大的争议。唯独'语文是什么'至今仍是一个有待解决的问题。"①王荣生教授也在《语文科课程论基础》中谈道:"我国语文教育研究讨论乃至争辩的总话题,一直是语文课程与教学应该走哪条道路、进哪扇门的问题。该问题的完整表述为:在当前的社会条件下,语文科应该教哪种取向的语文(总取向)? 应该培养哪种取向的听说读写能力(分取向)? 或者按钟启泉先生的方式提出:'我们的中小学生需要怎样的语文素养?'"②语文单独设科百年多来,探寻此问题之答案的语文人不在少数。历次教学大纲、课程标准的制订似乎都试图给出一个令人满意的答案,然而,由于语文学科作为母语教学的特殊性、学科界限的模糊性,还是导致了认识理解上的诸多问题,理论研究与实践探索常常会遭遇"斗折蛇行,明灭可见……不可知其源"的困惑。

其实,如果我们能把"语文这门学科独特的育人价值是什么"想清楚,也就不难回答语文"是什么、教什么"的问题了。每一门学科课程的开设都有着具体的教育目的,无论是古代课程还是现代课程,都体现了教育者对受教育者修习本学科的一份教育预期。不同的课程培养出教育者不同的素养和特质,亦即培养出不同的人。比如,由礼、乐、射、御、书、数构成的中国古代"六艺"教育和文法、修辞、辩证法、算术、几何、天文、音乐等构成的西方古代"七艺"教育,由于教育目的不同,教育内容不同,发展历史不同,培养出的人也自然有很大的不同,由此,对东西方的文化社会历史产生了不同的影响。培根在其随笔《论求知》中有一段经典的阐述:读史使人明智,读诗使人聪慧,演算使人精密,哲理使人深刻,伦理学使人有修养,逻辑修辞使人善辩。总之,知识能塑造人的性格。可见,修习不同的科目、不同的课程可以塑造人不同的品性。

那么,语文能使人变得怎样呢? 诚然,培根的论述当中已经涉及了语文,一切学问的载体都是语言,同时,任何一个国家、一个民族的母语学习内容都会涉及历史、诗歌、哲理、伦理、逻辑修辞,等等。但是,语文毕竟是语文,作为

---

① 王尚文.走进语文教学之门[M].上海:上海教育出版社,2007:3-4.
② 王荣生.语文科课程论基础[M].上海:上海教育出版社,2003:50.

一门学科课程的语文,其教育价值还需要更明晰的表达。著名作家巴金先生认为,语文教育的目的就是使人变得更美好。语文教育家叶圣陶先生把自己的语文教育理想诉之于三个子女的名字"至善、至美、至诚",似在试图表达自己对语文教育的真切理解。"美好"固然有着无限丰富的内涵,很难明确其程度与边界,但我们思考语文教育的价值取向还是深有启发。如同课程的三个维度不能割裂一样,现代社会,美好的人也一定是求知与做人充分均衡发展的人,是一个善心美德于内,嘉言懿行于外,拥有美好的精神世界,具有真、善、美人格特质的人。母语教育对培育"美好的人"有着得天独厚的优势,也有着责无旁贷的责任。

二、探索实现学科育人价值的关键

"哪一门学科能有语文那样的灵动蕴藉;哪一片天地能有语文世界那样的斑斓多彩。"于漪老师曾经如此满怀深情地赞美自己教的语文,这也道出了语文人普遍具有的语文情结。语文是如此之美,语文对学生的成长又是如此重要,理应成为学生最喜欢、最受益的学科。然而,理想中的魅力语文却常常变成了现实中的灰色语文,要么是工具主义影响下的"僵语文""呆语文""死语文",要么是人文大旗主张下的"泛语文""去语文""非语文",这些都不能很好地激发学生学习语文的兴趣。造成这种现状的原因有很多,诸如学科价值取向功利化、课改行为简单化、主体地位虚无化、阅读教学概念化、写作教学套路化等,问题的核心是没能引导学生发现语文学科的特有之美。实现语文学科独特育人价值的关键在于让学生能够真正发现、欣赏、表达语文学科的独特魅力。而语文的魅力全在于语言,有魅力的语言隐含着无比丰富的情感的魅力、思想的魅力、逻辑的魅力、文化的魅力、艺术的魅力。

我们的语文教学主张以语言为核心,引导学生通过"品味语言、积累语言、运用语言"来亲密地触摸语言。教语言,不是教静止的、孤立的、僵化的语言知识,而是让学生掌握动态的、鲜活的、关联的、传递人类精神魅力的语言。在阅读、写作、交际、综合活动、项目化学习中激活语言。通过朗读沉吟、含英咀华、斟词酌句、咬文嚼字、沉思默想、披文入情、由情析理、品味辨析、博闻强记、活写活用等言语活动,让学生感受汉语之美,享受学习之乐。品味积累把学生带入汉语艺术的宝藏深处,表达运用让学生能够畅叙自己内心的情愫。建平实验中学不仅针对课堂教学开展"对话——走进魅力语文"主题教研活动,还努力把学生带到语文课堂之外的万水千山,欣赏教材之外的万紫千红。学校开发了丰富的语文校本课程,按照文学史的线索,从远古民歌到晚清诗词精心选编《诗海撷珠》,从儒家经典"四书"当中摘取脍炙人口的名言,开发"平语近人,隽语立人——总书记寄语青少年用典"拓展课,教学楼的走廊就是一部诗词长卷、文化长廊,对学生进行潜移默化的熏陶。预备、初一年级开设"时文自主阅读""课外文言文自主阅读"拓展课,开设"课前五分钟魅力语文"微型课程,其中"吟诗赏对、群儒舌战、美文美声、短信生花、猜字入迷"等课前小栏目让学生欲罢不能。初二、初三年级开发"类阅读"校本课程,指导学生成立"话剧社""清音社""小主持人"等社团,开展"经典诵读"、阅读"同一本书"等主题活动,开展项目化学习《鲁滨逊漂流记》《海底两万里》《骆驼祥子》整本书阅读,组织优秀作业展评,开展"书法比赛""演讲比赛""作文竞赛""书写心愿""亲子家书"等活动。语文的魅力,弥漫在校园的每一个角落,充盈着师生的日常生活,也渗进了孩子的心灵,学生的语文素养日益增强。在上海市作文竞赛中,我校团体成绩彰显实力,荣获一等奖第一名。古诗文大赛团体成绩位居上海市公办学校第一名,还获得古诗文创作比赛一等奖第一名。微型剧"八仙过海"荣获"中华经典诵读比赛"一等奖……不只语文,其他各类奖项也取得了惊人的数量与惊喜的质量,学生以文明自信的精神风貌和阳光乐学的状态,诠释"探索真知,追求真理,学做真人,活出真我"的培养目标,展现了"美好的人的样式"。

美的力量常常是难以估量的,诗人舒婷曾经说过:"魅力汉语对我们的征服,有时是五脏俱焚的痛,有时是透心彻骨的寒,更多的是酣畅淋漓的洗涤和'我欲乘风归去'的快感。"[①]建平实验中学魅力语文的探索丰富了孩子们的情感体验,唤醒了他们沉睡的自我意识。学生对汉语魅力、汉语智慧的感受力、理解力、运用力越强,他们的精神世界就会变得更加丰盈,他们的生命就会变得更加美好。

---

① 舒婷:舒婷随笔[M].长沙:长沙文艺出版社,2012:273.

呼唤语文魅力的回归

　　"善教"的语文教师"左手托着文,右手举着人","以文为根,以人为本,教文育人,立文立人",以"美文"育"真人"。

　　从1997年由《北京文学》发起的语文大讨论到新课程改革,再到当下的"深化课改"时代,当代语文教师一直在积极探索自己心目中理想的语文,也一直在理想与现实的种种背离与纠结之间努力突围。笔者长期从事中学语文教育,深感语文教育从理论到实践、从课程到教学、从教学到考试、从老师的"教"到学生的"学",各个层面、各个要素、各个环节都存在着诸多问题,但是在初中阶段最突出的问题是:忽略了初中阶段学生的心理特点与语文学习的特点,没能充分彰显语文学科独有的魅力,语文作为母语原本具有的、得天独厚的学科魅力在现实的教学中严重失落。机械琐碎、平淡乏味、低效重复抑或凌空蹈虚、不着边际的语文教学难以使学生感受到语文之美,学生语文学习兴味索然,学习语文的动力严重不足,语文素养差强人意,语文学科独特的育人价值难以实现。

一、现实:语文魅力的失落

　　在人们通常的印象中,语文是最有魅力的一门学科,语文老师也颇有些与众不同。如果一个语文老师文章写得好,课上得精彩,别人会说:"不愧是一个语文老师啊!"但是如果一个语文老师的文章写得不好或者演讲很平淡,别人会说:"你看他还是一个语文老师呢!"可见,人们对语文课堂、对语文教学、对语文老师充满了别样的期待。于漪老师就曾经满怀深情地赞美:"哪一门学科能有语文那样的灵动蕴藉;哪一片天地能有语文世界那样的斑斓多彩。"几乎每一个语文老师都有这样的"学科情结",然而,初恋一般浓浓的"学科情结"却变成了令人欲说还休的种种"学科症结"。关于语文教育,圈外非议种种,圈内歧义重重,有太多的"批评"与"自我批评"。语文教学,有时被批判为缺乏人文气息、太僵太死的"呆语文""死语文",有时又被批判为缺少语文味道、太浮太泛的"非语文""去语文"。有许多语文老师感叹:"越来越不知道该怎样教语文了。"

语文究竟怎么了? 笔者试着在教学实践中找出语文教学症结所在。

(一) 价值追求功利化

每一门学科都有其独特的育人价值,诚如培根在《论求知》中所言:读史使人明智,读诗使人聪慧,演算使人精密,哲理使人深刻,伦理学使人有修养,逻辑修辞使人善辩。总之,知识能塑造人的性格。作为母语的语文教育也当然有其独当其任的"任"。纵观语文教学的目标从"双基"(基础知识、基本能力)到"三维"(知识与技能、过程与方法、情感态度价值观)再到"四个核心素养"(语言的建构与运用、思维的发展与提升、文化的传承与理解、审美的鉴赏与创造)的嬗变。可以说,课程标准的定位越来越力图凸显语文学科独特的育人价值,注重语文的工具性与人文性的统一,关注学生的思维与情感,培育学生的心灵与人格,提升学生的审美层次,建构学生的精神家园,注重提升学生的语文素养。

然而,在教学实践中,我们常常忘记了远方的灯塔,只看到头顶上的那根考试指挥棒。"考试至上,训练为主,做题为业,体验缺失"的现象普遍存在。一篇篇富有生命色彩的文章,被肢解得支离破碎,语文的魅力消失了,变得枯燥乏味。为了分数,我们异化了语文,放逐了语文,这已是一种悲哀。更大的悲哀还在于我们盯着分数,却得不到理想的分数。因为语文学习具有和其他学科不一样的规律,语文学习强调厚积薄发、体验感悟,如果用简单的"训练"与"刷题"的方式来学语文,常常会事与愿违,背道而驰。

(二) 改革行为简单化

新课程改革之前,教学目标偏重于强调"基础知识、基本能力"两个维度,导致语文教学偏重知识传授,机械地剖析文本、肢解语言,学生感受不到语文的精神之美、人文之丰,学到的是一堆支离破碎的"拧干了"的知识。新课程提出了三个维度的教学目标,相对于过去,是一个了不起的飞跃。但是,出现了两种极端的现象,一种是很多老师抱定"双基",坚定不移,课堂教学涛声依旧;另一种极端是摒弃语言和语文知识的教学,偏重人文熏陶,随意游离文本,空泛地联系生活,架空语言,学生学到的是一堆云里雾里的大道理,养成了说空话、大话、套话的习惯。一篇课文学下来,生疏得像没学过一样,很难学到真正的"干货",语文能力无从提升。语文课被质疑"和思想品德课有什么不同""和主题班会课有什么不同"。

(三)主体地位虚无化

教师是教的主体,学生是学的主体,师生之间的对话是主体之间的对话。在目前的教学中,两个主体"此消彼长、彼竭我盈"的现象依然普遍存在。一种现象是教师的话语霸权不可动摇,学生的主体地位虚无,主要表现为教师重传授,力求面面俱到,讲深讲透,忽视学生自己的体验实践,学生处于被动学习状态;另一种现象是把学生的主体地位推向了极致,推崇自主学习,在师生对话、生生对话中,教师对学生的发言不加引导,信马由缰,信口开河,教师没能发挥"导"的作用,"教"的主体地位失落。片面地强调任何一个主体,必然会带来另一个主体地位的虚无化。从一个极端到另一个极端,与之对应的教学模式暴露出教学低效的弊端。

(四)阅读教学概念化

阅读教学是语文教学的"重头戏",花的时间最多,问题也最多。突出的问题是每节课好像在教新文本,好像在教新知识,但实际上还是不断重复学生已知的东西,真正建构新知的课太少,真正获得新知、启发思维、触动心灵的阅读太少。绝大多数的课停留在语文知识概念的传授阶段,为知识概念找例子、找依据,从概念出发,最后又回到概念上去,学生不能与文本进行深入接触,感觉似是而非、似懂非懂,品尝不到阅读的"真滋味",求不到"真经",上这堂课与不上这堂课的差别并不大。课堂设计千篇一律,课堂面貌千课一面,败坏了学生学语文的胃口,学生学得越来越腻味。

（五）写作教学套路化

刘勰在《文心雕龙》中讲道："心生而言立，言立而文明，自然之道也。"寥寥数语道出了作文教学的规律，那就是写作机制中的两次关键的"转化"，一是客观生活、人生百态转化到主观的思想感情的世界，心灵里"生"出写文章的动机和内容；二是主观的思想感情转化成文字，即通过"立言"来表情达意。可见，作文的功夫应下在如何打开生活之源、心灵之泉，如何提高语言的表现力，努力用恰切的、个性化的语言来表达。然而，我们平时的作文教学却重布置轻指导，指导上重术轻道，热衷于教授各种奇招妙法，传授各种写作套路，甚至教学生如何去背作文、套题目，背离了写作的基本规律，结果只能导致作文的千篇一律，缺乏灵气与魅力。

（六）学科地位边缘化

语文学科是母语教学，号称"百科之母"，在课程表中位居"老大"。然而，这"老大"的地位，却有些名存实亡。在学生的心目中，语文课没有什么难度，课堂也不清楚有多大收获，夹在数、理、化、英等学科中，甚至可以当作放松课、休息课、消遣课。学生在完成各学科家庭作业时，也常把语文排在最后，很多学生认为，做不做语文作业意义不大，与考试没有特别直接的关系。语文教师倡导的课外阅读，常常被其他学科所挤占，即便有时间，学生的兴趣也另有所寄，如热衷游戏、迷恋动漫、快餐式阅读等，语文学科的地位面临边缘化的危机。

二、思考：语文、魅力与魅力语文的内涵

（一）关于语文

面对林林总总的教学问题，语文教师需要有原点思维和终极追问的意识，深入思考"语文究竟是什么，应该教什么、学什么"这类似乎早就解决了、然而并不十分明确的问题。因为只有这些基本的问题想清楚了，才能找到语文教学的正确方向。王尚文教授在《走进语文教学之门》中谈道："语文教什么、学什么，这'什么'，在某种意义上，就是语文是什么的问题。自清末民初废科举、办学堂以来，基础教育的课程诸如数学、物理、化学、生物、体育、音

乐、图画(或称'美术')等,教什么,学什么,界限都十分明确,几乎从来没有过什么大的争议。唯独'语文是什么'至今仍是一个有待解决的问题。"①王荣生教授也在《语文科课程论基础》中谈道:"我国语文教育研究讨论乃至争辩的总话题,一直是语文课程与教学应该走哪条道路、进哪扇门的问题。该问题的完整表述为:在当前的社会条件下,语文科应该教哪种取向的语文(总取向)? 应该培养哪种取向的听说读写能力(分取向)? 或者按钟启泉先生的方式提出:'我们的中小学生需要怎样的语文素养?'"②资深教研员赵明曾感叹:语文教育的本质是民族语言的教育,民族语言与民族精神水乳交融,民族精神蕴含于民族语言之中。如果一定要说语文具有工具性和人文性两个特性的话,那么二者应该是统一的。一旦把它们分开来去研究、去分析,并且从不同的方面去雕琢、去强化,那肯定是语文又要被扭曲了……研究语文、教学生学习语文、努力想学好语文的老师和同学们——在弘扬人文精神的时候,请不要忘记语文是交际工具;在强调掌握交际工具的时候,请不要忘记蕴含于语文体内的人文精神。③ 长期从事语文实践研究的名师大家也都试图清晰地表达自己对于语文最基本的理解。钱梦龙老师认为语文教学目的就是对下一代进行民族语教育。在这一理念下,语文教师应多一点对民族传统、民族文化的尊重,多一点对自身经验的研究,少一点花里胡哨,少一点食洋不化,让学生在课堂上实实在在地接触文本,实实在在地触摸语言,实实在在地在读写听说中摸爬滚打,这就是语文教学的魂。④ 于漪老师认为"对学生进行汉语教育,不仅让他们理解、领悟汉语言文字的优美、简洁、深刻、和谐、内涵丰富,联想空间大,而且能以优秀的文化传统对他们进行精神哺育,培养他们的民族情结。因而,我们的语文学科,就必须从母语教学的个性特点出发,把学生领进大语文学习的广阔天地,把语文学习的课堂延伸到课外、校外,为学生打开认识现代社会、认识生命价值的大门,用时代的活水灌溉语文园地,这构

① 王尚文.走进语文教学之门[M].上海:上海教育出版社,2007:3-4.
② 王荣生.语文科课程论基础[M].上海:上海教育出版社,2003:50.
③ 赵明.落叶满长安 下[M].西安:西安出版社,2011:448-449.
④ 钱梦龙.钱梦龙与导读艺术[M].北京:北京师范大学出版社,2006:24-28.

成了我的大语文观。"①有什么样的语文观,必然会有与之相应的语文教学面貌。虽然每个人的认识在某种程度上都存在一定的限度,虽然语文学科作为母语存在着很大的边界模糊性,然而综合分析类似于上述核心的研究成果,结合历次教学大纲、课程标准的表述,我们还是可以逐步确立起相对明晰、稳定的语文观。

(二) 关于魅力

何谓魅力?现代汉语词典解释:吸引人的力量。雅虎公司领导力教练蒂姆·桑德斯认为魅力是给他人带来积极的态度的能力。韦志成在《语文教学艺术论》中谈道:"所谓魅力,从心理学角度说,是一种悦人心目、牵人情思的吸引力,是一种扣人心弦、激励追求的感染力。"②这些表述都在试图清晰揭示"魅力"的内涵,但是谈到魅力,还是给人一种难以言说的模糊感。魅力可以用来形容一切美好的、有价值的事物,我们可以说一个人很有人格魅力,一个城市很有魅力,一件艺术品很有魅力,一本书很有魅力,一堂课很有魅力……虽然都用"魅力"这个词来表达,但"魅力"的内涵是不一样的,魅力的最佳定义也许只有一个,但标准却有千百种。当我们用"魅力"来形容一种事物、描摹一种状态的时候,主要是指其独有的特质通过最恰当的表达给人带来的积极的影响。

(三) 魅力语文

鉴于青春期的初中生"求新好奇,易于感兴,兴趣先导,自我意识觉醒"的心理特点,语文教学的关键在于契合学生的心理特点,充分彰显语文学科固有的魅力,激发学生的学习兴趣,使他们在魅力语文的学习中感受到主体的魅力与价值。以下从三个维度阐述魅力语文的内涵。

一是语文本体魅力,即语文之美。主要包括语言的魅力、思想的魅力、情感的魅力、文化的魅力、逻辑的魅力等,即以魅力汉语为载体而呈现出来的形式多样、内容丰美的文本(也包括口头语言)所蕴含的诗情画意的语言美、启

---

① 于漪.于漪全集 4 语文教育卷[M].上海:上海教育出版社,2018:145.
② 韦志成.语文教学艺术论[M].南宁:广西教育出版社,1996:15.

人深思的哲理美、古今传承的文化美、严密深刻的逻辑美等。

二是教学"导体"魅力,即教师教学之善。语文教师在对语文之美有了切身的理解和感悟的基础上,把这种理解和感悟通过有兴味的、有成效的教学活动,传递、转化到学生的精神世界中去,使学生对语文产生强烈的审美体验,从而产生学习的内驱力。《礼记·学记》中强调"善歌者,使人继其声。善教者,使人继其志。"语文教师要做语文之美的"良导体",追求"使人继其志"的教学境界,不但要以自己的善教帮助学生学好语文,更要让学生能够传承自己对语文的那份热爱与志趣。

三是学习主体魅力,即学生人格之真。培养学生主体的人格魅力是语文教学的应有之义。陶行知认为教育的目的就是"千教万教教人求真,千学万学学做真人",语文教师要致力于提升学生的语文素养,涵养学生的心灵人格,引导学生做一个自觉自信、有人格魅力、能活出真我风采的真正意义上的人。当学生在语文学习中能够展示自信与魅力的时候,语文学习的积极性也会持续提高。

综上所述,魅力语文就是通过有魅力的语文教学来彰显语文学科的魅力,培养有人格魅力的一代"新人、真人、中国人"。简而言之,就是指"善教"的语文教师"左手托着文,右手举着人","以文为根,以人为本,教文育人,立文立人",以"美文"育"真人"。

三、实践:语文魅力的回归

语文魅力的失落,归根结底是语文之美、教学之善、学生人格之真的失落,是语文教学的价值、理念、行为的失衡。发掘语文魅力的过程就是教师带领学生不断地求真、向善、臻美的过程。

(一) 发掘语文本体魅力:触摸语言,臻语文之美

语言是语文教学的根本,语文教学的魅力首先来自母语自身特有的美。鲁迅先生认为汉字有三美:"意美以感心,一也;音美以感耳,二也;形美以感目,三也。"这是中国人自己眼中的汉语,声情并茂,赏心悦目。印度前总理尼赫鲁曾经深情地赞美过:"世界上有一个古老的国家(中国),它的每一个字都

是一幅美丽的画,一首优美的诗。"这是外国人眼中的汉语,形象美丽,意蕴悠远。单个的汉字,已是美不胜收,汉字由字而词、由词而句、由句而篇的无限的组合,美妙的修辞,恰切的运用,更是变幻多姿,魅力无限。

汉语之美更表现在它反映丰富多彩的现实生活,承载着中华民族的文化,连接着中华儿女的生命,能够准确入微地传情达意。汉语的细腻与寥廓、优美与庄严是语文的真实属性,为魅力语文提供了最大的可能。语言教学的正确途径应该是在阅读中引导学生从文本出发,充分地触摸语言。"触摸"就是让学生含情的目光、声音与心灵投向文本深处的情感,在字里行间"慢慢走,欣赏啊"! 而不是漠然地在文本的表面滑行,在语言的上空徘徊。朗读沉吟、含英咀华、咬文嚼字、品味辨析、斟词酌句、博闻强记、写作表达等都是触摸的有效形式。

1. 品味语言

触摸语言最好的办法就是实实在在地读,有滋有味地品。"品"离不开"读","读"即是"品",而且"品"要求细细地、反复地玩味。丰子恺先生曾经细细地品过"春"这个词:"春是多么可爱的一个名词。自古以来的人都赞美它,希望它长在人间。诗人,特别是词客,对春爱慕尤深。试翻词选,差不多每页上都可以找到一个春字。后人听惯了这种话,自然地随喜附和,即使实际上没有理解春的可爱的人,一说起春也会觉得欢喜。这一半是春这个字的音容所暗示的。'春!'你听,这个音读起来何等铿锵而惺忪可爱! 这个字的形状何等齐整妥帖而具足对称的美! 这么美的名字所隶属的时节,想起来一定很可爱。"①单单这一个词,丰子恺先生从文化传承、社会习惯、汉字"音、形、义"三美特性等角度来品味,"春之美"呼之欲出,耐人寻味。这段文字启发笔者在教朱自清先生的《春》时提了这样一个问题:"这篇散文的题目如果改为'春天'会有什么不同?"经过反复地诵读、品味,学生体会到了"春"更具形象美,仿佛春天长得就是这样美丽的模样,体会到了读起这个字时的那种美感,体会到了全文通篇拟人手法的运用,体会到了一个字反而包含了更广阔的空

---

① 丰子恺.丰子恺散文精选[M].杭州:浙江文艺出版社,2021:71.

间……朱自清专门为教材而作该篇散文的精雕细琢、良苦用心以及无限美好的寄托似乎被学生参透了许多。

品味语言就要像剥开一只柑橘、咀嚼一枚橄榄一样，一口一口又一口地去品，咬出文字内涵的汁水，嚼出语句构成的质感，感受语言的张力，这时候，语言的味道就出来了。

2. 积累语言

学习语言是一个聚沙成塔、集腋成裘的过程，博闻强记、厚积薄发永远是有效的学习方法。

"博闻"也可以说是博览，就是广泛地阅读，广泛地涉猎。魅力汉语，在教材之中有万紫千红，在语文教材之外还有万水千山。作为语文老师，要带着学生经年累月地去探宝、寻宝、赏宝、藏宝、用宝，日积月累，长期进补，学生就会对语言的魅力有真切的体悟，语文教学就会拥有能够征服学生的最了不起的魅力资本。"强记"就是要背诵、积累最精华的语言。朱自清先生认为：偶然的、随意的吟诵是无用的，足以消遣，不足以受用或成学。那得下一番切实的苦功夫，便是记诵。学习文学而懒于记诵是不成的。课文中要求背诵的篇目，绝不打折。此外，还要根据学生能力水平的差异，对不同的学生提出不同的要求，适量再多背诵一些篇目。背诵之法，不仅有助于加深学生对文本的理解，更有助于发展学生的智力。通篇背诵经典佳作能够产生对文章内容、语言形式、才情文采、行文构思等多方面知识的浑然感悟，不知不觉之间培养了语感，提高了听说读写能力，收功之远，一言难尽。

教学中，凡要求学生背诵的内容，教师一定要率先示范，激发学生背诵的兴趣。学生背得多了，语言素养很自然地就形成了。笔者的一个学生在考试反思中写道："考砸了，有再好的时候；被批了，有再被表扬的时候；落选了，有再上升的时候；但是，聪明的你告诉我，我为什么老是写不好应试作文呢……"读了这样行云流水一般的"匆匆体"考试反思，在忍俊不禁的同时，也不由得为学生恰如其分地表达无奈感的语言智慧而击节叫好。诚如清代唐彪在《读书作文谱》中所言："阅者必宜博，经史与古文、时文，不多阅，则学识浅狭，胸中不富。""文章读之极熟，则与我为化，不知是人之文，我之文也。作文时,吾意所欲言,无不随吾所欲,应笔而出,如泉之涌,滔滔不绝。"①

3.运用语言

语文教学中存在着比较突出的问题:讲得多,做得少;读得多,写得少;学得多,用得少。这"三多三少"其实就是不重视学生的语言运用,不重视写作表达。孔子提倡"学而时习之",这个"习",不是简单机械地复习,而是在具体情境中实际操练。我们要重视学生在课堂上"学"语言,更要重视如何创设情境与任务让学生有更多的机会"习"语言、用语言。

就"写"而言,首先要突破的是对作文概念的认识,我们通常认为写作文就是写一篇600字以上的"大"作文,其实,作文有着更为丰富的内涵,更加多样的形式。《中学生作文学》一书认为,作文是指"中学生在老师的指导或指引下,在课内外或自主或自由,或独立或合作,创制的实用、议论以及文学等各类文本。它至少包括五方面的内容——尚不能达到一般文章(甚至是最简单的应用文如请假条)的基本要求的习作;只为练笔而并不构成完整文章的片段;网络作文;已基本达到社会上一般文章的要求的文章;已基本符合文学作品(甚至达到了社会上获奖作品乃至本身就是获奖作品)的要求的文学作品。"②对作文概念有了更加全面的认识之后,就要拓展作文训练的多种途径,将小练笔、片段写作、读写结合、综合运用等多种形式的"写",贯穿学习的全过程,提高学生语言的表现力。

"触摸语言"是形象的说法,其实就是尽可能对语言有直接的、充分的、亲密的接触,以培养学生的语感以及对魅力汉语的情感。舒婷曾经说过:"魅力汉语对我们的征服,有时是五脏俱焚的痛,有时是透心彻骨的寒,更多的是酣畅淋漓的洗涤和'我欲乘风归去'的快感。"③美具有惊人的力量,学生一旦感受到语文之美,就会被语文征服和吸引。

(二) 发挥教师"导体"魅力:开启心灵,乐教学之善

教学之善有两层含义。一是善意,二是善巧。教育就其本质来说,是一

① 李德成.阅读辞典[M].成都:四川辞书出版社,1998:599.
② 高志华.中学生作文学[M].西安:陕西师范大学出版社,2006:12.
③ 舒婷.舒婷随笔[M].长沙:长沙文艺出版社,2012:273.

种特殊的交往,教师与文本之间、教师与学生之间、学生与学生之间、学生与文本之间的交往既要充满善意,又要讲究善巧。

1.善待文本,善用文本,走进作者的心灵

教材文本是有生命的,它承载着作者的情感,是作者生命的歌吟与思索;它反映着编者的用意,是编者生命的探索与创造。教师要善待文本,与文本之间的交往要真诚。真诚地解读文本,是有效教学的基本前提,教师要顺着语言铺设的或显豁或幽深的路径,让自己的心灵向作者的心灵慢慢靠近,在文本的世界里与作者相遇相知,诚心诚意地与作者对话交谈,体会作者的情思与怀抱,用自己的知性、感性、理性、悟性、灵性去叩击作者的心灵之门,直至听到来自作者心底的最真切的回声。笔者在《出师表》的教学随笔中写了这样一段话:正如在课堂上对学生所表白的那样,这两天除了备课之外,也在预备一种郑重恭敬的心情与诸葛亮相遇,相遇的目的是相知。面对《出师表》这样一篇传世至文,心中充满敬畏。敬畏作者诸葛亮披肝沥胆的一腔赤诚,敬畏作者构思行文的深意与智慧,敬畏文本无懈可击、情真意切、精致典范的语言,敬畏文本跨越千年而熠熠生辉的艺术魅力。因为有了这种敬畏之心,不敢贸然对这篇文章进行"解"读,深怕自己的教学会焚琴煮鹤,糟蹋佳作。直到自己反复诵读文章,被结尾一句"今当远离,临表涕零,不知所云"轰然击中,眼前仿佛浮现出耿耿孤灯下,诸葛亮老泪纵横的画面,才似乎突然间懂了诸葛亮对后主的良苦用心与对先帝的无限追怀,也似乎重新发现了"诚宜……不宜……"等这些不引人注意的词语所折射的耿耿忠心。于是,才有了上好这一课的底气。①

诚然,善待文本并不等于做文本的俘虏、奴隶,善待文本的最高境界是文明地质疑,而非粗暴地否定;是真诚地交换意见,而非固执自己的成见。教师要对文本有自己个性化的理解,对文本的教学内容做出专业判断,要根据学生的状况决定教什么,不教什么,在何处"找泉掘井",在何时"铺路搭桥",使文本为我所用。

---

① 李百艳.上海名师课堂　中学语文　李百艳卷[M].上海:上海教育出版社,2009:10.

2.善待学生,善教学生,走进学生的心灵

善待学生是一切教学策略的总纲。善待就是爱。夏丏尊先生在谈教育方法的时候说过,教育譬如挖一个池子,有人说方形好,有人说圆形好,其实,最重要的是,池子必须有水,不然顶多是一个坑。而教育这个池子里的水就是"爱"。我们要用语文教师特有的方式来爱学生。有爱的地方才会生命蓬勃,魅力无限。

语文教师要以"满怀善意的心"来对待学生,以"善巧的方式"来尊重学生、欣赏学生,激活学生的思维,以语文特有的方式来开启学生的心灵,催生学生的学习动力。

一是情动辞发,以心印心。语文有着丰富的人文内涵,语言装载着情和义,对学生心灵建设、情感培养有着先天的优势。除文本语言之外,教师的语言对学生的影响也是非常重要的。朱自清先生曾经批评过语文教学的弊端,语文教学的一大遗憾是用较坏的语言来替换了较好的语言,这一问题到现在依然普遍存在。语文教师要力求用好的语言来教学,"好"的标准有很多,但是最要紧的是情文并茂。讲授知识,组织教学,与学生对话,批阅作文和随笔,都要努力做到"情动而辞发",要努力追求"未成曲调先有情""情到浓时语自华"。陶行知先生说:"真教育是心心相印的活动。唯独从心里发出来的,才能打到心的深处。"①美的情感、美的语言能够使学生动心、动情,和教师、作者产生共鸣,产生心心相印的感觉。

二是契理应机,以智启智。理,是指学生的心理特点、认知规律。教师要有同理心,要设身处地站在学生的角度思考,了解学生的所思所想、所愿所求;教师要有智慧,能洞察学生成长的契机,发掘学生心智的潜力。心在何处,智慧就在何处。在教学中,如果能够把握住教学中一些难得的时机,及时了解学生的心理状态,敏锐捕捉学生的思维火花,深入而细腻地进入学生的逻辑世界,常常会使教学出现不曾预约的精彩,使课堂焕发魅力。

笔者在一次教《论语》"不愤不启,不悱不发,举一隅不以三隅反,则不复

---

① 陶行知.陶行知全集 第二卷[M].成都:四川教育出版社,1991:446.

也"时,有学生提出:"我对孔子的'不复也'的观点感到困惑,为什么一个人不能举一反三的时候,老师就不教他了,学生越是不会的,老师越要耐心教导,而孔子却要弃之不顾,这与他的'圣人'称号,与他所提倡的'诲人不倦'不是很矛盾吗?"面对学生看似"刁钻"的问题,我没有简单地回答,而是不断地启发思考,营造"愤悱之境",倾听不同的见解,揣摩孔子的真正意图,这节课出现了未曾预料的精彩。我在课后反思,教学过程应学生疑惑之机,契学生心理愤悱之际,尊重学生个体的独特感受,引发师生之间、生生之间的情感互动、思维碰撞,就能收到"无心插柳柳成荫"的效果。

三是自由创意,以活激趣。语文是一门灵动的学科,没有个性、没有一点浪漫气息,语文就不再是语文了。长期以来,由于过分强调语文的工具性,教师的个性被抹杀了。就群体而言,语文教师教学策略出现了雷同化的倾向;就教师个体而言,语文课出现了重复化的倾向。千人一腔,千课一面,年复一年,课复一课,语文的灵动蕴藉、斑斓多彩已经成了一种奢求。"文无定法,教无定法",语文不应该是单调与刻板的重复,语文课不应该只有一种"表情"。笔者主张以更自由的思想、更新鲜的创意、更个性化的教学设计组织教学。

吟诗赏对、群儒舌战、美文美声、短信生花……摇曳多姿的课前小栏目让学生欲罢不能;平等对话、自主交流、合作探究……活泼灵动的学习方式让学生乐此不疲;阅读课、朗读课、背诵课、表演课、观察课、活动课……不同的课型让学生总有新鲜感;电脑房、名人故居、花鸟鱼市场……天高地阔的语文课堂让学生喜出望外……

教学方法活了,语文课的面貌就会改变,语文的表情就会变得丰富生动,学生的学习兴趣就会更加浓郁。诚如赞科夫所说的那样,教学法一旦触及学生情绪、意志领域,触动学生的精神需求,就能发挥高度有效的作用。

(三)发展学生主体魅力:体验生命,育人格之真

德国教育家斯普朗格认为教育的核心是"人格心灵的唤醒",教育的最终目的不是传授或接纳某种具体的知识、技能,而是要从人的生命深处唤起他沉睡的自我意识,促使个体的创造力、生命感、价值感的觉醒。语文学科由于工具性与人文性相统一的特点,在唤醒学生的人格、心灵方面承担着责无旁贷的重任,也具有得天独厚的优势。谈到人格魅力,有一个很突出的不对等的现象,那就是对教师人格魅力的谈论很多,对学生人格魅力的谈论很少甚至极少。为什么会出现这种情况,或许是人们把人格魅力看得过于神圣,认为一般的成人尚不具备,遑论身心尚未完全成熟的孩子。事实上,这样的认识是偏颇的。每个生命从诞生之日起就是一个完整的生命,儿童有着同样丰富的精神世界,处于青春期的学生独立意识开始觉醒,在人格上更加强烈地要求得到尊重,也更渴望得到激励。

唤醒学生的人格心灵,最有效的方式就是丰富学生的生命体验。阅读、写作、语文活动都是体验的主要途径。心灵教育的完成,必然要以心灵为摹本,也要以心灵与心灵的呼应为路径,从而达到对人格的塑造。进入语文的文本世界,学生会遇到许多细腻、美好、纯洁的心灵,学生一旦与之产生共鸣,就会潜移默化地影响自己的思想与人格。而具有创造性与独特性的写作更是学生与世界对话、与自己对话的最佳方式。笔者每教一届学生都会编辑一本学生文集《魅力语文》,记录学生初中阶段的生活史、成长史、心灵史,记录他们在魅力语文家园中的真实、丰富、美好的经历。

在魅力语文的家园,
我们的生命体验,
一天天丰富起来。
一场沉醉的爱恋,
一个美丽的传说。
汉语不会老去,
青春不会老去,
我们永远不会老去……

扉页上的一首小诗浓缩了学生对魅力语文的体认。正是有了对语文学习、对生活、对生命的真切体验,学生的心灵才不断得到净化,变得更加充实而美好。在魅力语文的教学实践中,笔者始终坚持"以智启智、以情动情、以趣激趣、以美唤美、以心印心"，带领学生在真、善、美的感召下，寻访语文学习的桃花源，探索生命成长之旅，从"忽逢桃花林"的不经意邂逅，到"复前行，欲穷其林"的兴致盎然，从"山有小口，仿佛若有光"的苦苦追寻，到"复行数十步，豁然开朗"的渐入佳境，在找回语文失落的魅力的同时，学生对母语的热爱不断加增，精神世界也日益丰盈。

语文教学改革的一个着眼点与四个立足点

学好了语文,就像拿到了一把钥匙,这把钥匙不但能打开现实世界的大门,还能够打开精神世界的大门。

上百年的课程,近几十年来几番变幻,改革之路走得异常曲折。站在一个语文教学实践者的角度,笔者最深的体会是:语文教学似乎怎么改革都有点道理,又似乎怎么改革都缺点东西。

语文何以至此,原因何在? 与其他学科相比,语文实在是太特殊了。夏丏尊先生谈道:"语文为中学科目中最重要的一科,也是最笼统的一科。文字原是一切学问的工具,因为内容包含太广泛,差不多包括文化及生活的全体,教学上苦于无一定的法则可以遵循,所以笼统。"①面对这样"笼统的""无止境"的语文,"缺点东西"本无可厚非,重要的是,我们要思考的是不能缺什么?为了找到这个问题的答案,我们还是要回到语文的本质这个原点来思考。语文不仅是交际的工具,更是传承民族精神的工具;不仅是民族文化的载体,更是民族文化的重要组成部分。人们用这个工具来理解别人的思想感情,表达自己的思想感情,来建构自己的生存空间,建构自己的精神家园。

一、立足于语言文字,拓展儿童的精神边界

语文教什么? 过去,很多人认为是教教材、教课文。教课文就要理解课文内容,但这只是一个基础,不是目的,在此基础上去揣摩用怎样的文字来表

---

① 夏丏尊.夏丏尊散文小说经典[M].长春:吉林出版集团股份有限公司,2018:121.

达这一内容才是最重要的。语文教材是若干篇课文的有机组合,但是其中有很多偶然的成分。某个单元也可换成另外一个单元,某篇课文也可被若干篇课文所替换。因此,正如叶圣陶先生讲的:课文无非是个例子。课文是学习语言文字的例子,语言文字才是语文教学的根本。立足于语言文字并非强调语文的"工具性",淡化语文的"人文性",而是强调二者的水乳交融。教语言,不是教静止的、孤立的、僵化的汉语知识,而是在阅读、写作、交际、综合活动中激活语言,让学生掌握动态的、鲜活的、关联的、传递人类精神魅力的语言。

学好了语文,就像拿到了一把钥匙,这把钥匙不但能打开现实世界的大门,还能够打开精神世界的大门。正如语文特级教师韩军所言:"可以说,学习一个词,就是给人的精神打开一扇窗;学习一句话,就是给人的精神打开一扇门;学习一篇文章,就是把人领进一番新天地!语文教育中常常要替换一个语词,调整一个句序,说透了,实际就是'精神动作'——精神替换、精神调整。"[①]

立足于语言文字,最重要的是让学生感受到语文之美,逐步学会用优美精妙的语言表达自我。鲁迅先生认为汉字有三美:"意美以感心,一也;音美以感耳,二也;形美以感目,三也。"这是中国人自己眼中的汉语,声情并茂,赏心悦目。印度前总理尼赫鲁曾经深情地赞美过:"世界上有一个古老的国家(中国),它的每一个字都是一幅美丽的画,一首优美的诗。"这是外国人眼中的汉语,形象美丽,意蕴悠远。汉字由字而词、由词而句、由句而篇的无限的组合,美妙的修辞,恰切的运用,富有情味的表达,蕴藏着无尽的智慧,散发着无穷的魅力。学生对汉语魅力、汉语智慧的感受力、理解力、运用能力越强,他们的眼界与心界就会放得越开,精神世界就会更加具有广度与深度,生命质量就会越高。

二、立足于民族精神,培植儿童的精神根基

于漪老师在一次报告中谈道:"汉语是中华文化的根,一个民族的语言里

---

① 中国语文报刊协会.21世纪语文对话 21世纪中小学语文教育座谈会论文选[M].南昌:江西教育出版社,2001,69.

积淀着一种民族的韧性,民族的精神,乃至民族的思维方式。"①教语文就是承古融今地传承民族文化,培植儿童的精神根基。根深方能叶茂,一个人的精神之树长得健硕与否,要看民族精神之根扎得深不深。在全球化、现代化的背景之下,语文教学面临很大的困境,英语强势,古典弱势,动漫风行,网游发烧,新异思潮席卷而来,很多传统观念面临被颠覆的危机,传统与现代之间的裂缝日益加宽加深,少年儿童的精神世界被冲击得四分五裂。在这样的背景下,语文教学必须责无旁贷地立足于民族精神,培植儿童的精神根基。

语文教材中蕴含着丰富的民族精神教育的内容,"苟利国家生死以,岂因祸福避趋之"的爱国情操,"不以物喜,不以己悲"的旷达胸襟,"富贵不能淫、贫贱不能移、威武不能屈"的浩然正气,"出淤泥而不染,濯清涟而不妖"的高洁操守,"老吾老以及人之老,幼吾幼以及人之幼"的博爱情怀,"天生我材必有用"的人生信念,"春蚕到死丝方尽,蜡炬成灰泪始干"的坚贞情义……一篇篇传世之作,一句句惊人之语,一旦被儿童所理解,所认同,就将成为他们的精神根基。

除了上述显性的民族精神教育教材之外,在语文教学中,还要引导学生走进语文的百花园,去聆听先民在《诗经》里的歌唱,去观赏气象万千的唐诗王国和宋词世界,体会小小对联中凝结的古代文人的雅趣与智慧,感受每一个令人忍俊不禁的歇后语背后的中国式幽默,品味诗人们在现代诗中的自由的心灵歌吟,通过演讲、辩论、朗诵、表演等语文活动让学生感受语言艺术的魅力,不断加深对"汉语是世界上最美丽的语言"的体认,激发热爱祖国语言文字的感情,这是一种隐性的民族精神教育,因其润物细无声,方能育人见真功。

三、立足于语文生活,丰富儿童的精神体验

语文是人类生活的集中反映,而人类生活也因为有了语文才得以发展与

---

① 于漪.于漪全集4语文教育卷[M].上海:上海教育出版社,2018:45.

提升。没有了语文,人们将生活在无边的幽暗之中,生命也将变得虚无与苍白。语文与生活有着天然的血脉联系,我们甚至可以这样说:"语文就是生活本身"。因此,语文的学习方式也只有转化成生活方式才能更加凸显语文学科的特点。

李海林教授曾经就语文生活化提出这样的观点:"不是把学生抛入生活,也不是把生活引入课堂,而是把'读文本'的学习行为'转化'成一种生活行为,换一句话说,'读文本'就是生活,'读'就是一种生活方式。"①当然,除了读之外,听、说、写以及其他种种语文学习方式也应该成为一种生活方式。

怎样才能把学习方式转化成生活方式呢? 最关键的是让学生在学习中获得真切的体验。文本中的生活是别人写在纸上的人生行旅,静静的文字中裹着一个情感荡漾、思想澎湃、充满哲理、诗情画意、美不胜收的语文生活世界。教学中教师要善于创设情境,引导学生披文以入情,走进这个世界,与文本中一个个真实的生命相遇相知,去触摸他们的语言,倾听他们的心声,设身处地地去体验他们的情思与怀抱,不知不觉地唤醒自己的人格与心灵,潜移默化地"学会以汉语来表达自己的生命体验和成长体验,而这种种表达本身也将成为其生命体验的一部分"。②

体验越真切,表达得越精彩,把表达的内容连缀起来,就是学生的一部生活史、成长史和精神发育史。

四、立足于个体认知,激励儿童的精神独立

独立是我们这个时代精神的主流,也是人类永恒的精神追求。激励儿童少一点精神依附、精神跟从,多一点精神独立是语文教学的一个重要使命。一个精神独立的学生在语文课堂上表现为有自己独到的见解,并能够积极自信地表达自己的见解,坚持自己的立场。一个人的精神独立程度原本是一个与日俱增的过程,然而,在为数不少的语文课堂里,学生并不是越来越独立、

---

① 李海林.生活化与语文化——评《致女儿的信》课案[J].教师之友,2005(01):47-50.
② 李政涛.让学生享受汉语——兼论"新基础教育"语文教学的文化使命[J].基础教育,2006(03):10-11.

越来越积极,反而是渐渐学会了人云亦云或是不言不语。课堂里,大写的人、鲜活的生命、独特的个体是难得一见的风景,有些学生虽然身体在成长,但精神却在萎缩。

问题在哪里?笔者在广泛观察了一些课堂中师生的交流、应对方式之后,发现最根本的问题在于教师心目中缺乏学生个体的意识,提一个问题、发出一个指令常常是针对所有学生发出的。正如日本的教育学博士佐藤学在《静悄悄的革命》一书中讲到的:"学生不过是作为'集团'而进入教师的意识的。"①教师对学生个体的认知特点、认知水平关注远远不够。学习过程中某个个体难解的困惑、刚刚萌芽的模糊想法、一瞬间的内心顿悟、难以言表的感动常常在教师"想当然"的思维轨迹之中被忽略不计。久而久之,学生的趋同思维、从众心理越来越强,想法越来越少、越来越不重要,声音越来越稀、越来越轻微,当然,语文课堂也就越来越缺乏魅力。

教学中,教师对每个学生微妙的个人差异的洞察与尊重程度,对学生认知的思维轨迹和思考内容敏锐捕捉的程度,教师进入学生个体认知世界的深入程度和细腻程度,不仅决定着教学活动能否富有魅力地展开,更决定着每个个体生命体验的丰富程度和精神独立程度。

海德格尔说:"语言是存在的家。"借助语言来建构生命的精神家园是人类的一个特质,也应该成为语文教学的一个永恒的着眼点。聚焦于这个着眼点,在"笼统的""无止境"的语文中立足于语言文字,立足于民族精神,立足于语文生活,立足于个体认知,让学生不断获得属于自己的语言智慧和生命智慧,运用智慧把人类的公共精神遗产转化为自己的私人财富,使自己的语文生活越来越充实,生命体验越来越丰富,精神世界越来越富有,人生底色越来越亮丽,一步步远离狭隘与平庸,走向广阔而优雅的精神生活。这样的语文教学改革,即便缺一点无关紧要的东西,终究会远离歧路亡羊的迷途,走向育人的正路。

---

① [日本]佐藤学.静悄悄的革命 课堂改变,学校就会改变[M].李季湄译.北京:教育科学出版社,2014:35.

把心安在诗词的意境里

　　每一次醉心于诗词的世界,常常感觉当下周遭寂寂,心中洪波涌起,一切的喧嚣与忙碌都在不知不觉之间悄然隐匿,而那一刻,我总能够找到真正的自己。

　　现代都市人的"忙"似乎成了一种生活常态,越来越多的信息,越来越快的交通,越来越大的平台,越来越高的期待,吸引着、推动着、催促着人们不断加快工作的节奏,不断变化生存的时空,不断更新生活的内容。然而,每一天的时间毕竟是一个常数,人的精力终归是有限的,日复一日的忙碌中,有人难免会急躁焦虑,偶尔也会心烦意乱,甚至会感到麻木无力……久而久之,就应了"忙"这个字从结构上直接传递给人的信息,那就是一个"心"与"亡"加起来所告诉我们的:"忙得把心弄丢了",甚至忙到"心死"。同样忙忙碌碌的我,也曾有过种种负面的体验,然而,所幸还能在某些寂静的时刻,清醒地意识到一定要改变过于忙碌的状态,努力合理地安排生活与工作的次序,学会忙里偷闲,忙而不乱,忙而不烦,努力做到人忙心不忙,把一不小心弄丢的"心"找回来,给心灵找一个最好的安顿之所。

　　其实,每个人都在有意无意地按照自己的方式让自己的心灵安顿下来、愉悦起来。有的人喜欢静,有的人喜欢动;有的人喜欢独处,有的人喜欢热闹;有的人痴迷于某项爱好,投身其中,乐此不疲。我则特别醉心于古典诗词所营造出来的那种唯美的意境。偶有闲暇,随手翻翻一本诗词选,或是回味一些背诵过的经典诗词,就觉得无比惬意。我总会在某些特别的时刻,由眼前的情景联想到某些特别契合心境的神来之笔。隔着千年的时光,那些诗句竟然常常让我感到心弦震颤,灵犀相通。从一首又一首诗词走近一位又一位诗人,那种感觉如知已相遇,似故人重逢。陶渊明的"采菊东篱下",王维的"弹琴复长啸",李白的"举杯邀明月",刘禹锡的"往来无白丁",苏东坡的"一蓑烟雨任平生",李清照的"人比黄花瘦",纳兰性德的"赌书消得泼茶香"……无论是万丈红尘,抑或是百年孤独,经过妙不可言的诗词的提炼,最终升华为一份安详与优雅,沉淀为一份淡泊与洒脱,成为我们永不变质的精神养料。

唐诗宋词似乎穷尽了汉字的全部魅力,反复吟咏,不仅唇齿生香,心中熨帖,更在潜移默化之间,得着语感的培养,情趣的熏陶。当仅仅吟咏不能满足的时候,自己也常常心痒地尝试着动笔创作。或见景生情,或咏物抒怀,长短句错落之间,营造出一个诗意栖居的世界。四季更替,节令变换,山川风物,世态人情,花儿开了谢了,亲友聚了散了,追忆感怀,憧憬向往,都可以试着填一首词,作一首诗。不经意之间,竟然也写了不少,细细回味,仿佛是自己的一部心灵成长史。

苏幕遮

筚门旁,墙角处,冷暖谁知,静默安如素。难觅知音衷曲诉,我见犹怜,日日频相顾。

有天姿,无媚骨,密蕊繁花,盛放无从数。笑靥芳心迎晓暮,百艳千娇,愿将春留住。

苏幕遮

柳初青,梅尚密,鸟雀啁啾,草木知春立。雨后冬阳驱旧疫。万户千家,欣守今除夕。

水多情,山朗逸,爱宴团圆,杯满情深溢。亲友安康堪足惜。与日同新,虎虎添双翼。

卜算子

最怕春将暮,最怕花辞树。幸到京华赶上春,只想留春住。

毕竟留不住,毕竟香如故。不忍春红落眼前,别去春常驻。

鹧鸪天·题老家门前芍药花开正旺
当谢殷勤老花工,园栽芍药殿春风。
相看嘉卉惟余翠,更喜琼华尽展红。
牡丹锦,素芙蓉,安得馨烈此花同?
故园何日归期至,沧海桑田谈笑中。

鹧鸪天·题孙昕老师陶然亭荷花照
叹锁炎炎暑浪中,名园常忆慕游踪。
田田莲叶陶然碧,袅袅荷花自在红。
性如玉,品谁同,朝来沐雨晚临风。
流年似水何时聚,垂柳丝丝坦赤衷。

鹊桥仙·七夕(新韵)

风中秋意,云端星影,缥缈鹊桥何处。人间天上惹相思,有道是,相思最苦。

千番思量,万般滋味,尽在卿卿一晤。月亏月满两无猜,只因为,相知甚笃。

行香子

白露生凉,秋水天长。夺人眼,如火高粱。恰西风起,大雁南翔。越万重山,千重水,百重霜。

长江帆影,星疏月朗。看人间,几度沧桑。任流年去,不问炎凉。自心声醉,歌声远,笑声扬。

忆母

茫茫旷野雪无声,念念思亲泪雨倾。
厚土深藏慈母意,鲜花难寄女儿情。
含辛茹苦泽三代,仁爱刚强度一生。
天上人间何处觅,西风木叶落无声。

中秋

年年此夜费思量，拙笔难书锦绣章。

碧海青天千古月，金橘丹桂万般香。

佳肴美酒团圆日，挚友亲朋喜乐堂。

夙愿今宵说不尽，冰心犹似玉壶光。

咏李白

切慕诗仙万丈才，超凡神笔破空来。

平生遍访山和月，垂世长吟乐与哀。

痛饮不羁辞帝阙，狂歌无碍赴瑶台。

大鹏一日同风起，且看天门为我开。

世纪公园赏梅

申城雨后艳阳初，冬袄群衫竞出庐。

游客似云花似锦，梅红如火白如荼。

蜜蜂缱绻暗香绕，少女娉婷疏影扶。

今日方知春浩荡，闲愁幽绪一时无。

迎春

十年一盼江南雪，喜见倾城乐叟童。

素锦新妆垂柳秀，琼瑶巧饰蜡梅红。

并肩情侣霜飞鬓，接踵萌娃鸟破笼。

寒尽似闻春气息，满池碧水待东风。

北疆记游

万里青山作画屏，此山未过彼山迎。

牛羊自在逐溪草，旅伴欢欣留盛情。

紫陌红尘皆不见，蓝天碧水独相倾。

闲庭坐看云霞起，信步登高又一程。

立冬

袅袅闲云任去留，

青黄霜叶半枝头。

丹枫可染群山醉，

大雁南翔不负秋。

从严格意义上来说，这些诗词距离真正的作品还有很大的差距，实在是羞于见人，从来没想过要拿出来发表。然而，对于这些真正的拙作，我却还是有些敝帚自珍的，主要原因在于我非常怀念当时创作的过程，我把那种感觉都写在一首词里。

苏幕遮·词趣

纳兰词，清照赋，往事斜阳，阅阅倾心许。一剪寒梅香几缕？还念西风，吟瘦黄花句。

寄高怀，题妙趣，仄仄平平，尽把幽情叙。斯世人生如客旅，一往情深，古道今相遇。

于我而言，品读诗词和创作诗词不仅是闲暇时的一种消遣，也是疲累时的一种放松和休息，更是滋养心灵的一种独特方式。每一个字词意象的筛选，每一次韵脚平仄的调整，都是在进行一次思想的梳理，情感的沉淀，精神的跃迁。每一次醉心于诗词的世界，常常感觉当下周遭寂寂，心中洪波涌起，一切的喧嚣与忙碌都在不知不觉之间悄然隐匿，而那一刻，我总能够找到真正的自己。

在语文教学中培养超常儿童的人文情怀

如何让这些学生能够率真而不简单、成熟而不世故,让他们的心灵充实而不空虚,让他们的思想丰富而不凌乱,让真、善、美这三颗宝石在他们的心中高于一切,是我教语文这门显性课程的同时,在孜孜以求地教学生做人的隐性课程。

最近几年,语文教学要培养学生的"人文精神"被提及得较多。人文情怀是人文精神在一个文化底蕴比较深厚的人的身上的体现。它内化到一个人非智力因素的各个方面。它能促进一个人的"四成"(成绩、成功、成才、成人),催化一个人的"三情(情感丰富、情趣高雅、情操高尚),使一个人拥有"二信"(信念坚定、信仰圣洁),形成"一格"(人格健全)。

超常儿童的显著特征就是智商高,学力强。但在超常儿童的教学中却普遍存在着两种现象:教者重才甚于重人,学者重理甚于重文。培养超常儿童,一定要重视人文情怀的培养。在这方面,人文学科发挥重要作用。语文学科更是责无旁贷,因为语文不仅仅是"工具",更是一种"文化载体"。

一、营造自由的学习氛围

托尔斯泰曾说:自由是一种理想的生存状态,是"教育的唯一规范"。自由是个性的天堂,是创新的土壤,早在 1929 年,王森然就指出"自由发展,尊重个性"。我在超常儿童语文教学中也不折不扣地贯彻这一主张。因为超常儿童有着比常态儿童更为突出的个性,对他们的教育应不拘一格。作为教师一定要了解他们的禀赋、气质、情感、思维等方面的特质,帮助他们优化个性,成为他们理想的自己。在教学实践中具体体现为保障学生的"生权"。语文教学中,有许多教师常常在不知不觉中"好心好意"地剥夺了学生的"生权"。比如,课堂上常以"讲"师权威剥夺了学生的读书权、思考权、交流权,课后又剥夺了学生的自主学习权、自主活动权。这种"侵权"虽然表面上不构成直接危害,甚至"被侵权者"也几乎感觉不到,但是却严重地阻碍了学生的发展。一个真正高明的教师是不应该夺权、也不应该专权的。不夺权是指学生能做到的,教师坚决不做。不专权是指学生不希望教师做的,只要有理,教师就坚决不做;学生希望教师做的,只要合理,教师就一定要做。既然学习是学生的事情,那么学什么、怎么学、学到什么程度首先应该听一听学生的意见,尽可能地让学生自主学习。每学期开学的前两节课,我都是让学生给语文课提意见和建议,集体讨论以后,经过优化组合形成一学期的"教"与"学"的方案。从学习内容到学习方法,从课堂教学到课外活动,从必修课到选修课,从课前预习到课后作业等很多合理化建议,一旦通过,就由学生自主开展。比如每节语文课前的三分钟小栏目,经同学们的策划,做了全新的改版,由原来的课前一条成语,改为五个专栏。周一是古诗赏读,周二是点击美文,周三是群儒舌战(辩论一个小话题),周四是慷慨陈词(演讲),周五是访谈焦点(针对一个星期的央视"焦点访谈"热点问题进行访谈)。每个栏目都有自荐或推荐的负责人,督促同学按学号依次进行,并起到帮助、编导、把关的作用,保证了这些栏目的质量。其他许多大型活动,如趣味语文竞赛、语文知识竞赛、秦文君作品研究课题、中学生"地下"阅读调查、读书交流会等,也是由学生策划主持的。

在这样一种氛围中,学生的学习是主动的、能动的,非盲从、非顺从的,他们不断产生新颖的、有价值的创意和构思。在学习当中,每节课都有亮点,每一周都有焦点,每个月都有热点,每个学期都有新的生长点。

二、提供丰富的人文营养

可以说,超常儿童是我们千挑万选相中的千里马。"文起八代之衰"的韩愈在《马说》中指出千里马的不幸遭遇:"是马也,虽有千里之能,食不饱,力不足,才美不外见,且欲与常马等不可得,安求其能千里也?"我们今天对超常儿童的特殊教育正是为了他们将来能驰骋千里,大显身手。对照韩愈的理论,欲求其千里,首先要让其吃得饱,才能力足。目前,国内还没有现成的超常班的语文教材,我们超常班语文教材与普通班一样,使用上海的 H 版教材。这显然会造成这些超常儿童的人文营养不良。为了让他们能够吃得饱、吃得精、吃得好,我采取了一系列加强营养的措施。

其一,教材取舍最优化。超常班的学生都配齐了整套 H 版教材,在教研组师生的共同研讨下,删掉了一些篇目。对保留下来的课文做了全新的调序、组合。重点篇目的知识点、能力点重锤砸实,培养情感,激发思维。对一些适于拓展的文章,我们也尝试了变"单篇教学"为"板块教学"。比如学习《第二次冒险》,我们又从课外选择了《第四次审讯》和《天职》两篇文章,加深了对"反法西斯"这一主题的深刻理解。同时播放"二战"相关的纪录片以及电影,通过这一板块的学习,学生融汇了文、史、哲、艺、政治、经济、军事等知识。除了用好母本教材之外,我们每周还固定增加了五首古诗。从上海教育出版社出版的《时文阅读》中选出两篇整体阅读。初一年级每学期增加《论语》30 则。除此之外,我经常从自己读的报纸、杂志或学生每周的三篇剪报中选择一些好文章作为学习材料。这些精心选择的大量的语言材料,非常有助于学生积累语言文化。

其二,课外阅读多样化。班级成立一个读书沙龙,开展读"百卷书"的活动。利用中午休息时间收听半个小时的评书连播,每晚收看访谈类节目。周六的特色课上各个研究性学习小组如"解读上海作家""秦文君作品研究"等在电脑房进行网上大冲浪,阅读文章。传统的纸本阅读和现代化的电波阅读、屏幕阅读、网络阅读,可谓是"四读"俱全,学生可以接受到大量的文化信息。

其三,语文学习社会化。上海地处中国最大的人才带,上海本土的名人纪念馆、江浙一带的文人故居、长江流域的风景名胜等,有着丰富的人文资源。我们超常班结合语文相关知识的学习,探寻这几条文化之旅,让同学们的足迹踏遍多山多水多才子的江南,饱览山川之胜、感受人文之丰、品味文化之雅、促进品位升华。

三、呵护纯洁的赤子之心

我们缩短学制，是为了超常儿童早日成才。但是欲求才之早成，人岂能不早熟？诚然，成熟是一种生态的必然。成熟之于单纯，是一种更丰满、更厚实的美。但是，早熟是要付出代价的。孩子们会过早地失去童年的无忧无虑，过早地让水晶般的赤子之心装满不必要的重负。如何让这些学生能够率真而不简单、成熟而不世故，让他们的心灵充实而不空虚，让他们的思想丰富而不凌乱，让真、善、美这三颗宝石在他们的心中高于一切，是我教语文这门显性课程的同时，在孜孜以求地教学生做人的隐性课程。

在语文教学中呵护学生纯洁的赤子之心，我的基本思路是通过引导学生读人类文化的有字之书和自然社会的无字之书，去印证、发现、感悟，去追求真、善、美。每读一篇课文，每读一本书，每一次交流中情感的碰撞、思想的交锋，只要有一点小小的真、善、美的火花，都会得到重锤的敲打，直至它火花四溅，照亮每一个赤子的心灵。《皇帝的新装》中那个说出真话的小男孩，已不是一个普通的孩子，在同学们的心目中，他更是一位天使，一位勇士，一个不染尘俗的赤子。《小巷深处》中那个瞎眼英姨的善良触动了同学们的善良，他们读着，不禁泪如泉涌。更有那千姿百态的美文让同学们读起来荡气回肠，品起来余音绕梁，同学们逐渐进入审美的境界。

每个同学都有一本《成长之旅》随笔集，我在每一本的扉页上题了两句话，一句是爱因斯坦的"照亮我的道路，并且不断给我新的勇气去愉快地正视生活的理想，是善、美和真"。另一句是我的话"走过的是如歌的岁月，留下的是赤子的情怀"。在随笔中，他们尽情书写着自己的观察与感悟，我以一颗虔诚的、热切的心与他们交流着，站在他们的角度去理解他们，把他们的小事看成大事，把他们心灵芳草地里长出的杂草及时拔掉，用我的笔与他们击掌而歌，与他们一起疾恶如仇。

这与其说是一种塑造，不如说是一种呵护。呵护着孩子们天性中一切美好的东西，不让它失落，不让它受到后天的假、丑、恶的侵袭。

四、激发强烈的担当意识

我校开展超常教育是"为英才一生奠基,对民族未来负责"。他们能否担当起中华民族伟大复兴的重任,首先取决于在少年时代是否产生了强烈的担当意识。真正的担当意识至少要包含两个方面,一是大器为用,有着做大事业的雄心壮志;一是平民为本,有着自己也是一个普通人并关注普通百姓命运的朴素的情怀。为了激发他们的雄心壮志,我们开展独具我校特色的"与伟人对话"活动。我校校园内精心布置了 28 尊伟人的塑像,其中有一个空白的"未来科学家"宝座。这个宝座寄寓了深远的含义,那就是希望我们的学生中能出诺贝尔奖的获得者,能出世界级的大师,有一天能用自己的塑像填补母校的空白。我有效地利用这一人文资源,开展了"我与伟人"的文集制作比赛,"争做未来科学家"的演讲比赛,让同学们任选其中的一位伟人作为自己的偶像或研究对象,读伟人传记,了解其生平、成就及思想感情,谈自己受到的启发,给自己定位于"未来科学家"的宝座之上。这项语文活动,促使同学们去读书、查资料、学习文字编辑、写演讲稿、锻炼演讲能力等,提高语文综合能力的同时,又激发了同学们的成才欲望。

为了培养他们"平民为本"的思想,我在教学中找了一些讲述老百姓自己的故事的文章,挖掘其中的动情点让学生了解百姓的悲欢离合,感受他们的酸甜苦辣。在 2001 年 9 月,超常班学生骑自行车去崇明远足,他们带着《走过农村》这个作文题目上路,走过了农民劳作的田野,借宿在鸡犬之声相闻的农家,回来后,交上了一篇篇或鲜活或深沉的作文。这些生活在现代大都市里的"天之骄子"终于明白了人类生存的环境不仅仅是林立的楼房,大型的超市,美丽的校园。他们看到了农村的原始与现代,看到了农民的坚忍与从容。他们心有所动,情有所发,在作文中写道:"中国是条巨龙,龙头是与现代化相关的各行各业,而龙身和龙尾则是历史悠久的农业,龙头飞起来还不算是真正地腾飞,只有当龙身和龙尾飞起来了,才是真正的腾飞。"虽然他们说的未必确切,但是难得他们对农民有一种大爱的情怀。忧民者才能真正地忧国,无论他们将来成为举世瞩目的巨星,还是一介凡夫俗子,他们的人生都将因为有了这种情怀而增添无穷魅力。

　　语文不仅是交际工具,更是文化、思想、道德、伦理、信念的载体,是绵延不断的民族生命的体现。一位学者说:"放弃母语就等于亡国。"我们要"立国",要"兴国",要培养在未来社会有所担当的英才,我们的语文教学必须本着一种终极关怀的宗旨培养超常儿童。使他们在人生的道路上,在拥有理想、拥有希望、拥有激情的同时也能拥有平常心、拥有淡泊、拥有宁静;在拥有责任使命的同时也能拥有闲情逸致;在创造光辉灿烂业绩的同时也能创造五彩斑斓的人生,拥有一份博大、厚重、丰富、美丽的人文情怀。

顺应写作的自然之道

心生而言立，言立而文明，自然之道也。

——刘勰

　　写作是最具有创造性的一项活动。一张白纸，了无一字，却可以经由作者的运思言志、抒情写意，变成一个充满主体个性特征的精神产品。我们打开电脑创建一个新的文档，伴随着手指在键盘上的舞蹈，原本杂乱无章的思绪被梳理得清晰而丰满。一个文本的创建，不仅激活了电脑的一点潜在空间，也唤醒了我们生命中某一个沉睡的角落。写作是如此神奇的一件事情，面对自己创作的作品的时候，也是人们最有成就感的时候。然而，正因为这是一种了不起的创造，创作的过程也绝非易事，许多人会因为不得要领而对写作望而生畏。

　　尽管如此，世间万物，只要我们认认真真地去思考、去探究，终究可以达到"格物致知"的境界。古往今来，很多文学家、作家、理论家都在探究写作的规律，写作诚然是有"道"可循的。我国南朝时期的文艺理论家刘勰在《文心雕龙》中讲道："心生而言立，言立而文明，自然之道也。"寥寥数语道出了写作过程的两个关键——"心生"与"言立"，意思是人的心灵受到客观世界的触动，心里生出来对大千世界、人生百态中的某人、某事、某物的感触、思考与情感，与此同时，"情动而辞发"，发之为文，则一篇文章的主旨也就明晰了。

　　"心生"与"言立"是如此重要，那么"心"如何能生出有个性的真、善、美？"言"如何能立出有特色的信、达、雅？这其中涉及两次关键的"转化"。第一次转化是客观生活转化成主观的思想感情，心里"生"出写文章的内容和欲望。在这次转化中，即便是面对同样的情境，也会因为每个人个性当中思想情感、精神世界的差异而生出不同的感受。如同孕育一个生命，不同的胚胎，经过不同母体的孕育，发育成不一样的生命。第二次转化是主观的思想感情转化成语言文字，也就是用语言来表情达意，借助个性化的语言把"心里的话"倒出来。能不能写出文章，能不能写出高质量的文章，主要取决于这两次转化能否真实而有质量地发生。刘勰在此基础上进一步提出"志足而言文，情信而辞巧"，强调了只有心中蕴含的"志"与"情"饱满、真挚，语言的文采和修辞的善巧才会同步发生。古今中外，很多名篇佳作都充分体现了这一特点。广为传诵的《少年中国说》，文章大气磅礴，激情喷涌，点燃了一代又一代青少年的爱国之志、报国之情。当我们深深地折服于作者梁启超卓绝无双的文采的同时，我们更应该看到这篇"雄文"之所以文采斐然，有着极强的艺术感染力，其根本在于梁启超这位伟大的思想家、政治家有着炽热而浓厚的家国情怀。

两次"转化"启发我们一定要顺应写作的自然之道，首先把功夫下在如何打开生活之源、激活心灵之泉上面。养花要浇根，作文要动心。心灵受到触动，生命有所感悟，才会心之所生，应笔而出，笔随心舞。老师要尽可能地引导学生关注世界、感悟生活，在课堂之外的万水千山中、在教材之外的万紫千红中，去训练自身的视觉、听觉、嗅觉、味觉、触觉，甚至要训练这五种感官之外的心灵直觉，让感官变得越来越敏锐，越来越"善感"。久而久之，学生的眼里就会越来越有人、有事、有景、有大千世界的宏阔与精微，学生的心里就会越来越有情、有思、有爱、有自己独一无二的体验与感悟。下笔时，就会从"胸中不富"逐渐变得"胸有丘壑""胸有成竹"。

在训练这番功夫的同时，还要在语言的建构与运用方面下功夫。一方面要靠课内阅读典范的文本来学得丰富的语言知识、体察不同的语言表现形式和风格。比如，感受鲁迅式的"不顺畅"的遣词造句所产生的丰富意蕴与冰心式的凝练流畅、婉约典雅的语言所营造的审美意境；比较刘成章的《安塞腰鼓》与陈丹燕的《上海的弄堂》迥然不同的语言节奏所表现的地域风情与作者的思想情感的不同;同样是朱自清的作品,要思考为什么《背影》的语言特别平实质朴,而《春》与《匆匆》则修饰得近乎华丽……学习语言,要在品味、积累、运用上下功夫,要在"学得"的基础上,日益"习得"语言能力,根据表达的需要选择不同的语言表现形式,逐步形成独特的语言风格。写作能力,究其实质是一种运用语言文字来表达思想感情的技能、技巧。任何语言理论、任何优秀的作品都不能直接转化为一个人的语言能力,写作能力的提升必须靠反复实践,正如游泳、武术一样,不练不会,非练不可。书是读出来的,文章是写出来的,读得多了,记得多了,练得多了,就会厚积薄发、熟能生巧,这和刘勰所主张的"操千曲而后晓声,观千剑而后识器"是同一个道理。

反观我们现在的写作教学,普遍地存在着重术轻道、舍本逐末的问题。很多老师不在写作的两次"转化"上多加指导,而是热衷于教授各种奇招妙法,传授各种应考套路;书店里很多教作文的书也大多局限于各种如何开头、如何结尾之类的技巧方法方面;很多学生不在写作的两个基本功上下功夫,却为了应试而背作文、套题目、走捷径。这些背离写作基本规律的做法,导致了大量缺乏真实与特色的套路化作文,也使得写作兴趣越来越淡漠,写作能力的发展受到制约。认识到写作的发生机制,回归写作自然之道,再结合一些具体的方法,就一定会不断提高写作水平,佳作频出。

谈艺明道　道术合一

——于漪《语文教学谈艺录》导读

练艺之苦、求道之乐,得之心而寓之于文也。

一、推荐理由

关于语文教育研究的若干层面,近年来专家学者从学术研究的角度做了较为科学详尽的梳理和阐述,这在某种程度上起到了拨开理论迷雾、指明实践方向的作用。但是,就实践层面的语文教师而言,他们似乎更愿意把研究的问题简单化,他们所真正关心的问题是:语文教什么? 语文怎么教?

要回答这两个问题,先要回答"语文是什么"这个问题。按照常理,"语文是什么"不应该成为一个问题,更不应该成为一个要语文教师回答的问题。然而,诚如王尚文先生所言:"自清末民初废科举、办学堂以来,基础教育的课程诸如数学、物理、化学、生物、体育、音乐、图画等,教什么,学什么,界限都十分明确,几乎从来没有过什么大的争议。唯独'语文是什么'至今仍是一个有待解决的问题。"①这个"原点"问题不仅造成了语文"名"与"义"的歧义,更导致了语文教学常常陷于"歧路亡羊"的窘境。《义务教育语文课程标准》虽然试图为语文"定性",试图调整"工具性"与"人文性"两个概念所带来的认识上的偏颇,但是,"实用而多彩的"语文,很难用一两句话说清楚,具体又复杂的

---

① 　王尚文.走进语文教学之门[M].上海:上海教育出版社,2007:3-4.

教学实践很难一步到位。于是乎,语文教师长久以来"不可知其源"的迷茫、"左右为难"的困惑、"请问路在何方"的追问,汇成一句深深的感叹:语文真是越来越难教了!

其实,这几个问题归根结底是语文教学的"道"与"术"的问题。道之不明,术之不利。"明道"就是要在"明灭可见"之间察语文之学科性质、明语文之育人价值、究语文之教育规律、探语文之教学方略。"明道"是一个在具体的语文教学实践中探求教学艺术以悟道、行道的过程。一个成熟的语文教师,不仅是一个实践者,同时也应是一个思想者,一个"知行合一"的求道者。《语文教学谈艺录》一书充分展现了于漪老师作为一名著名语文教育家在半个多世纪的教学中"明语文之道、优教学之术"的实践与思考,为扫除语文教师的"道术之惑"、解决"难教之苦"提供了一个经典的范例。

在这本书中,于漪老师首先直面"给语文定性"的难题,迎难而上,力避理论界高深玄妙的说辞,积自己 60 余年的教学探索,就一直困扰语文教师的"原点"问题,正本清源,给出了一个"语文教师"也是"语文教育家"的回答。接下来,从原点出发,深入开掘、纵横捭阖,就语文课程的功能、课堂教学的境界、教学目标、学习兴趣、语感培养、思维训练、教学节奏、朗读、积累、写作、教师自我教育等内容一一进行阐述。既有高屋建瓴的"论道",也有异彩纷呈的"例证";既有对"文"的精辟分析、精妙赏析,也有对"人"的深刻洞察、深情厚爱;既体现教学的科学性,也彰显教学的艺术性。一本《谈艺录》,巨细兼顾,道术同求,淋漓尽致地展现了一个求道者从苦心孤诣到慧心自如、炉火纯青的求索历程,展现了一位教育家站在育人的制高点上,千方百计育人、千回百转思索、千山万水飞跃的超迈情怀与勇气。

书中有言:"不认真教学,永远不可能总结出有价值的教学经验;不认真求知,也永远不可能体验到求知的艰辛与欢乐。"阅读这本书,常惊诧于于老师教学的认真远远超出了我们的想象。正因为她的认真,她对教学了然于心,她发现的问题均能切中要害,她的语文建设才能有根有基,蔚为大观。她针对语文课"平推"的问题,提出"课要上得立体化,发挥综合效应",主张"教课要一清如水,最忌糊成一片""每一个孩子都是宝贝"……在真知灼见的背后,我们看到了于老师的"心明如镜",看到她洞察一切、理解一切、把一切变得更美好的坚持!唯其认真,唯其求真,方能缘道求艺,深思明辨,道术合一,返璞归真。

练艺之苦、求道之乐,得之心而寓之于文也。一位"认真"的语文教师,写了一本"认真"的书,期待着向那些"认真"阅读的人开启。

愿《语文教学谈艺录》成为语文老师的案头书、枕边书。

二、原著导读

全书共十二章。前两章谈的是语文课程的性质与功能,三至十一章围绕课堂教学实践展开论述。其中,第三章着重阐述了课堂教学的理念、原则、方法。二至八章则着重阐述了阅读教学中教学目标的确定、激发学生学习兴趣、通过训练语言与思维提高学生语文能力、精心安排教学节奏等问题,这一部分所占的篇幅较多,也是于漪老师课堂教学艺术的集中呈现。九至十一章分别谈了朗读、积累、写作三个话题,每一个话题均独立成章。最后一章题为《教海无涯学为舟》,从自我教育的角度谈教师专业发展。纵观全书,基本上按照从理论到实践、从教学实践到专业发展的逻辑展开,而在谈论教学实践部分,又是按照教学内容的逻辑来编排的。本书章与章之间既相互关联,又彼此独立。一方面,全书作为一个有机的整体,全方位反映了于漪老师的语文教育思想与教学艺术风貌;另一方面,每一章讨论一个话题,每一节阐明一个主张,章和节都有着相当的独立性和完整性。鉴于上述特点以及全书的内容,关于本书的阅读方法我提几点建议。

(一)按顺序阅读

沿着本书的编排顺序,依次阅读,平心静气,从容不迫,以期获得对于漪老师教学思想与艺术,即对"道"与"术"的全面学习与借鉴。相信读完全书,也同时完成了对自身、对当前的语文教学的一次全面的观照与反思。

(二)自助式阅读

这本书的每一章、每一节都可以作为一篇独立的文章来阅读,读者可以在目录部分对照标题选择任何一个自己感兴趣的话题进入阅读。如第一章《语文是一门实用而多彩的课程》，第三章第一节《树立"体"的观念》，第四节《每名学生应成为学习的"发光体"》……可以说，每一章节读起来都有爱不释手之感。此种阅读的好处在于容易引起共鸣，引发思考。

（三）联想式阅读

于漪老师对每一个话题的阐述基本上都是有破有立，以立为主。对于"破"的部分，虽然着墨不多，似有简笔带过之感，然而，所谈的问题却常常是语文教师司空见惯、不以为然的问题。可以说，越是这样的问题，问题越严重，越需要引起重视。对于"立"的部分，于漪老师基本上都结合她个人的经典课例，做了详尽论述。希望读者不要一带而过，而是要多多联想自己教学中的得失，相互比照，以便长善救失。

（四）补充式阅读

本书成书于 20 世纪 90 年代，1997 年 7 月第一版面世，2012 年 5 月修订的新版再次与读者见面。无论是成书时间，还是作者于漪老师的诸多教学实践经历，与当下均有一定的时间距离。书中所引的课例一部分是现行教材中的内容，还有一部分是老教材中的内容。部分内容虽然在现在的教材中没有，却基本上是语文教师在学生时代学过的文章，如《海燕》《荔枝蜜》等，这些课例特色鲜明，堪称经典。读者切莫因现行教材没有这些内容就忽略不计，恰恰要通过网络等渠道找到原文，进行补充阅读，这有利于举一反三，借鉴创新，如此，教师方能悟得于漪老师教学思想与艺术之精髓。

最后，特别建议读者读一读于漪老师的朴实无华、一吐衷肠的后记，教育家吕型伟为了激励于漪老师写出此书，对她说："于漪，你不死就要把书写出来！"这是一种怎样的激将法，又是怎样的一种重托！我们所拿到的这本书是一代语文人用使命书写的"谈艺录"，更是用生命书写的"教学史"。

生命是一条活水的江河，源远流长。每一代语文人、每一个语文教师都是一条或大或小的支流，每一位语文教育工作者都应有一本自己的"谈艺录"，或厚或薄，涓滴融汇，终成洪流，终至大海。

参考文献:

［1］朱自清.朱自清语文教学经验［M］.张圣华主编,北京:教育科学出版社,2007.

［2］温儒敏.温儒敏论语文教育三集［M］.北京:北京大学出版社,2016.

［3］王尚文.走进语文教学之门［M］.上海:上海教育出版社,2007.

［4］王富仁.语文教学与文学［M］.广州:广东教育出版社,2006.

［5］李政涛,吴玉如.新基础教育语文教学改革指导纲要［M］.桂林:广西师范大学出版社,2009.

本书信息:

书名:《语文教学谈艺录》

作者:于漪

出版:上海教育出版社,2012年。

中考对语文教学有效性的影响

中考就像一个折光镜，能够折射出语文教学的现状。同时，中考又像一个风向标，是影响语文教学最敏感的因素，哪怕是一点微小的变化，它带来的效果也是"风乍起，吹皱一池春水"。

前几年，上海市一些学校推进二期课改的过程中，我们经常会听到这样的抱怨："考试不改革，却总让我们搞课程改革，树根不动，树梢乱动，最后还不是白折腾。"

然而，这两年类似的抱怨少了。原因是语文教师大多意识到上海市的语文中考一直在渐进式地改革，如果教学不改革，那岂不是刻舟求剑？总体来看，上海市语文中考的立意已经由过去的一个维度的知识技能转向三个维度的语文综合素养。既评价学生的知识、技能和智力等认知领域，也评价学生的态度、习惯、兴趣、意志、价值观等情感领域，在过程与方法的评价方面也有所追求与作为。可以说，语文中考在发挥考试的检验、区分、甄选功能时，也在很好地发挥着诊断教学问题、调控教学方向、促进课程改革、提高语文教学有效性的功能。

一、语文中考的评价功能对语文教学有效性的影响

一份语文试卷所包含的内容，相对于学生在初中四年学习的语文内容，可以说是沧海中的一滴水，但是这一滴水可以折射太阳的光辉。中考就像一个折光镜，能够折射出语文教学的现状。同时，中考又像一个风向标，是影响语文教学最敏感的因素，哪怕是一点微小的变化，它带来的效果也是"风乍

起,吹皱一池春水"。为了让教师和学生能够游刃有余地应对中考,不沦为中考的奴仆,我们要通过中考这面镜子来照出教学的真实状态,借助中考的风向顺势而动,不断提高语文教学的有效性。

(一) 中考是语文教学的折光镜

近两年的中考折射出了怎样的语文教学现状呢? 笔者初步得出这样一个结论:文言文教学似乎达到了一定的水平,现代文阅读教学还不尽如人意,写作教学还存在着一定的问题。

这种现状与学习内容自身的特点有一定的关系,三个板块内容的教学效果差异很大。文言文比较好抓,基本上是一抓就灵,现代文阅读是不抓不灵、抓了也未必灵,而作文则是抓了未必灵,不抓也未必不灵。当然这并不是导致目前教学现状的主要原因,主要原因还在于教学策略和教学方法。

文言文教学虽然达到了一个看起来理想的水平,但是成绩取得所花费的成本太高。据了解,很多学校的初三语文老师差不多要将一半的教学时间放到复习文言文上,教学的时间分配与文言文 38 分的分值比例是不相称的。尤其是课内的古诗词和 120 个实词,学生是一遍又一遍、一周又一周地默写。有些老师声称,即便是采用这种强化学习,有些学生就是屡默屡错,因此只能屡错屡默。目前的文言文教学成绩就是在这样反复操练的高投入下取得的。但是,透过分数,我们不难看到这其中含有虚假繁荣、短暂辉煌的成分。一些学生得言忘意,并没有学到文言文的精髓,很多记住的东西或是很快忘记,或是不会迁移。一定程度上来说,学生掌握的是一些"伪知识""死知识",所以会在"屡默屡错—屡错屡默"中循环。初三阶段是大幅度提高学生语文综合能力、促进学生跨越式成长的最佳时机。简单机械地重复操练,不仅浪费了学生的宝贵时间,还消磨了他们学习语文的热情,滋生了厌学情绪,负作用非常大,这样的学习成本实在太高。如果中考在命题导向上能够偏重于理解和融会贯通式的迁移运用,或许有助于改变这种现状。与文言文相比,现代文阅读考查的内容没有那么确定,抓手没有那么固定,所以抓起来效果也没有那么明显。但是,老师和学生都意识到不抓是不行的,所以,他们在现代文阅读上力气花了不少,练习题也做了不少,然而,无论是考前还是考后,老师和学生仍然都感到心里没底。新课程标准把现代文阅读的基本要求划分为若干个知识点与能力点。这些知识点、能力点的掌握和运用,是可以通过真正的阅读教学来实现的。尤其是教材中重点课文的阅读。

理想的阅读教学是从教材中选择好的课文,也可从课外选择一些与教材相关的文章,或是典型的阅读材料做精读指导,然后再从课外找一些文章做略读指导。叶圣陶先生说:"精读指导必须纤屑不遗,发挥净尽;略读指导却需提纲挈领,期其自得。"精读与略读结合好了,学生的阅读能力乃至语文综合能力自然会提高。但是,目前的问题是,到了初三,学生不但没有借助课文进行扎扎实实的精读,反而,大撒手,把教材丢在了一边,大量地做一些老套、平庸的课外阅读题,以做题替代阅读。为了应考,做一些题目是必要的,但不能本末倒置。丢弃了教材,丢弃了真正的阅读,随之丢弃的还有朗读课文、圈点批注、品味语言、感悟体验、笔记积累等最平常也是最有用的阅读方法和习惯。由于缺乏真正的阅读,缺少真实的阅读过程,在训练、应用时,学生很难回忆起教材中的经典范例,难以将"知新"与"温故"联系起来,他们不知道知识的源头在哪里,也不知道自己的根基在哪里,所以感到心里没底是不足为奇的。

阅读教学中还有一个异常的现象,那就是与大放手丢掉教材相反,在前三年死教教材,不敢放手。事实证明,教得越窄,教得越死,最后越是出不了成绩。反之,用活教材,适时拓展,注重积累,善于迁移,才能取得理想的教学效果。像2007年上海市中考语文试卷的第13题,有文化意识的老师一定会在课文教学时做过相应的拓展,他们的学生在答这一题时自然是得心应手。教《爱莲说》时,教师可以拓展到"花中四君子",教《论语》当中的"岁寒,然后知松柏之后凋也"时,可以很自然地拓展到"岁寒三友"。这样的随文拓展有助于扩大学生的知识视野、文化视野。这对于教师而言是很浅显、很自然的事情。于漪老师曾说过:"学生时代读教科书,读好教科书,是天经地义的事,但千万不能拘囿于此,画地为牢,把自己箍在里面,要善于抓住时间,拓展空间,广泛阅读。"所谓"操千曲而后晓声,观千剑而后识器",文章读得多了,学生的理解力自然会在潜移默化中提高,即便面对陌生的文章也会底气很足。

所以,教师要多鼓励学生广泛阅读。

写作教学的问题突出表现在选材的狭窄、陈旧,感情的平淡、做作,素材的生搬硬套等。这些问题的根源在于学生的视野没有被打开,学生的个性没有被表达出来,学生的真情实感没有被激发出来,加之学生考试求稳的心态,导致出现了大量的"无味作文"。要解决这些问题,有两个关键,一是培养学生善于发现的慧眼和慧心,让学生去发现生活中的真、善、美;二是加强对学生的个别化指导。世上没有两片相同的树叶,更没有两个相同的人,也不会写出两篇相同的作文。因此,对每个学生的个别化指导是非常重要的。但教学实际是教师出于精力有限等原因,习惯于在课堂上面向全体同学统一指导,传授一些写作套路,这不利于学生的个性表达。教师的有些指导作用不大,甚至会有或多或少的负作用,因此说,作文抓了也未必灵,不抓也未必不灵。

(二) 中考是语文教学的风向标

2006 年、2007 年的语文中考都是市里统一阅卷,各区的平均分比原来区里自行阅卷时低了很多。2007 年,市平均分只有 111 分。表面上看,这是给语文教学吹了一股凉风。但实际上,这带出了一股重视语文的热流。过去的分高不等于教学质量高,现在的分数下来了,不等于教学质量在下降。恰恰相反,这意味着命题的区分度出来了,阅卷的尺度收紧了,教学的泡沫被挤掉了。2006 年,中考的语文成绩是最后知晓的,还记得当时很多学生查询到分数后一下子呆掉了,他们的实际分数离期望值有很大距离,很多家长也认为孩子语文没考好,等陆续知道了其他同学、其他学校以及市里的平均成绩之后才松了口气。2007 年,很多学生中考考得好归功于语文考试发挥得好,语文不再是拉不开分数的学科,语文成绩的好坏已经成了中考成败的关键。

改变现实的前提是对现实有清醒的认识。这两年的中考折射出了语文教学的真实现状,为语文教学质量的提高提供了一个契机。过去的情况是语文老师一个人在呼叫要重视语文。现在,校领导、家长、学生都看清了大风向,不重视语文,就是在拿学生的中考开玩笑。

具体到命题的趋势,语文试卷更加注重考查学生对文本的整体理解和个体感悟,注重语文与社会生活的联系,注重考查学生对语言的品味和学生的表达能力、语文学习习惯。这对教学产生了积极的导向作用。以表达题为例,2003 年的 19 题是为 2008 北京奥运创作一条标语;2004 年的 23 题是为主人公设计一段内心独白;2005 年的 13 题是用几个词语写一段话。这些题对教学中加强语言的实践运用能力起到了推波助澜的作用,很多语文教师针对这类题型有意识地进行多种形式的语言表达训练,如创作广告语、编写短信等。2007 年的 19 题,看似平常却奇崛,能够考查学生多方面的语文素养,涉及对文章内容的感悟、对语言的品味、对艺术特色的鉴赏和评价、圈点批注阅读习惯等诸多方面的考查,有着很大的开放空间,其良好的导向作用是显而易见的。

二、语文教学期待语文中考的有效性

每年的中考之后,语文老师都会发现教和考之间会或多或少地存在一些错位。比如,花了很大力气讲授的教学重点很可能没有考查;有个别的考查内容出乎意料;学得好的未必一定会考得好;考试后感觉很差的学生未必会很差,感觉很好的学生也未必一定好;等等。诸如此类的问题困扰着语文教师。教和考的关系非常密切,它们是既统一又矛盾、相辅相成的关系。面对一份中考试卷,总是"仁者见仁,智者见智",从教的角度来讲,教师会有更多的期待,期待命题更贴近教学的真实状况、更利于区分学生的真实水平,更具有有效性……

(一) 期待命题者能够多一些换位思考

在 2007 年的试卷当中,有几道题目的设计,让我们感觉到命题者还是比较多地停留在自己的逻辑世界里,对学生做题时的思维轨迹预测、关注得似乎不够。

比如,现代文阅读(一)当中的第 11 题"选词填空",很多师生反映如果不仔细推敲的话,很容易做对,选择"巧夺天工"来概括评价瓷器的装饰;如果仔细推敲,反而容易出错,因为前一句话是"均极尽缤纷艳丽",仿佛强调的是色彩,学生很容易误选"光彩夺目"或"流光溢彩"。有一所学校让所有的语文老师做中考题,选对的老师说,主要还是凭感觉,因为"巧夺天工"用得多,所以就选了这个词。可以说,从语感角度命题考查学生对词语的运用和理解,这个出发点是非常好的,但是原文和答案的四个选项都存在着干扰,很多学生认为自己有一点碰运气的感觉。因此,命题者如果能对原文稍加修改,或许会更好一些。

又如第 13 题,"用四个字概括'青花瓷盘'的图案内容"。这道题也让一些学生一下子没了方向。其实这道题目出得很新很活,可以说是今年试题的亮点,但是有些学生在看图上就出现了障碍。有的学生出考场后向老师描述这道题,说"图上有一个盘子,上面有一棵树,两只鸟,一棵竹子,一堆草……"我们现在听起来觉得很好笑,固然可以说学生理解能力差、悟性差,没有文化概念,但是这却是他们的真实感受。所以,命题者如果能在这道题上稍微给一点提示,或许考查的有效度会更高一些。

再如现代文阅读(二)中的第 17 题,更是一道争议颇大的题目。命题的出发点非常好,要想答好这道题,答题者要联系上文和文章的结尾"悔恨"一词,努力地去体验作者的情感,然后根据标点符号的提示去分解"我"心理变化的过程。但教学的实际是,教师对标点符号的作用原本就强调得不多,这一题又是如此集中地考查这一知识点,增大了答题难度。同时,题干中的"从语气的角度分析"原本是一个友好的、有效的提示。谈到语气,可以理解为说话的口气,如傲慢、无奈、哀求、赞美、羡慕等,也可以表示陈述、疑问、感叹、祈使等语法范畴。但是答案本身将"陈述的语气、感叹的语气、无奈的语气"放到一起来表述,这是不够严整的。尤其是答案认为破折号代表的是无奈的语气,我认为也不见得,这里的答案不是唯一的,围绕后悔、内疚来谈都是可以的。这道题其实可以归为半开放的感悟题,学生能够通过"我"三次叫奶奶这一行为来体会作者的复杂心情就可以了。

出好题目难,出又新又好的题目更难。以上几个题目都是有创新、有质量、有难度的,如果命题者能多一些换位思考,或许题目会更加完善。

（二）期待阅卷者能够更多一些细致操作

在中考的几门科目当中,由于语文学科的主观开放性试题所占的比重最大,语文学科阅卷的弹性和难度也最大。有人说:"学不好是考不好的,但学得好也未必考得好,考得好也未必得高分,那要看你遇到了什么样的阅卷老师。"这话固然是夸张的,但是阅卷对语文分数高低的影响也是不可小觑的。以 2007 年的试卷的第 19 题为例,像这样的题目,能力强的学生可以发挥得淋漓尽致,甚至超出老师的想象,但是,如果阅卷太匆忙的话,他们也很难脱颖而出,显示不出语文素养的优势。

命题在改革,阅卷也在改革,全市统一网上阅卷是一个巨大的突破,阅卷的标准更客观、更公正了,这在全国也是领先的。但是由于语文学科固有的特性,一个学生的分数高低难免会有一点运气的成分,我们期待着语文中考不断朝着有利于全面考查学生的语文素养的方向继续改进,使学生的语文知识、能力,语文学习的过程、方法、习惯,以及情感、态度都能得到有效的考查,学生考出来的是真实的教学状况,是学生真正的实力。

关于语文中考新增"综合运用"部分的思考

"综合学习"是语文课程改革的新增亮点,从"设计思路"到"课程目标",再到"内容与要求",一以贯之的核心思想是语文生活化、生活语文化。

2014年,上海市语文中考试题在总分不变的前提下,有一个较大的调整,就是将原来8分的"小作文"题和3分的古诗默写题取消,新增11分的"综合运用"部分,试卷结构将由原来的文言文、现代文、写作"老三篇"变成"四部曲"。面对这一变化,教师们表现出两种倾向性的态度,一种是淡然处之,认为不过是题型有所变化,是一两个客观性知识点的考查和80字"小作文"的延续,并没有太多的新意,因此不必刻意研究与训练;另一种是如临大敌,认为这种考查的形式太突兀,内容也太宽泛、太灵活,无从下手,难以把握。这两种态度,都不是非常的理性。面对这种变化,每一位语文教师都应该做认真、深入、系统的思考,以积极、科学、专业的态度来应对。本人认为,无论是内容上的"渐变",还是形式上的"突变",都有其理论依据、现实背景、深刻用意,梳理这些问题将有助于我们找到更加科学有效的应对策略,更好地实现这一项语文中考改革的初衷。

一、回到课标找依据,回归生活强根基

《上海市中小学语文课程标准》"设计思路"部分的第二条谈道:"语文课程内容部分分别从'识字与写字''阅读''写作''口语交际''综合学习'等方面提出要求。"在"课程目标"部分的第八条谈道:"有综合学习的能力。能运用网络平台查找资料,研究问题,进行人际交流;在各项语文实践活动中,培

养合作意识和独立研究的能力。"在"内容与要求"(6 至 9 年级)部分关于"综合学习"共有两类六点表述。第一类是综合实践,包含五点:①主动参与班级、学校、社区及社会的各项活动,有合作精神和独立处理问题的能力。②能独立进行采访、社会调查等活动,并完成相关的报道或报告;能独立编辑小报。③能参加班级、学校组织的演讲、辩论等活动,在活动过程中提高自己的口语交际能力;有文学兴趣,能积极参加文学社团活动。在活动中展现自己的能力和才华。④关心学校、社会发生的事,对引起人们关注的问题,能收集资料,做调查研究,进行讨论交流,并能根据需要书写、阐述自己的见解。⑤能利用网络平台,研究有关问题,并能主动与他人进行交流。第二类是专题研究,自觉阅读自己感兴趣的作品,确定主题,能查找并引用资料,写出有关的读书报告或小论文。

"综合学习"是语文课程改革的新增亮点,从"设计思路"到"课程目标",再到"内容与要求",一以贯之的核心思想是语文生活化、生活语文化。语文学习要有扎实的生活根基,要面向生活,也要回归生活,使学生的语文知识世界与生活世界相沟通,使学生在丰富多彩的活动与真实的生活情境中通过自主、合作、探究的方式学语文、用语文,学以致用,提高语文素养。"综合学习"的内容涉及主题活动设计与参与、新闻报道、调研报告、编辑小报、文学社团活动、社会热点评析、读书报告、小论文等。课程标准中的"综合学习"与上海市中考试题的"综合运用"虽然不能完全等同,但是从课程标准关于这部分内容清晰、具体、系统的阐述来看,"综合学习"概念的内涵与外延可以周延"综合运用",成为"综合运用"教与考的主要理论依据。老师们只要认真研读课标,领会其精髓,就会在看似"无边无界"的命题范围中找到生活与社会的界限,在看似"无拘无束"的命题形式中洞悉写作与运用的形式。

二、参照全国试接轨,比照 PISA 补短板

从目前有关部门组织编写的四套模拟题以及个别区县的模拟试题来看,这部分试题由两道题目构成,第一题分值为 3 分,偏重于基础知识的运用。由于考查的是客观知识的理解,难度不大,容易理解。第二题分值为 8 分,偏重

于语文知识、能力的综合运用,要求考生用一小段文字来表达主观的感受。基于此,有些老师认为,从分值和要求来看,这一题比较接近原现代文阅读(二)的最后一题,即 80 字的"小作文"。其实,这是一种认识上的误区。原来的"小作文"是记叙类文章的一道阅读试题,写作内容主要指向文本,多是感悟评析、想象补白、品味鉴赏等。而 2014 年的"综合运用"题型虽然保留了"80字"的表达,但是表达的内容主要指向生活,更注重语文知识与能力的综合性的现实应用。如果用以往考题来比照,上海市 2009 年中考试题的现代文阅读(一)《城市景观花卉装饰》的最后一题应该更接近。总体看来,"综合运用"部分的命题符合上海市语文中考命题多年来"稳中求变"的指导思想。不可否认,"稳"固然是前提,但是"变"却是重点。鉴于此,语文教师对于这一次的"变"要有足够的敏感,既要有与上海本土过去的语文考试比较的纵向思考,也要有与全国、国际上关于语文测试的横向观照。

只要对全国各省市中考稍加关注,就会看到"综合性学习"作为一个独立的部分来考查,已经颇有一些时日,也积累了一定的经验。如 2013 年北京市中考语文试题,给出了一组非连续性文本形式的关于纪录片的材料,考查了三道题目:提取主要信息(4 分);阅读《舌尖上的中国》相关专题报道,探究该片成功经验,写出探究结果(5 分);帮校刊记者拟一个能表明中学生"走近中国纪录片"意义的副标题(2 分)。与上海试题相比,二者在命题思路、基本形式上是接近的,但是具体到题目设计、分值分配还是有所区别的,可谓是大同小异。上海的命题既考虑到了与全国接轨,又保持了上海的传统与特点。这一点提醒老师们在借鉴外地经验的同时必须考虑上海特点,简单照搬外省市试题,进行大批量训练的做法是不可取的。

从国际比较的角度来看,我们毫无疑问要关注使上海教育轰动世界的PISA 测试。2009 年,PISA 测试中,阅读调查平均成绩为 493 分,上海学生在连续文本分量表上平均分为 564 分,比第二名韩国高 26 分。然而,上海学生在非连续文本分量表上平均分为 539 分,低于新西兰、新加坡、澳大利亚、加拿大、芬兰、日本、英国等 7 个国家。上海非连续性文本分量表与连续性文本分量表成绩差异高达 25 分,在总成绩高于 OECD 平均值的参与国家和地区中,上海在两种文本形式分量表上的成绩差异是最大的,这说明上海的语文课程在不同文本形式的课程内容分布方面是不均衡的。面对总分遥遥领先,而非连续性文本得分却低于平均分的这样一个阅读测试结果,上海语文教学的短板是显而易见的。究竟什么是非连续性文本?它与连续性文本的主要区别是什么?非连续性文本对学生哪些方面的能力提出了挑战?这是教学与考试必须要深入了解的问题。连续性文本是由句子和段落构成的文本,如小说、散文等。非连续性文本又称间断性文本,它不是由逻辑或语感严密的段落结构层次构成,而是由数据表格、图表、曲线图和图解文字组成,如凭证单、使用说明书、广告、地图、清单、时刻表、目录、索引、节目单等。特点是直观、简明、醒目、概括性强、易于比较。相对于连续性文本注重对间接经验的学习,非连续性文本更注重直接经验的表达。非连续性文本阅读,主要体现为发现有价值的信息,对文本进行新的意义建构,这有助于培养关系性理解、概括性思维、批判性思维、创新性思维等高阶思维品质,也特别有助于培养学生深入思考、自我调控的能力。虽然非连续性文本对于广大教师而言,是一个比较新的概念,但是关于这方面的学习却并非毫无基础,主要糅合在"综合性学习"中。2014年上海市中考语文改革的举措,可以说既隐性契合了非连续性文本的考查理念,又对我市学生语文素养"短板"现象作出了积极回应。

三、研究教材增底气,研究样题找规律

《2014年上海市初中毕业统一学业考试考试手册》(俗称"考纲")在"考试目标"中关于"综合运用"有两点表述:①能结合具体语言环境和现实生活,运用语文知识和综合学习的语文能力解决问题。②能根据要求进行仿写、扩写、缩写、改写、续写。中考命题向来讲究"依纲据本",也就是依照考纲、课程标准、教材来组织命题。因此,围绕考试目标,对照课程标准,认真地研究教材,结合现有的样题,探究应考规律,是比较可取的教学指导策略。

教材当中的综合学习内容与单元主题相关,形式生动灵活,学生有一定的学习基础,有效的教学与复习能够收到温故知新的效果。教师应对初中每册教材的每个单元综合学习的主题进行梳理,对初中阶段四十几个主题单元

做一下回顾,做一些筛选性复习,以便激活记忆,在综合运用的视角下实现学习重构。以八年级为例,第4单元综合性学习主题为"善待地球",必做项目为"寻找隐患——环境污染小报告",从内容到作业形式都是很好的训练素材。第8单元综合性学习的主题是"外国小说风云榜",必做项目是"推荐一篇外国优秀短篇小说",与初三语文质量测试的题目"要求写出一本名著的推荐理由"如出一辙。上述例子告诉我们,面对"综合运用",大可不必茫然无序,如果我们能够认真研究教材,我们就会有底气来应对,这不仅是近期的"战术",也是长期的"战略"。

通过对课程标准、教材和样题的研究,我们可以发现一些关于"综合运用"的教学规律。第一,关于综合。综合运用不仅是语文知识与生活的综合,也是阅读与写作的综合,更是多种能力的综合运用。阅读中的概括、分析、比较等能力依然是非常重要的,只有"读到位",才能"用出色"。第二,关于文本。绝大部分文本属于非连续性文本,表面不相关的几则材料、一张图标、一个徽标、一个示意图甚至一幅漫画等,都可以作为命题的材料。教师要引导学生广泛涉猎,多元关注。第三,关于表达。表达要注重情境,如以主持人的身份为"低碳生活,我们能做什么"主题班会写一段开场白,学生只有创设一个主题班会的内在情境,才能把开场白写得扣题而得体。此外,还要在表达上注重思想观点的提炼。"综合运用"的题目开放度比较大,很多题目是让学生发表对一件事情的看法,学生可以有自己的见解,见解的高下主要在于是否有理性的思辨。初中生的主要思维特点是由感性向理性过渡,理性思考尤其重要,教师在指导过程中最好能就个别学生的表达做个性化、针对性的指导。

从教学到考试,从考试到教学,这是一个相互影响的循环过程,考试在发挥评价功能的同时,对教学起到导向的作用。如果我们能够就"综合运用"的考试想得多一点、深一点、远一点,那么通过中考改革来促进教学改革的深远目标就会得到更好地实现。

直击教育"高热点"，点评中考作文题

书写生活中的真、善、美，肯定自我努力与付出的价值，凝练成长感悟，以更大的勇气探索未知、憧憬美好未来……

上海市初中学业水平考试（简称"上海中考"）是上海市基础教育参考人数最多，也是全社会关注度最高的高利害考试。首场考试的科目是语文，其中的作文部分因其分值比重高，考查语文综合素养，具有母语学科的"人人有话说"的特点，成了教育界内外普遍关注的"高热点"。一个简短的作文题目，不仅让命题组的老师煞费苦心，更让老师和学生绞尽脑汁。题目出得怎么样？怎样审题更对路？如何写出考场佳作？都是大家普遍关心的问题。

为了能够及时回应社会关切，以理性的分析稳定考生情绪，启发广大学生打开写作思路，本人从 2016 年开始连续几年在首场考试结束的第一时间点评中考作文题，简要阐述如何审题、写作，得到了广泛的关注。

一、2015 年：不止一次，我努力尝试

今年的中考作文题目是"不止一次，我努力尝试"。当看到这个题目时，老师、学生的第一感觉是很踏实。今年的中考作文沿袭了近几年的全命题作文形式，保持了作文命题的平稳性。题目本身的遣词造句也比较平实，"尝试""努力""不止一次"都是生活中的寻常词汇，组合起来也易于理解，基本上没有审题障碍。可选择的素材也没有太多的限定，初中生涉世未深，具有求新好奇的心理特点，在他们的学习生活经历中随时随地都有"尝试"。作文可以写"我为了达到某个目标不止一次的尝试""我在追求梦想时做的不止一次

的尝试""我在学习方法上不止一次的尝试""我在发展自己的兴趣爱好方面不止一次的尝试""我不止一次尝试做小实验、小探索""我不止一次尝试自己从未有过的经历"等。只要是"努力试着做一做"的经历都可以写进来。可以说，这个题目的选材范围很广泛，有助于调动写作主体"我"的生活经历，富有浓郁的生活气息，能够收到"人人有话说，人人都能写"的效果，给考生留有了宽广的写作空间。

但细细审视、品味这个题目，我在平实、平稳中还看到了命题者的匠心和用意，可以说是"实中有活""平中见奇"，既注重守正，也有出新。"我努力尝试"是写作的重心，首先要把考生自己写进去，文中一定要有写作主体"我"，这不仅让学生有话可说，同时还引导学生关注自己真实的生活体验，回归一个真实的自我，表达自己的真情与感悟。考生可以"以我手，写我口，述我事，抒我情，表我心"，这样的写作过程能够引导学生重新认识自己、反思自己、提升自己，透过对"尝试"的再次体验与回味，梳理努力的经历，回归自己的心灵。从"我之小"走向"我之大"，从"旧的我"走向"新的我"，获得精神上的成长。一个考生从考场出来说写自己写得眼泪要流出来了，这非常好地印证了命题者的这种意图。

题目中，"不止一次"是前半句，与"我努力尝试"之间用逗号隔开，可以说是一个重点，一个亮点，也算是一个微小的难点，但这个难点完全在可以接受的范围内。"不止一次"放在前面，无疑是为了突出强调"努力尝试"的过程性。因此，写尝试的经历不能只写一次，至少要两次，甚至多次。围绕一件事、一个目标的尝试也一定要写出"不止一次"的波澜起伏。"不止一次"从情感态度方面强调的是坚持、执着，不认输、不止步，从策略方法方面可以写多角度的开放思维、变通与创新，"不止一次"反映的是过程的"山重水复"和感悟的"柳暗花明"。对初中生而言，"不止一次"是难能可贵的成长经历，让学生懂得"过程比结果更重要，成长比成功更重要。"在行文过程中，要注意每一次与每一次之间不是简单的重复，每一次应该有不同的调整，不同的体验与收获。要注意每一次与每一次之间的关系，写作比重不能平分秋色，要详略得当。

可以说，今年的上海中考作文题目还是非常接地气且富有正能量的，透过这个题目我们也可以揣摩一下上海中考作文的四种导向：一是关注写作主体的导向，二是回归生活的导向，三是回应创新时代精神的导向，四是建构学习经历的导向。学生要想写出好作文离不开生活之源、心灵之泉的关照，也要回应时代精神的感召与个体人格心灵的养育，这与我们的新课改理念是吻合的。

二、2016 年：没想到，真没想到

今年的中考作文题是"没想到，真没想到"。看到这个题目，很多人的第一感觉是"真没想到"！中考作文题历来关注度非常高，总会引起人们的种种猜测和设想，然而，万万没想到这样一个题目在万众期待之中出其不意地横空出世了。不过，这个题目虽然在意料之外，但细细想来，却又是在情理之中。

审视这个题目，我们不难发现命题者的良苦用心。写中考作文要尽可能避免用准备好的文章来套题，因此学生需要求新求变。但是，由于考试的高利害性与影响的广泛性，学生又要求实求稳。众所周知，去年的题目"不止一次，我努力尝试"，也是命题作文，题目由两部分组成。而今年依然延续了这样的命题作文形式，在题目的语言表达形式上也颇为相近。不同之处在于，去年的作文题目的强调部分在逗号之前，而今年的作文题目的强调部分在逗号之后。前后两部分之间是一个加强的反复，两次提及"没想到"，让人感受特别强烈，再用一个"真"字加以修饰强调，即"真没想到"，使得题目的指向性也越发清晰、聚焦。可以说，这个题目很好地把握了一种传承与创新的平衡，与去年的中考题目保持了一定的延续性，也有一种扑面而来的新气息，充分体现了"稳中有变"的中考命题趋势。

写好这个题目，要紧紧围绕两个"没想到"。所谓"没想到"，一般是指客观生活中的一些偶然性的，打破了原来的、旧有的认知经历、固定的思维模式等不同寻常的、偶然的、意外的事件或经历。它的潜台词是"我原本没有想到的，生活中竟然意外地发生了；我原以为是这样的，结果竟然是那样的；我原本想要的是那些，结果收获的却是这些"。这与学生平时练习的题目，诸如

"意想不到的收获"之类的作文题有相似之处,但是也有所不同,这个题目更具有思考的张力。因此,考生要选择对自己具有强烈冲击力,在成长过程中给自己心灵留下深刻印记的内容来写。可以写自己对生活的新观察、新体验、新发现、新探索、新思考。比如写学校生活中一次富有创意的主题活动,家庭或生活中一次全新的情感体验,一个特别具有仪式感的生活场景,学习生涯中一次超出预期的成功挑战,或者人际交往中一份意料之外的误会、和解与感动,自我成长过程中的一份顿悟与觉醒……这样的事件表面上看起来发生概率很小,但却反映出人们内心深处最真实的期待与生活本来应有的面貌。值得注意的是,不要为了突出"没想到",去刻意寻找奇事、怪事、大事来写。写好这篇文章还是要回归生活的本原,用一双慧眼到平凡生活中去发现真、善、美,用一颗慧心从司空见惯中去体验新、奇、特,写好生活中的小事、琐事甚至是难事。再努力在"真"字上用足笔墨,做足文章,写出强烈的真情实感,做好铺垫,写出波澜,越是能突出"意料之外"的偶然性,也就越是能突出"情理之中"的必然性,从而收到"平中见奇,出奇制胜"的效果。

这个题目也隐约让我们感受到一定的哲学思辨意味,偶然与必然、客观与主观、感性与理性之间是相辅相成的。这对于目前正处于感性思维向理性思维过渡的,即将升入高中的学生来说,可以引导他们关注客观现实与主观体验之间的相互转化,深入思考事物内在的关联,获得认识上的进步与跃升。这种思辨既符合他们现阶段的成长规律,也为他们在高中阶段的学习提前做了铺垫。我们期待在今年的中考作文中,能够涌现出更多的佳作。

三、2017年:就这样,埋下一颗种子

看到今年的中考作文题目,第一感觉便是似曾相识又颇具新意。之所以说似曾相识,是因为今年的作文在形式上延续了近几年的命题作文形式。纵观上海近几年的中考作文,2013年的"今天,我想说说心里话"、2015年的"不止一次,我努力尝试"、2016年的"没想到,真没想到"几个题目,都是由两部分组成,中间以逗号隔开,两个分句皆有所强调。今年的题目前半句"就这样"也与2014年的"这里也有乐趣"的指代有相似之处,和更早几年的作文题"在

学海中游泳""我眼中的色彩""我也衔过一枚青橄榄"的相似点在于题目的中心词都有比喻、象征的意味。考生看到这个题目，心中不会有因陌生而产生的慌乱。但今年的命题在传承中又有创新，新意在于题目多了抒情色彩，有了具体的情境，更具有几分诗情画意，可谓稳中求进、守正出新。

反复玩味，我们可以发现这个题目给考生留足了空间与张力。

首先是选材的多样性。题目的中心词无疑是"种子"，实指的种子对一部分城市孩子而言可能会有点陌生，但是"种子"的比喻义和双关义对所有考生而言，是不陌生的，他们都能有所领悟。所以在审题时要化实为虚，虚实相生，揭示"种子"的丰富内涵，打开思路。种子可以代表力量、萌生希望、孕育未来，也可以象征目标、理想、信念、机遇等，挚爱真情、美好品行、兴趣爱好、责任担当、文化审美等均可入题。另外还要注意的是这个题目并没有给出谁是"埋下种子"的主语，但在写作时考生需要补出这个主语，可以是第一人称"我"，也可以是他人、他事、他物，亲人、师长、同伴、书籍、活动体验、生活中的风风雨雨等都可选择。由此可见，选材的范围还是相当广泛的。

其次是思想的深刻性。虽然考生在审题上并无大碍，但每个考生对生活的认识水准却有高下之分。对"种子"深层含义的透彻解读、选择"种子"的审慎思考、对"种子"深远意义有明确认识，这些对考生还是有一定的挑战性的。"种子"的特性在于它孕育着生命、希望与未来，有无限的可能，但是也具有很多的不确定性。一颗种子甚不起眼、微乎其微，但"埋下一颗种子"却有重大意义，这不仅需要热情与信心，更需要忍耐与呵护，需要去等候那个"生根、发芽、开花、结果"的过程。这个题目不仅要表达出写作主体的真切体验，更需要表现出一代少年的独立思考与精神成长。诗人说："满树的花朵，只源于一粒小小的种子。"在渐趋浮躁与功利的社会，在一个人的生命中，特别是美好的青少年时期，保有一份"种子"的情怀是多么的重要与美好。

写好这篇作文还要注意题目的前半部分"就这样"，这其中也隐含着强调的意味，可以是特定的情境、特殊的方式、特有的动作等。"就这样"作为前半句，如果去掉的话，文题也可成立，但有了这三个字，便有了一份刻骨铭心的独特体验与真实情感。

总体感觉,2017 年的中考作文还是比较契合初中毕业生由感性思维向理性思维过渡的年龄特征的,能引发这些即将升入高中的孩子对自己的生活做一定的价值思考,这对他们未来的学习与成长都是很有必要的。相信这次会有大量佳作诞生。

四、2018 年:真的不容易

今年的中考作文题目是"真的不容易",看到这个题目,我的第一反应是想起了 2016 年的题目"没想到,真没想到",产生这样的直觉联想,是因为这个题目在诸多的大考小考,以及平时的作文中似乎都没有遇到过,可以说是一个命题者煞费苦心想出来的新题目,让人感觉到"没想到,真没想到"。不得不说,这样的大考作文题目能给人一种新鲜感、陌生感还是很有必要的,当然也是很不容易的。另外,我们稍加玩味,就会感受到两个题目之间的相似点还是非常明显的。两个题目中的"真"字都起到了强调的作用,强调了写作内容原本具有的特质,强调了写作主体特别的体验与感悟,也强调了这种体验感悟走向深入的过程。今年的作文题与 2016 年的不同之处是语言形式上只有一句话,而 2016 年的题目由两句话构成,中间用逗号隔开。根据我们日常的表达习惯,当我们说"真的不容易"的时候,常常会在前面加一句"不容易",因此,今年的题目会让很多考生在审题时自行补充为"不容易,真的不容易"。这两个题目"明里暗里"的相似性是显而易见的。透过这两个题目,我们可以看到命题者"稳中有变,变中求稳,异中有同,同中求异"的中考命题倾向。

那么这个题目写起来究竟是容易还是不容易呢? 写什么,以及怎样写会容易契合命题者的初衷呢? 可以说,这个题目关注生活、引导成长的旨归是非常明显的,容易让学生有话可说,让不同层次的学生有发挥的空间。在日常生活中,我们常常听到或说过这样的话:生活本来不容易;每个人其实都不容易;每件事想做好都不容易;你说我容易吗;我看你还真是不容易……我们感到这些话离我们是那么近,那么容易触动我们,是因为不容易是生活的真相,不容易是成长的必然。考生只要认真筛选自己的生活经历,深入感悟成长中的酸甜苦辣,在选材上还是大有空间的。比如,学习上取得的一些进步,策划、组织、参与一次难忘的活动,在某个领域或项目中的一个新的尝试、挑战与突破,努力克服自身的某些陋习与缺点,主动承担一份责任或践行一个承诺,努力坚守自己的一个爱好与梦想,等等。既可以写自己,也可以写他人;既可以写普通人的凡人琐事,也可以写领袖人物的使命担当;既可以写一个人,也可以写一个集体甚至大到国家或民族。只要自己有真切的体验,能够驾驭得了,这篇作文选材可大可小,立意可近可远。

这个题目也具有较强的思辨性,很容易让人联想到今年的上海高考作文题中的"需要"与"被需要"。有些平时注重思想锤炼的学生,应该能够关注到"容易"与"不容易"之间的辩证关系,能够进行换位思考,在容易的生活中看到自己或他人不容易的付出,在不容易的生活中叩问自己的心灵,试着与他者共情,看到生活中那些含泪的微笑,倾听咏叹调之后的欢乐颂,感悟生活在不容易中歌咏前行的真谛。如此一来,这个写作的过程就会成为一次心灵释放、情感升华,一个弥足珍贵的生命成长过程。由此可见,考生要想写好这个题目,似乎没有那么不容易。

五、2019年:这事,真带劲

2019年的中考作文题新鲜出炉了。应该说,人们看到这个题目的第一感觉是熟悉而又亲切。说到熟悉,是因为今年的作文题在语言形式上与近年来作文题目保持了一贯的连续性与稳定性。自2013年至今,上海市中考作文题七年来已经是第五次出现"由两个短句构成、中间由一个逗号隔开"的作文题,学生不会感到不适应。说到亲切,是因为题目中的"带劲"一词,是一个口语化的词汇,整个句子给人的感觉也是特定语境中的口语表达,如同一个人面对一件事脱口而出的一句赞叹,有着很强的现场感与生活气息。题目中的"这"字,在近年的作文题目中也是第三次出现,在选材上聚焦、特指、强调的倾向是非常鲜明的。有逗号的题目近年来出现了五次,学生应该也不会感到陌生。去掉这个逗号,语句仍然是通顺的,题目也是合理的,然而,有了这个逗号,题目突出强调的内容,以及要传递的感情色彩就大不一样了。

审视这个题目,"带劲"无疑是这一题目的核心词。"带劲"一般指有力量、有劲头、能引起兴致、让人感到来劲的事情,但是因为其口语化的特点,人们对其的理解还是比较多元丰富的,"带劲"一词有时也可以表现有趣、漂亮、出彩、新鲜、惊喜、尽情、尽兴、爽、过瘾、刺激等意思,这就决定了选材的开放性与广泛性。让人感到"带劲"的事通常指生活中那些美好积极的事情,考生既可以写未曾体验经历过的事情,也可以写对原有认知体验的刷新与突破。比如,可以写学习拼搏带来的成就感、参加科技艺术活动带来的震撼感、作为家庭、班级、学校、市民、国民当中的一员在取得某些成就时的自豪感,也可以写参与家务劳动的获得感、社会实践付出的幸福感等契合"带劲"的积极正向的情感。考生既可以给自己点赞,也可以为他人喝彩。值得注意的是,这里的"带劲"与娱乐休闲中的好玩、开心、舒服等要有所区分,选材立意要高,如果能够写出辛苦耕耘后高层次的享受、挑战极限后高境界的愉悦、征服困难后高水准的畅快,展示出新一代学子阳光自信的精神风貌,就会写出高品质的文章。

有一点需要提醒的是,从语言学的角度来看,偏口语化的"带劲"是一个方言同形词,不同文化背景的考生和阅卷老师对这个词的理解会有一定的差异。上海作为一个多元文化融合,海纳百川的国际大都市,应该对不同的理解给予更多的接纳与包容,从全民语言通用性的角度给予考生更多的教育公平,让更多"带劲"的佳作涌现。

以上仅以五年上海市中考作文题点评为例,我们还可以以研究者的视角来纵观十年来上海市中考作文题目,从中获得教与学的启发。

2012 年:心里美滋滋的

2013 年:今天,我想说说心里话

2014 年:这里也有乐趣

2015 年:不止一次,我努力尝试

2016 年:没想到,真没想到

2017 年:就这样,埋下一颗种子

2018 年:真的不容易

2019 年:这事,真带劲

2020 年:有一种甜

2021 年:比看上去更有意思

2022 年:这不过是个开场

这些题目在内容和形式上都体现出一脉相承、稳中求变的特点,鼓励学生关注生活的丰富多彩,抒发自己内心的真实体验,引导学生以积极、乐观、感恩的心态,书写生活中的真、善、美,肯定自我努力与付出的价值,凝练成长感悟,以更大的勇气探索未知、憧憬美好未来,充分发挥了考试评价积极的育人导向作用。

胸中海岳梦中飞

——《上海名师课堂 中学语文 李百艳卷》自序

魅力汉语对我们的征服,有时是五脏俱焚的痛,有时是透心彻骨的寒,更多的是酣畅淋漓的洗涤和'我欲乘风归去'的快感。

——舒婷

"世事沧桑心事定,胸中海岳梦中飞。"这是冰心挂在书房中的对联,我极为喜欢。不仅因为原本不相干的两句诗放在一起给人一种妙合天成的感觉,更因为这两句诗能够道出我对语文教育的情有独钟,道出我的生活态度和人生信念。

一个人其实活在两个世界里,一个是外在的现实世界,一个是内在的心灵世界。每个人都希望自身所处的外在世界事事都能遂人心愿,然而,世事难料,一个人真正能把握、能拥有的东西实在有限。所以,仅从人与外部世界的关系来看,从来没有一个人是丰盛自足的。于是,人们本能地向内寻求,寻找内在的丰富充足。如果一个人在不断拓展两个世界的同时,也能够不断地调和两个世界,那么,他就能过上一种内外和谐的理想生活。用什么来调和?各人有各人的方式。大哲学家海德格尔说:"语言是存在的家。"感谢语文,因为有了语文这样一个交际工具,这样一个精神工具,我不仅能够带领学生学会与外在的世界交流沟通,而且能够在内在世界里建设自己的精神家园、心灵花园。感谢生活让我做一个语文老师,因为语文教育早已从最初的我的外在的工作、事业,变成了我内在的守候与梦想。

于漪老师曾满怀深情地赞美:"哪一门学科能有语文那样的灵动蕴藉;哪

一片天地能有语文世界那样的斑斓多彩!"语文实在是魅力十足的一门学科。回望自己十几年的语文教学生涯,我所走过的路可以简要地概括为"被语文的魅力征服以及用语文的魅力去征服的过程"。我常常对我的学生说:"任何一门学科的教学,如果不能让学生领略到这门学科特有的美,那一定是一个极大的缺憾。若干年后,你们可以把在我的课上学的东西都忘记,但只要你们还记得,语文是最有魅力的一门学科,那就是我最大的满足。"

令我无限感恩的是,我教过的学生留下了太多关于语文的美好记忆。他们记住了太多的课堂故事、学习细节。他们中常有人告诉我,他们最不能忘却的是我教他们的第一节语文课和最后一节语文课。

"语文,我没有理由不爱你。"这是第一节课讨论的话题。

"语文,你是我永远的享受。"这是最后一节课总结的主题。

记得一个叫武智嘉的同学在最后一节课上读了自己的一篇文章《语文·山水》,他写道:"语文是一座巍巍高山,山路上有荆棘也有鲜花,只有登上山顶,才能真正领略语言文字的奥义;语文是一片浩浩海洋,海面上有细浪也有怒涛,只有扬帆远航,才能真正领略语文世界的壮美。"

学生心中的语文山水画卷,岂不就是我心中那个一直飞翔着的梦?

在寻梦的道路上,我也像诸多的同行一样,总是有着这样那样的困惑,总是觉得语文教学存在着这样那样的问题。语文教材的内容实在是太丰富、太包罗万象了,语文教学的内容有着太多的不确定性,教师在教学上常常苦于无一定的法则可以遵循。加之全球化时代下英语热浪的冲击,信息化大潮的影响,图像时代、后现代文化对语言艺术诗性魅力的消解和对文学审美经验的淡化,越发使学生难以领略语文的魅力。语文课堂似乎也成了问题最多的地方,由于学科基本理论的模糊和混杂,导致教学实践的迷失和困惑,一不留神,就会走入"呆语文""死语文""泛语文""去语文"的误区。

然而,不管世间万象如何风云变幻,也不管语文教学改革怎样沧海横流,我始终守候着自己的梦想。一直坚守"让学生爱上语文、让学生享受语文"的初衷,把"触摸语言,臻语文之美;开启心灵,乐教学之善;体验生命,育人格之真"作为基本的教学策略,努力打造既富有人文气息又充满语文味道的课堂,努力追求以"真语文""活语文""魅力语文"来激发学生的兴趣,唤醒学生的心灵,提升学生的人格。在每一节语文课里,我和学生一起尽情地吮吸母语的乳汁,来滋养我们的精神,获得生命的能量。

幸运的是,在我探索的道路上,有那么多的前辈、专家一路为我引领航向,指点迷津。我所在的名师基地的主持人程红兵先生不仅一直指导我的教学研究,还在百忙中细读这本书稿,亲自为拙作撰文作序。上海中语界的钱梦龙先生、陈钟樑先生、金志浩先生、潘鸿新先生、步根海先生、李海林先生、谭轶斌先生,华东师范大学的叶澜教授、李政涛教授、葛大汇教授、胡根林先生,上海大学的曹建召先生,新疆师范大学的朱建军教授,还有全国中语会理事长苏立康先生,以及西安的赵明先生、四川的李镇西先生、北京的韩军先生,他们都曾经走进我的课堂,审视我的教学,并做出切中肯綮的分析,进行恰如其分的评价,对我提出改进的意见,给予热诚的鼓励。在这本书的撰写过程中,他们又为我的课堂实录撰文点评。这些教育界、语文界的大家名师、教授、博士如此恩待我这样一位青年教师,实在令我感激不尽,没齿难忘。上海市的教研员陈赣老师、董学平老师、王继红老师、谢琳老师,以及周秀芳、何丽红、陈秉、王惕、王治卓、朱琼等诸位老师,他们与我一路同行,相伴相携,我们在一次次"如切如磋,如琢如磨"的研讨中,共同进步,一起成长。其实,还有许多专家同人虽然没有为此书撰文点评,但他们也曾给予我许多可贵的教诲与帮助,在我成长的道路上投下了珍贵的光影与印痕。我的生命就是在浸润着这许多良师益友以及我教过、爱过的每一个学生的恩泽中日益丰盈起来的。这一切数算不尽的恩惠将永远默存在我的心灵深处,使我在前行的路上面前有光,足下有力,心中有火。

我要特别地感谢上海教育出版社的编辑李光卫老师。他策划的这套名师丛书,邀请的均是特级教师、真正的名师,我有幸忝列其中,实在是他的鼓励和出版社的抬爱。面对即将付梓的书稿,我深知这十三堂课还存在着太多的缺憾与问题,不能称为观摩课、示范课,充其量只是研究课,只能为读者提供一些教学研究的原始素材。我真诚地希望得到专家和同行的批评指正。

诗人舒婷说过:"魅力汉语对我们的征服,有时是五脏俱焚的痛,有时是透心彻骨的寒,更多的是酣畅淋漓的洗涤和'我欲乘风归去'的快感。"①每个中国人都当期待这样的征服。因为被语文征服,不是一场短暂美丽的邂逅,生命一旦与她相遇,她就不仅能改善我们外在的现实世界,更能美化我们内在的心灵世界,她由内而外,自始至终,让我们的生命多了一份永远的享受,一种永恒的美丽。

　　是为心语,亦为自序。

---

① 　舒婷:舒婷随笔[M].长沙:长沙文艺出版社,2012:273.

第四辑 对话教育

以对话代替独白和训话，引导学生与自然、社会、自我展开真实对话，建构对世界的认知，在"基于平等，经由沟通，达于理解，形成共识"的对话中，遇见更好的"我"和"你"。

教育，让人拥有对话世界的力量

对话教育能够充分唤醒师生内驱力，让人拥有对话世界的力量。

作为一个教育人，我常常反思自己"受教育"与"做教育"的经历，观察其他人的教育状态与教育效果，深刻地感受到在教育这种特殊的交往活动中，教育者与受教育者之间的对话质量的高低决定着教育效果的差异，也深刻地影响着人的发展与生命质量的提升。因此，自从教以来，我在自己所从事的语文教学、教学管理、学校管理等领域，不断地自觉培养对话意识、提高对话能力、开展对话教学，探索学校治理的对话机制，积极营造对话场域，让孩子们在对话中成长，拥有与世界对话的力量。

在学校开展对话教学实践探索的同时，我结合攻读教育硕士、教育博士学位的所学，以及主持"三环"工作室（教育部"国培计划"领航工程李百艳名师工作室、上海市普教系统第四期双名工程"高峰计划"李百艳工作室、浦东新区李百艳语文教师培训基地）的研修实践，进行对话教育探索。经过实践与理论的长期交互影响、双向建构，从自然萌芽到用心探索，从课堂教学到学校管理，从个人践悟到团队共识，对话教育已经成为笔者与所在学校、所带学员内化的教育哲学、教育思想、教育理念，也作为具体的教育方式、教育策略、教育方法而被广为接受。"教育，让人拥有对话世界的力量"成为团队成员普遍认同的教育追求。

一、对话教育的内涵阐释

（一）对话与教育

在日常生活中，对话是一个普通且常见的习惯用语。与对话相近的词语有很多,如谈话、沟通、交流、互动、讨论、争论、辩论等,对话与这些词语的意义有所关涉,但是又有较大区别。关于"对话",《现代汉语词典》(第7版)有这样几个主要义项:一是指小说、戏剧里人物之间的谈话;二是双方或多方之间的接触、协商或谈判。可以做名词,也可以做动词;三是在有隔阂时或重要事情上互相交谈。《韦氏词典》中"对话"的定义是"寻求相互理解与和谐"。英文中的"Dialogue"来源于希腊字根"Dia",意为"穿透","Logue"的意思是"语言"或"意义",因此,"Dialogue"有穿透字面的意思。有很多人试着给对话下定义,有人认为"对话就是一群人在一起相互了解,在彼此的差异中建立互信,通过谈话产生正面的结果。"①也有人认为"对话是一种消除了种种矛盾和对立而建立的主体之间的民主、平等的依存关系。在这种关系中,双方都不把对方作为自己的对立面,而是作为自己的朋友和伙伴,都不把对方作为自己的经验物、利用物,而是作为一种相互的自我实现。"②对话是不同的思想意识或文化差异的主体间相互理解的桥梁,已经渗透进人类社会生活与个人生活的方方面面。正如海德格尔所说:"对话,和由对话所导致的联系支撑着我们的存在。"社会学、政治学、文学、语言学、新闻学、法学、心理学、教育学等多个学科领域都有关于对话的研究,对话有着深厚的理论基础。

教育与对话的关系一直是教育学理论范式研究的重要问题之一。纵览古今,东西方很多教育家都是对话大师。孔子与弟子的对话,彰显了"启发式"教育的魅力,一次次的"子曰""问曰""对曰"诞生了一部教育经典对话录《论语》;苏格拉底通过不断的引导、质疑、问难,引导学生去发现真理,创造了著名的"产婆术"。近现代以来,对话的哲学概念被运用于教育学领域后,对话式的教育观被众多学者阐释和强调。德国哲学家马丁·布伯提出"教育即对话",他从其"我—你"式对话哲学出发得出了"教育领域是完全对话性的"观点③,他

---

① 吴咨杏.对话力,现代社会必备的软实力(译者序一).[美国]丹尼尔·扬克洛维奇.对话力:化冲突为合作的神奇力量[M].陈淑婷,张桂芬译.林恩慈,吴资杏审校.杭州:浙江人民出版社,2015.

② 安世遨.教育管理对话论[M].重庆:重庆大学出版社,2014:8.

③ 刘德林."教育即对话"质疑[J].教育理论与实践,2005(04):1-3.

认为"关系"是教育的基础,"教育中的关系是一种纯粹的对话关系"①。巴西教育家保罗·弗莱雷认为,作为人类现象的对话,不仅仅是交流、谈话,它的精髓在于它的构成要素,即反思与行动。这两个方面是相辅相成的,反思脱离了行动,对话就变成"纸上谈兵",泛泛而谈、毫无现实意义的行动被剥离了反思,对话就变成了"蛮干"式的行动主义。在这两种情况下,对话都不可能实现,教育也就不可能真正实现人性的完善。② 由此可见,对话教育是对"教育是什么"的理论追问和深入探究,教育领域倡导的"对话"不是一般意义上的对话,也不仅仅是作为一种手段,而是作为一种教育理论,是一种追求人性化和创造性质的教育学范式。③ 笔者认为对话是指基于平等主体间的用言语方式进行沟通,努力达成理解与共识,产生正向效果的人际交往过程。④ 对话与教育具有天然的联系,对话揭示了教育的本质特征,人参与的一切对话活动都可能会产生教育的效果。

(二) 对话教学

课堂是最需要对话的地方,通过对话教学培养学生的对话能力是以学生为中心的现代教育价值观的必然要求。然而,长期以来,以教师为中心、以知识为中心的传统教育价值观和教学模式根深蒂固,影响着学校的教学方式和师生关系。在这样的教学范式下,把学生当作储存知识的器皿,忽视了学生的主体价值,课堂里充斥太多的"灌输""独白""预设",教师的"一言堂"代替了师生之间、生生之间真实、生动的对话,使学生在知识学习、探究创造、人际交往、体验反思等方面受到抑制,难以充分释放学习的热情与潜能。在 20 世纪 90 年代,国内就已有研究者从自己的教学实践运用中提出对话教学理论,并根据教学的不同要求和特定的内容,把对话教学分成讨论式、辩论式、提问式、互相启发式等。⑤ 随

---

① 王向华.对话教育论纲[M].北京:教育科学出版社,2009:82.
② [巴西]保罗·弗莱雷.被压迫者教育学[M].顾建新等译.上海:华东师范大学出版社,2001:37.
③ 苗小军,杨芳.教育对话与对话教育辨[J].江苏教育研究,2012(03):46-49.
④ 李百艳.对话:遇见更好的"我和你"[J].中小学校长,2020(08):3-5.
⑤ 陈雄飞.对话教学:意义与问题[J].教师之家,2005(03):16-18.

着课程改革的推进,对话教学的研究层出不穷。众多研究者把对话教学的理论建立在对话主义哲学、诠释学、心理学等基础之上,提出对话教学是平等的、民主的、交互的、合作的、生成的、以人为本的教学。笔者认为,对话教学就是一个教师倾听学生,引导学生与自然(知识)、与社会(他人)、与自我(心灵)对话,不断重新建构对世界的认知的过程。对话教学既是以对话为手段,运用对话方式,又是以对话为原则,体现对话精神的教学。对话教学首先追求的目的是打破独白式教学中不平等的师生关系,构建起一种师生真正平等对话的主体间关系,师生在民主、尊重的氛围中,通过教师、学生、文本三者之间的相互对话,在经验与思维的共享中创生知识和教学意义,通过高质量的对话发展批判意识,开发创造潜能,塑造独立人格,提升人生境界。

(三) 对话管理与治理

对话不仅是一种教学范式,更是一种新的管理理念。对话双方只有作为有着完整个性、有着独特尊严的人而对话,才能揭开管理的真正奥秘,发现管理的价值和意义。① 在教育管理实践中,对话管理主张对话不仅是一种言谈与倾听的管理方式,也是一种管理情境,即管理主体间全身心地创造平等和谐、互惠互利、积极健康的管理氛围。对话管理作为一种主体间性管理,在管理形态上,实现了管理中科学与人文全面的、完整的、和谐的、发展的统一。在管理中,建立科学的对话机制是变革学校管理、重塑学校文化、推进学校治理现代化的重要手段。对话机制使学校的领导决策体制机制、组织架构和职能以及学校系统与外部系统之间的信息、能量和资源的互动交换更充分、更顺畅、更多元。从与管理相对的意义上,对话机制实际上内含着治理现代化的价值导向,相对于"控制""命令",相对于"他组织",其概念本身带有明显的价值介入性,与之相关联的是平等、民主、交往、沟通、协商、交谈、商谈、理解、承认、宽容、差异、创新、共识、共生、合作、共同体等概念。② 对话使管理者与被管理者之间的命令服从关系、冲突对抗关系转变为第三种关系形式,即合

---

① 张新平.教育管理学导论[M].上海:上海教育出版社,2006.

② 李百艳.走向现代学校治理的对话机制建设研究——以公办初中JS中学为例[D].博士学位论文,华东师范大学,2019:4.

作伙伴关系。新型的组织形态与人际关系释放出不同教育主体的参与和创造的热情与活力,为学校依法办学、民主办学、开放办学、多主体参与办学,营造了良好的文化生态。

(四) 对话教育及其理论基础

学校是最需要对话的地方,对话的质量影响着教学质量和师生的生命质量。然而在现实中,学校管理更多是命令式的,课堂教学更多是独白式的,品德教育更多是灌输式的,普遍缺少对话。这些现象的背后,是学生主体意识的缺失,学生的能力培养和人格发育受到影响,与全面发展的目标背离。可见,在教育中以对话的方式开展真实的对话对于学生的成长具有重要意义和价值,对话教育原本就是一种应然的存在。

对话教育以"对话哲学"作为第一原理,它的整体理论构建、内容设置和思维方式无不体现着哲学脉络。随着时代的发展,对话已超越了原初语言学的范畴,进而具有了社会学、解释学和文化学的意义,凸显出一种独特的意识和哲学观。对话哲学中最具有代表性的学说有马丁·布伯的实现"我—你"精神相遇的对话哲学论,戴维·伯姆的让意义自然流动、汇集与分享的对话理论,巴赫金的视对话为生存本质的对话理论,伽达默尔的实现视界融合的解释学对话理论,哈贝马斯的主体间理性交往对话理论。伴随着后现代主义视野的不断扩大,主体间性教育观为新型的对话式师生关系的出现确立了理论依据,在教育实践过程中,教师和学生之间的关系不是主体与客体的关系,而是互为主体的关系,这种关系以教育教学过程中的对话的形式传达出来。[①]

综上所述,本文所指的对话教育是以"对话哲学"为基础,以师生的生命发展为目标,在学校教育教学过程中积极营造一种民主的氛围、开放的环境,为师生畅通对话渠道、搭建对话平台、建设对话制度,在课堂教学、课程建设、学校管理、学生活动与家校社区合作中,开展多元主体间多维度、多层次的对

---

① 李玉萍.从对立到对话的师生关系——后现代视野下的主体间性教育观[J].教育理论与实践,2008(28):57-60.

话,激发师生对话情意,促进师生提高对话能力、形成对话素养,提升育人质量,把学生培养成为自我发展的承担者、善于对话沟通的合作者、具有反思精神的创造者。

二、对话教学的探索实践

在笔者的从教治校经历中,对话教育经历了一个从萌芽内生到逐步发展,进而形成统领学校的领导管理、引领学校文化提升的过程,最终构成了笔者教育主张的重要品性和灵魂。

(一) 对话教学的自然萌芽

在语文课堂教学领域,从无意识地开展课堂对话,到有意识地运用对话方式,探索对话教学,再到以课题为引领开展对话课例精修工作坊,对话教学得以在全校实现全面展开和深层渗透。这一历程最初萌芽于课堂上一次次随机性对话的迸发,它使课堂生成了新的内容和意义。以下案例是一次师生之间的非预设性对话,思维的激荡生成了课堂创造性亮点,让课堂充满了生命成长的气息。

笔者讲授余光中的《乡愁四韵》,在课上到一大半时,请班里的"朗读明星"来朗读,没想到他竟然说"这首诗很怪,一时还不知道怎样读才好"。作为老师,我虽然有些扫兴,但是看到他态度诚恳,就追问了他,怪在哪里?他说:"这首诗好多个'给我……呀',读起来感觉诗人像个乞丐一样。"那一刻,笔者一下子意识到这个学生对语言形式的直觉是非常准确的,或许他可以帮助其他同学找到诗人情感的密码。的确,这首诗中,诗人余光中岂不就像一个情感的乞丐,有着浓烈的乡愁,渴望得到一点点的慰藉,弱水三千只取一瓢饮,他要的就是一瓢海水、一叶海棠、一缕蜡梅香、一片雪花白。在这个学生得到了赞赏后,其他同学也受到了启发,他们各自揣摩着诗人的情感,有人说也可以把诗人想象成一个喝醉的乞丐,叹着气读,流着泪读,乞求着读,呻吟着读,嘶喊着读,最后如进入梦境一般,呓语着读……原本是常规的课堂,一下子石激浪涌,真好似"误入藕花深处""惊起一滩鸥鹭"。笔者课后反思,为什么这节课能够出现未曾预料的精彩?教师认真倾听学生,回应学生的疑惑,让学生"似是而非"的模糊认知得以在对话中清晰起来，个体的独特感受得到了重视，这是引发师生之间、生生之间的情感互动、思维碰撞、智慧生成的重要因素。教学不再是教师以独白的方式传递知识，课程内容不再是一堆冰冷的材料，教师、学生、文本作者之间的相互对话和经验共享，赋予生命更加充沛、丰盈的力量。

（二）对话教学的基本程式

"克林伯格认为，在所有的教学中，都进行着最广义的对话，不管哪一种教学方式占支配地位，相互作用的对话都是优秀教学的一种本质性标识。"[①]对话教学变教师传授知识、学生接受知识的"我讲—你听"的教学模式为师生、生生之间"倾听对话，互动共享"的对话教学模式，其基本程式为：创设对话情境—促进深度理解—共享思维成果。

1. 创设对话情境

师生、生生对话得以展开需要一个个具体可感、丰富有趣的学习情境，往往表现为与主要教学内容对应的主问题、主活动，讨论的话题，操作的任务等设计，这是对话的基础。在这一环节中，教师要深入研究教学内容，细致入微地把握学情，了解学生的知识结构中的已知和未知，提出真问题，设计真任务，开展真活动，发起真对话，引起学生的求知饥渴和认知冲突，在对话的情境中展开学习历程。

例如，在《上海的弄堂》读写结合作文指导一课中，笔者在引入环节给学生搭建了一个对话交流的平台："我们从教材中的《上海的弄堂》走进了生活中真实的上海弄堂，请同学们交流一下在弄堂里的见闻和感受，最好结合课文带给你的感受来谈。"

生1：我看到的弄堂，给我的印象是灰色的，好像历史很悠久的样子。

生2：弄堂外面看起来都很小，走进去却很大，有很多又细又窄的小巷子，住很多人家。

---

① 刘庆昌.对话教学初论[J].教育研究,2001(11):65-69.

生3:有的弄堂很破旧,很拥挤,有一个弄堂很狭窄,只要站一个人别人就过不去了。

生4:有的弄堂也很好的,我去了一处法国人建的弄堂,有一个很气派的门楼,可惜,我没看见名字。

这一环节中,学生带着问题走进生活中真实的上海弄堂,畅谈了在弄堂中的见闻和感受。接着笔者又引出一个新的任务引发学生进一步思考:"同学们从弄堂的总体印象逐步谈到了细节,比如说弄堂窄到'一夫当关,万夫莫开'的程度;谈到了气派的门楼。下面同学们谈一谈你在弄堂里见到、听到、感受到的细节、亮点。"同时,笔者为学生解释了什么是亮点,以及如何用发现的眼光来捕捉美。在新一轮对话中,学生的分享可谓精彩纷呈。

生4:我看见有些弄堂里的人不在家里吃饭,很多人家在天井里放一个小桌子,每家人吃什么,别人都知道,好像一个大家庭。

生5:我看见很多人家的门上或者是窗子上都挂着腊肉、腊鸭呀,等等,很有生活气息。

生6:我从淮海路的大街上走进了一个弄堂,我看见有一个中年人在弄堂房子外面的水斗边刷牙,我觉得让那么多的人看见自己刷牙好像不太雅观,更有意思的是,他一边刷牙还一边和路边的人打招呼。

师:很好,这个不雅观算不算亮点?

生6:怎么说呢?开始我觉得不太好,不过,又觉得和弄堂的生活特别和谐,也很本色,很真实。算是亮点吧。

师:非常好,同学们注意,所谓亮点,未必一定是漂亮的,美丽的,特别雅观的,它首先应该是真实的,这样的真实镜头,表现了弄堂特有的生活方式,揭示了弄堂生活特有的内涵,就是亮点。同学们,想一想这个场景和陈丹燕在课文中的哪段描述有相似之处啊?

生6:应该是116页结尾一段"你看见路上头发如瀑布的小姐正在后门的水斗上,穿了一件缩了水的旧毛衣,用诗芬在洗头发,太阳下面那湿湿的头发冒出热气来"。

师:很好,的确很相似。具体是哪些地方相似呢?

生 7:都是在同样的地方,做着相似的事情。

师:究其实质,这相似的地方,都是在公共的、开放的空间里,做着很个人化、生活化的事情,甚至可以说有一点"俗"的事情,这就是市井化、平民化的弄堂生活。但是,在这一面的背后,同时还有另一面,那么,另一面是什么呢?

生 8:另一面应该是"头发如瀑布的小姐"在洗完头发之后,会表现出来很时尚的一面,上海的女孩子多数是这样的。

师:说得好,这就是上海人都市化、现代化的一面,古老的弄堂里生活着紧跟时代潮流的现代人。同学们还有类似"一体两面"的发现吗?

在本课的教学中,笔者通过创设贴近学生生活实际和浓厚生活气息的问题或话题情境,让学生体验来自生活情境中的问题,激发起学生的学习兴趣和好奇心,激活学生与教师、与其他学生进行对话和互动的意愿。学生从第一轮交流中的"各说各话"到第二轮交流中的"互动对话",从"随性而谈"到"聚焦亮点",从"生活视角"到"文化眼光",与生活世界和文本世界对话的质量不断提升,对弄堂文化与散文特色的认知都有了新的建构。

2. 促进深度理解

在师生对课程内容(文本或项目任务)的学习中,促进深度理解无疑是教学过程的重中之重。在解释学看来,阅读与理解文本是一个对话事件,教学的过程是一个师生和文本的问答过程,在持续的问答中双方不停地相互进入,拓展、创造着认知领域的新边缘,实现视界融合,催生新的意义和价值。[①] 在此阶段,教师可采用问答、启发、讨论、辩论、激发想象、联想等形式,充分调动学生参与对话的积极性,对学习内容进行深入解析和探索,以对话的形式引导学生,并和学生共同建构知识、分享经验和理解意义,促进深度理

---

① 张增田.对话教学研究[D].博士学位论文,西南师范大学,2005:38.

解,进而共同解决问题。以《破阵子·为陈同甫赋壮词以寄之》一课的教学为例,笔者从朗读、想象、与词人对话三个方面入手,引导学生走进文本深处,走进词人的情感世界,感受词的意境之美。在特别设置的"走近词人,共鸣互动"对话环节教学中,教师和学生与文本作者展开了特别的对话。

破阵子·为辛弃疾赋敬词以寄之

李百艳

铁马金戈壮士,危栏落日孤鸿。塞北河山千嶂暗,江南游子万夫雄。请缨路难通。

自古蛾眉见妒,从来此恨填胸。莫叹将军生白发,悲歌一曲气如虹。词开百代风。

破阵子·为辛弃疾赋壮词以叹之

吕春航

茫然举目星廖,思飘沙场战角。八千里奔走沙场,五十年不思还乡。杀退胡儿马。

的卢马放南山,霹雳弓挂空墙,何时为君从戎事,不求沽名为报国,白发又何妨!

以上两首《破阵子》分别是我和学生"与词人深度对话"的成果,虽然学生吕春航的词还很稚嫩,平仄格律尚有不协不妥之处,但是他的理解无疑已经离词人辛弃疾的情感世界很近很近,在对话中不仅表达了自己对原词的悲壮意境的理解,而且融入了自己独特的感受。其中"的卢马放南山,霹雳弓挂空墙"简直是神来之笔,对"将军老去,报国无门"的无奈和悲愤有了深入骨髓的理解,而"白发又何妨"一句的豁达与豪迈又翻出一番新境界。笔者也填了一首《破阵子》,是以教师的身份和学生同样自由而个性化地与词人对话,课堂上形成了教师、学生和词人"三方对话"的格局,促进了学生对词作和词人精神内涵的深度理解。

3. 共享思维成果

课堂上,师生在彼此间持续的对话中展现各自的思想和观点,在思维碰撞中分享彼此的体验与收获,在分享中达成共识并创生新质,课堂场域形成了强烈的创生效应,彰显学习意义。笔者执教《出师表》,针对文本理解的难度,充分尊重每个学生个体的阅读感受,让学生进行"自助餐"式的阅读,每个学生都可以对自己读懂的内容谈出一两点。作为老师,对他们每个人的阅读体验予以充分肯定,甚至于统统写在黑板上面。这一小小的举措,对那些无论是发过言还是没发言的学生,都是莫大的鼓舞。同学们开始更投入地进入到文本中去筛选信息。学生的发言虽然是东一句、西一句,你一言、我一语,但是却为最终对文本的整体理解,对作者思路的把握提供了丰富的资源,学生的思维品质也得到了由浅入深、由表及里、由感性到理性的锤炼。雅斯贝尔斯曾说过:"对话便是真理的敞亮和思想本身的实现。对话以人及环境为内容,在对话中,可以发现所思之物的逻辑及存在的意义。"[①]教学意义的生成过程也是学生不断反思、更新认知与精神成长的过程。

以上提出的对话教学基本程式初步概括了对话教学的主要特征,但对话教学没有固定的模式。笔者一贯反对"千课一面、千面一腔、千篇一律"的传统课堂样态,倡导教师将学生的思维作为教学逻辑起点,教师要走出自己的逻辑世界,进入学生的逻辑世界,与学生进行真实、丰富、深刻的对话。教师要善于捕捉"学生自己似乎意识到却又表述不清楚的问题",在对话倾听中力求"不愤不启,不悱不发",让高质量对话创生学习的新收获、新体验、新突破。

(三) 对话教学的核心要素

经过对话教学的课堂体验、课题研究和课例精修等实践,我们不难发现对话教学具有鲜明的特征,如平等尊重、真诚倾听、多元互动,建构生成等。根据对话教学的原则和特征,结合已有的教学实践经验,笔者概括总结出对

---

① 　[德国]雅斯贝尔斯.什么是教育[M].邹进译.北京:生活·读书·新知三联书店,1991:12.

话教学的核心要素。

1. 问题与倾听

对话教学实施的轴心是"问题"（也可以是一个话题、主题），师生围绕问题进行对话互动。然而传统课堂的知识传授过程更多的是"装扮成对话的独白"，我们不否认教师向学生讲授重要知识的作用，然而，教师不能抱住这种传统的教学方式一成不变。对话教学不再是教师一方独霸讲台的"一言堂"，而是师生双方共同就问题、思想等进行平等的交流和分享。教师的作用更多地体现在如何引发学习，打开学习过程，启发引导学生深入思考、假设、求证，真正实现以学习为中心，让学生体验经历学习的过程。课堂教学应该以问题为导向，对话随着问题的递进而深入，在对话中发现新的问题，通过对话去解决问题。对话教学中的问题要具有挑战性和真实性，能激发学生主动参与对话、积极解决问题。这就要求师生双方真诚地倾听，尤其是教师要关注学生提出的问题，切实尊重学生的主体地位，做一个好的倾听者、观察者，以欣赏的态度听取对方的观点和思想，与学生进行真实的对话。

2. 合作与分享

现代教学理论倡导，教学过程是一个沟通的过程，是一个合作和互动的过程。对话教学区别于传统教学的最显著特征是它凸显了教学过程中合作与共享的本质。"对话不是用一种观点反对另一种观点，也不是将一种观点强加于另一种观点之上，而是一种共享：共享知识、共享经验、共享智慧、共享人生的意义和价值。"[①]教师要将合作和共享意识整合到整个教学过程之中，在合作中交流与学习，在学习与交流中进行更有效的合作。对话教学中，教师与学生之间，学生与学生之间，不断在对话中相互理解、合作建构、共同分享，通过敞开、接纳、回应、碰撞、沟通、交流、互动、分享等活动，使学习变成一种主动的、集体性的生动体验，课堂里的学习资源不断生成、不断产生溢出效应，学生的学习不断打开、链接、补充、重构，认知不断更新，精彩无限生成，智

---

① 谭文旗,刘玉容.对话的特征及其教育意义[J].四川教育学院学报,2008(01):24 - 26.

能不断升级,学习质量不断提升。

3. 创造与生成

对话教学是培养师生生成性思维、体现教学创造性品质的教学样态。"对话性沟通超越了单纯的意义传递,具有重新建构意义、生成意义的功能。来自他人的信息为自己所吸收,自己的既有知识被他人的视点唤起了,这样就有可能产生新的思想。在同他人的对话中,正是出现了同自己完全不同的见解,才会促成新的意义的创造。"①对话教学中,教师在课前无法完全预见课堂上将要发生的一切,教师必须对学生的表现做出及时的反应,捕捉教学的契机。对话教学的创造性不仅体现在学生在教师的引导下对知识的意义建构,更体现在能用已学知识和对话经验解决实际问题。因此,对话绝不仅仅是一种教学组织形式、一种教育手段,更要作为一种教育理念、一种教育思想、一种教育文化和教育哲学渗透于课堂教学实践中,使学生真正成为对话的主体,经由高质量的对话而实现师生之间、生生之间的知识共建、精神共勉、生命共生。

对话教学是以智启智、以情动情、以心印心的教学,对话教学的关键在于教师的教学理念、专业素养、对话能力和师德师爱。教师作为影响学生的"年长一代",有着天然的专业话语权,要肯于俯就孩子,要用满怀的热爱与共情感知孩子的喜怒哀乐,洞察孩子的思考与困惑,以对话者的姿态培养新一代的对话者。

三、学校治理的对话机制

对话机制是教育现代化的治理理念落实到学校具体办学实践的可行性路径之一,在教育领域,对话的缺失、对话的中断、对话的低质,常常使学校管理陷入"干群疏离""家校矛盾""师生纠纷""家庭大战""亲子冲突""青少年心理危机"等扎堆式的问题丛林,严重影响了学校的高质量发展。在世界进入超级多元化的时代,面对越来越充满不确定性的未来,建立多元教育主体参

---

① 钟启泉.社会建构主义:在对话与合作中学习[J].上海教育,2001(07):45 - 48.

与的学校对话治理机制显得非常必要,且尤为迫切。

上海市建平实验中学将对话机制作为推动学校整体转型性变革的突破点与生长点,积极探索对话治理模式。一方面更新了学校制度,通过充分对话,让制度"长"出来;通过多元对话,让制度"定"下来;通过协同对话,让制度"用"起来;通过反复对话,让制度"变"起来。同时逐步建立起提升主体精神的对话参与机制,发现教育意义的共识达成机制,践行商谈伦理的民主协商机制。在全方位、多层次、多元化的立体对话中更新教育理念,深化课程改革,改进课堂教学,建设现代文化,释放教育活力,提升教育质量。

(一) 提升主体精神的对话参与机制

参与是治理的前提,对话决策机制的主要特征是多主体参与。参与和投入与贡献具有内在的关联性,只有真正的参与,才能使组织成员拥有更广泛的投入感、贡献感和强烈的归属感。在被动管理状态中,员工往往是一种"被参与",而不是主动参与。因此,参与机制建设在本质上是一种对话性的组织氛围形成的基本机制,也是组织成员共识形成的机制。就个体而言,需要经历参与意识、参与能力和参与自觉的三个阶段的递增和发展变迁。好的组织可以激发更多的人参与,让每个人积极贡献自己的智慧,将组织视为自己的家;而"他组织"状态下的学校,学校组织是一种异己的存在,往往会使有参与意识的人淡漠参与、弱化参与甚至"反参与"。如何让参与者具有一种归属感,其内在的机理是主体唤醒,唤醒参与者,让其具有主人翁意识,把组织的事情当成自己的事情、我们的事情,而不是别人的事情、领导的事情、要我做的事情、完成任务的事情。对话参与机制的建立和对话基本工具的选择是保证治理格局形成的基本机制。在集体开展理性对话决策的过程中,须借助有关的对话形式、对话流程、对话工具,保证每一个参与决策者的意见得到充分尊重,使对话决策得以真实地发生,产生真实的效果。

借着制订新一轮学校发展规划的机会,笔者带领团队开展了与专家、家长、教师之间普遍而深入的对话。一是请华东师范大学基础教育改革与发展研究所专家就学校的行政管理、课程教学、学生发展、教师发展等方面召开系列座谈会,全面把脉问诊;二是请上海市教委教研室的专家对学校进行学业质量绿色指标质量评估的调研;三是请区教研室覆盖所有学科进行课堂教学评估;四是开展"我为学校发展献一策"活动,组织教师、家长为学校发展出谋献策,评选出"上策、妙策、良策、群策"若干。学校里几乎所有的教师都被"卷入"一场关于学校如何发展、如何育人的对话中,这当中有专家观点的自然流露与主动呈现,有教师观念的无意表露与自我反思,有校长办学思想的逐步凝练与集中阐释,这些观点时时发生碰撞与共鸣。在此基础上,我们审时度势,深入研判,梳理了学校的办学理念系统和未来几年的办学目标与任务,提炼了教育之"魂",构建了办学之"体",以"建德建业、惟实惟新"的核心价值、"脚踏实地育真人,千方百计创未来"的办学理念和"美丽校园、书香支部、心灵港湾、温馨班级、对话课堂、德业课程、仁爱教师、真善少年、智慧家长"九位一体的教育蓝图来培育"探索真知、追求真理、学做真人、活出真我"的时代新人,在实践中努力做到魂能入体,体能再魂,魂体相生,体健魂强,把"立德树人"落到实处。

经过广泛、多元、深入的对话,"教育就是要尊重人性,温暖人心,培育人格,培养人才,成就人生""用父母心办教育""心在何处,智慧就在何处;爱在何处,奇迹就在何处""对话,遇见更好的我和你"等教育信条逐渐内化为建平实验人的普遍共识,350 余人的教师队伍和在校的 5000 多个家庭形成了一个具有强大愿景共识力的价值共同体。

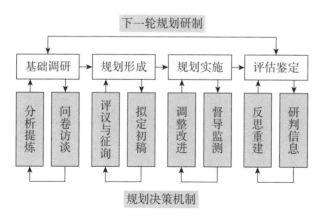

图 1　学校规划决策机制图

在对话的基础上,学校建立了规划研制的动态决策机制(见图1),从中可以看出,决策过程流程清晰,有把握关键、注重结果导向的闭环决策思维,也有循环往复的生成决策思维。决策过程中将议事程序的规范性与对话的开放性有机统一,使决策更优化。这样的规划机制建设放大了规划过程的共识凝聚的价值,并在过程中不断扩大参与、论证、认同和宣传等治理效应。

此外,对话参与机制的建立需要扁平化的管理模式,需要在权力决策和运作格局中重新界定权力边界,激活基层组织的活力,锻炼基层管理能力。校长以授权、分权的方式,赋予基层以决策权、管理权。组织机构变革更有利于释放对话的潜能,建平实验中学将行政色彩较强的教导处、学生处、办公室等更名为专业和服务色彩突出的课程教学与教师发展中心、学生发展中心、学校发展中心、行政事务中心。成立非行政化、专业化、松散型的、弹性的、随机组合、自由生成的跨学科研究共同体以及各类专业组织,变"领导与被领导"的关系为合作伙伴关系,营造了开放和谐的对话氛围,力求使学校中的个体和群体的积极性、潜能、活力,发挥到可能条件下的最佳状态,使师生成为积极主动的第一责任人、行动者与创造者。

(二) 发现教育意义的共识达成机制

对话是管理技巧的表现,更是一种教育领导智慧。承认是对话中的必要成分,对话就意味着对对方意见的一定程度上的承认。在承认机制中,有着兼容并包的诉求。承认是对话领导的一种姿态,哪怕不合理的意见都要允许别人表达。在群体决策中,承认每一种意见的合理性,以多种合理性建议为内在对话尺度,是领导群体决策的一个基本原则。群体决策的效率保证的一个侧度就是群体决策中的求同机制,能暂时性地形成关于问题、悖论、意见、理由的共识。对话质量的存异维度,也是群体决策中的必要策略。作为一种反思性存在对异见持保留和宽容,承认并接受差异,是群体对话决策非常重要的质量保证。

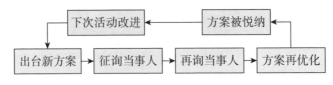

图2 发现教育意义的共识达成机制图

在建平实验中学,很多教育活动方案的出台都经历了群体决策对话过程(见图2)。在对话过程中,对话的发起者关注同一与差异两个维度。没有同一的群体决策本身就失去了群体决策的可能和前提,而没有异见,只有高度认同的群体决策则会抑制对话管理文化的生成性。对话过程就是在"求同存异""求异存同""同异比较"之中生成新质,达成共识。

1.课程与教学管理中的共识达成

在学校治理中,课程治理是一个主体协同、组织运行、质量评价和反馈的过程。学校课程管理机制的创新有赖于教学管理者、师生、教学专家和社会力量等多主体的参与,需要形成课程建设和改革的合力。如何基于学生核心素养来构建和实施学校课程体系,需要从需求调研、资源评估、课程研发、实施评估等角度入手,建立课程管理的对话机制,促进课程资源的高质量供给,丰富学生的学习经验。建平实验中学深刻意识到开发高质量课程、优化教学方式和增强德育实效的瓶颈在于如何促使教师从传统习惯依赖转向真实对话的自觉改进。努力使优秀教师的课程开发和教学经验得以分享、流转、传播,不断产生溢出效应。正是由于对话治理贯穿始终的"保驾护航",建平实验中学德业课程、对话教学、温馨班级、心灵港湾等项目开展得颇有声色。

基于对话的"学生学习需求调研,教师自主合作申报,专家动态审议指导"的课程开发审议机制逐步形成,学校组织专家从课程目标的正确性(是否贯彻国家教育方针政策)、课程内容的适切性(是否利于学生核心素养培育)、实施计划的可行性(是否加重学生课业负担)等方面进行审议。"五育并举引领下的初中学校'三需'课程开发与实施的研究"获批上海市教委教研室课程领导力项目。正如学者诺维奇指出:"学习需要可以分为共同需要(common needs)、特殊需要(exceptional needs)和个别需要(individual needs)。共同需要是每个人都一样的需要;特殊需要因为一部分人的特质而产生,所以对某些人来说是一样的;个别需要,则是每个人都不一样的需要。"①建平实验中学

① [英国]蒂姆·奥布赖恩,[英国]丹尼斯·吉内.因材施教的艺术[M].陈立译.北京:北京师范大学出版社,2006:13.

从这一观点出发,以学生的学习需求为依据对学校课程进行分类,包含刚需课程、普需课程和特需课程。所谓刚需课程是面对所有人的、体现国家刚性要求的课程;所谓普需课程是面对部分人的、普遍存在的学习需求的课程;特需课程是面对特定人的、个性化学习需求之课程。学校基于学生核心素养的培养,本着基础性、兴趣性、实践性、体验性、自主性、综合性的原则,开发了丰富的校本课程。通过项目化学习、探究课程、社团活动、主题实践活动、职业生涯体验活动等融合间接经验知识与直接经验知识两种知识形态的课程优势,打通书本世界与生活世界,为学生创造跨学科学习的情境与经历,引导学生在与知识、教师、同伴和自我的对话中发现学习的意义和生活的趣味。

2. 教育活动设计中的共识达成

将共识达成机制运用到学校活动设计和实施中,以下所介绍的"满足学生心理需求的儿童节"的活动案例具有一定的代表性。学校德育团队依照惯例精心策划了六一儿童节的活动方案,然后召集了不同层面的学生征求意见,有的是刚步入初中校园的预备新生,有的是经民主选举产生的少先队干部、共青团员,有的是活跃在学生自主管理委员会的小干事,当然还有即将面临中考的初三学子。师生们展开了热烈的对话和讨论,学生们对方案提出了不同的意见。经过一番对话,原来单一的文艺汇演方案调整为丰富的班级冷餐会、操场巡游狂欢和高雅的艺术大餐,三场盛宴将孩子们的童心、纯真、美好、创意释放得淋漓尽致。

从以上案例可以看到,学校领导、教师与学生之间在具体的教育教学活动中尤其需要展开对话,老师们"想当然"地给予,学生未必乐于接受。尽管对话中可能会出现莫衷一是的局面,但是学校管理者要不畏矛盾冲突,寻求殊途同归,经过彼此倾听、耐心沟通,最终达成理解与共识,实现教学相长。

3. 多元对话评价中的共识达成

在教育评价方面,坚决克服"唯分数、唯升学"的倾向,紧紧围绕"探索真知、追求真理,学做真人、活出真我"的培养目标,改进结果评价,注重过程评价,探索增值评价,健全综合评价。① 综合运用观察量表、成长档案袋、创作、展示、测试、演讲表演、自评互评等方式评价学生。比如"真善少年"之"每周一星"的评选,倡导学生与自我对话、与同伴对话、与家长对话、与任课教师对话、与班主任对话等。身边的人则从"德、智、体、美、劳"等不同的视角出发,与孩子们的过去、现在和未来对话,记录他们成长的足迹,发现每一个孩子独特的闪光点,并以榜样展示的形式,激励更多的孩子建立自信。这种多个体、多维度、多时点的对话评价,正如学校中心庭院的"钻石苹果"雕塑所诠释的一样,处于能力和人格形成期的初中生,每个人都有自己独特的个性,每个人都可以闪耀不同的光芒,正是每一个"小苹果"的微光汇聚成了新时代少年多姿多彩的风景。经过上百期的评选,通过对话评价来赏识每一个孩子、关爱每一个孩子、激励每一个孩子,已经成为师生家长的普遍共识。

(三) 践行商谈伦理的民主协商机制

学校组织文化,尤其是管理文化的变革,难的不只是让组织成员"知道",更难的是让组织成员"做到"。学校积极探索构建理性对话的民主协商机制,给予每个人表达自己意见的机会,培育成员之间协商、理解、合作、共享的能力。

在内部治理上,引导教师与自己对话、与学科对话、与学生对话、与同侪对话、与专家对话、与家长对话、与管理者对话,积极营造无处不在的对话场域,以对话的教师,培养对话的学生。

在内部治理向外部治理延伸方面,学校与家庭、社区的关系也成为对话的重要领域。建平实验中学针对普遍存在的家校难以达成共识、家长与教师角色经常错位等问题进行真诚的对话,从"共情:培育和谐关系的价值引领;共治:确立主体地位的制度保障;共建:促进共同成长的家长学校;共商:化解矛盾冲突的协商机制;共生:优化整体系统的育人生态"等方面建设家校共育的互动机制。

---

① 李百艳.实施《上海市中小学学业质量绿色指标(试行)》的实践探索[J].上海教育科研,2018(03):71-75.

　　首先,针对家校共育界限不清、家校冲突等问题,逐步建立了规范科学的家校互动机制(见图3),深入开展家校之间的对话协商,学校在处理各种冲突、化解矛盾方面越来越得心应手,在互动的过程中越来越被家长认可、理解、信任。学校职能的专门性、组织的严密性、功能的全面性、内容的系统性、手段的有效性、形式的稳定性与家庭教育构成了有机互补,从而保证了学校教育工作的有序展开。

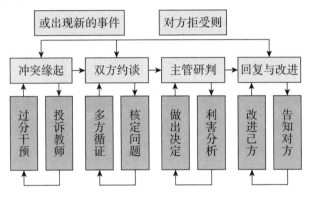

图3　建平实验中学解决家校矛盾互动机制

　　其次,举办家长学校,积极开展家校社协同育人。学校组织开展行为契约教育,班主任承担起家庭教育指导师的责任和义务,指导家长和孩子之间签订行为契约,从学习、劳动、体育锻炼、生活起居、自我管理等方面立约、守约。家务劳动契约、手机使用契约、亲子共读契约等纷纷出台。师生和家长积极行动起来,整理出目标清单、习惯清单、行为清单、问题清单,制订科学合理的实施计划、执行方法和奖惩方式,帮助学生自律自学。这些做法改善了亲子关系,避免了很多矛盾冲突和突发事件,保障了孩子的心理健康和生命安全,同时也培养了学生的现代契约精神,促进了人的思想观念的现代化。

　　学校还定期开展"智慧家长""真善少年""仁爱教师"的评选。家校共育对话机制有助于家校命运共同体的打造,开展长期良性友好的互动,提升家长家庭教育水平,也有助于提升仁爱教师的育人境界。学校每年都会通过教研组推荐,结合学生问卷调查,由校务会讨论,评选年度"仁爱教师",并在教师节庆祝大会上交流教育经验,发挥榜样引领的作用。

四、对话教育的成效与反思

建平实验中学的对话教育取得了丰硕的显性成果和宝贵的隐性成果，学生发展和教师发展成绩斐然、硕果累累，学校荣获并保持上海市文明校园、上海市先进基层党组织、上海市心理健康示范校、上海市家庭教育示范校、上海市行为规范示范校、浦东新区教师专业发展学校、浦东新区十佳科技特色校、上海市巾帼文明岗等三十几项荣誉称号。建平实验中学“大规模、高质量”办学赢得了广泛的社会美誉。学校发展的内生力、共生力与创生力被充分激发出来，形成了育人合力。

（一）对话成为学校和师生共同发展的内生性力量

在对话教学中，师生之间在平等对话中相互激励、共同成长，共享双方创造的经验和智慧。伙伴之间的相互砥砺，激发了个体的主动性和创造力。《源源的出题集》的案例正是对话促使学生不断生成、主动探究、共享思维的最好例证（见图 4）。源源和越越是互相帮助的同桌，经常一起讨论解题思路，通过长时间的合作学习与经验共享，越越的成绩取得了巨大进步。中考结束后，他们仍旧保持高涨的学习热情和主动探究的创造力，最终完成了针对物理和数学学科的《源源的出题集》，不但实现了知识的主动构建，也学会了合作解决问题，并且养成了心怀他人的美好品德。

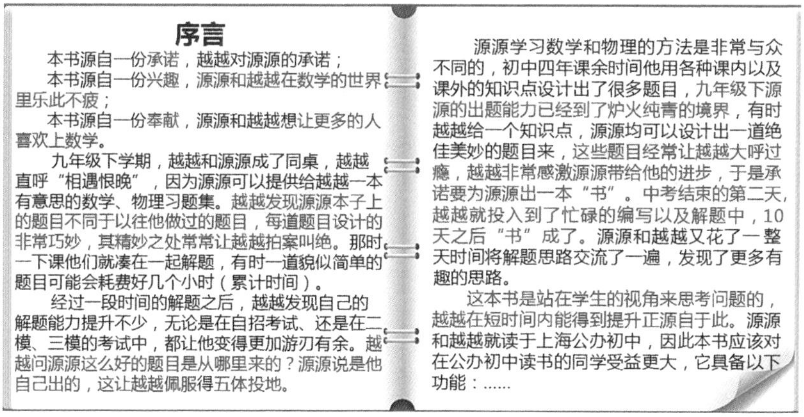
序言

本书源自一份承诺，越越对源源的承诺；

本书源自一份兴趣，源源和越越在数学的世界里乐此不疲；

本书源自一份奉献，源源和越越想让更多的人喜欢上数学。

九年级下学期，越越和源源成了同桌，越越直呼“相遇恨晚”，因为源源可以提供给越越一本有意思的数学、物理习题集。越越发现源源本子上的题目不同于以往他做过的题目，每道题目设计的非常巧妙，其精妙之处常常让越越拍案叫绝。那时一下课他们就凑在一起解题，有时一道貌似简单的题目可能会耗费好几个小时（累计时间）。

经过一段时间的解题之后，越越发现自己的解题能力提升不少，无论是在自招考试、还是在二模、三模的考试中，都让他变得更加游刃有余。越越问源源这么好的题目是从哪里来的？源源说是他自己出的，这让越越佩服得五体投地。

源源学习数学和物理的方法是非常与众不同的，初中四年课余时间他用各种课内以及课外的知识点设计出了很多题目，九年级下源源的出题能力已经到了炉火纯青的境界，有时越越给一个知识点，源源均可以设计出一道绝佳美妙的题目来，这些题目经常让越越大呼过瘾，越越非常感激源源带给他的进步，于是承诺要为源源出一本“书”。中考结束的第二天，越越就投入到了忙碌的编写以及解题中，10天之后“书”成了。源源和越越又花了一整天时间将解题思路交流了一遍，发现了更多有趣的思路。

这本书是站在学生的视角来思考问题的，越越在短时间内能得到提升正源自于此。源源和越越就读于上海公办初中，因此本书应该对在公办初中读书的同学受益更大，它具备以下功能：……

图 4 《源源的出题集》序言

学校课程和实践平台尽可能为学生创造与世界对话的机会,满足学生的兴趣特长和差异化需求。学校为学生遴选了三十多个社会实践基地,开展了丰富的实践体验项目活动。孩子们的学习世界被打开,他们走出校门,走向社区,走向博物馆,纪念馆,走向科研机构,走向企业公司……走向更广阔的世界。在与世界的对话过程中,学生在科技、人文、艺术、体育等不同领域收获了丰硕的成果。例如在科创领域,自 2016 年以来,学生在"未来之城"大赛中屡获佳绩,2019 年获得了"最佳人气奖"和"最佳系统整合奖"两个单项大奖,成为三支中国中学代表队中唯一一个获奖队伍。这两项奖也是历史上中国中学代表队在美国以外地区获得的最高奖项。

对话教育从关注"努力做好事",到关注"努力做成事",再到高品质发展强调"活出真我"的过程,体现了学校治理从重视"事"到重视"人"的重要转变。师生个体潜能和积极性、群体潜能和活力、学校的组织活力,都有了较大提升,对话机制成为学校治理的关键内生性力量。

(二) 对话教育重塑了基于交往理性的新型教育关系

在"前喻文化""并喻文化""后喻文化"并存的时代,建平实验中学的对话教育重塑了基于交往理性的新型教育关系。师生之间由教师的成人权威视角转变为尊重学生主体地位,由掌握话语霸权转变为揣摩学生逻辑,由单向预设传授转变为展开平等对话,由习惯群体泛谈转变为倾听个体心灵,由喜欢训话独白转变为互动对话生成;同侪关系逐渐由被动执行命令转向主动专业创生,由资深骨干引领转向青年教师反哺,由个体单兵作战变为伙伴协同共研;亲子关系由单向度的霸王条款到主体间的平等契约,由随意性的训诫命令到理性化的对话沟通,由生理上的血缘连接到精神上的理解认同,由代际间的望子成龙到两辈人的共同成长;家校关系由情感疏离淡漠到共情教育期待,由相互指责抱怨到共治育人生态,由难以形成合力到共商育人妙计,由孩子受"夹板气"到共育心尖上的"小苹果"。学校中庭的心心相印涌泉池生动地诠释着人民教育家陶行知先生笔下的"真教育是心心相印的活动"的美好境界。

（三）对话机制的治理效应促进了学校系统整体优化

无论是课程开发和教学改革的逐步深入带来的多环节多要素变革，还是教师专业发展过程中的多目标多任务压力，抑或是家校合作的方式与效果，都需要团队进行对话协商。学校发展依赖的教师个体的自觉意识和创新行动，也需要对话机制发挥支持作用。对话所产生的思想和信息的沟通与反馈机制，是融通团队转化和促进新思想、新方法、新模式、新成果产生的重要途径。对话机制催生的治理效应也是减少发展阻力、深化教育改革、实现持续创新的重要力量。对话教育引领的学校变革不再是一角一隅、一招一式、一人一事的变革，而是"有魂有体、魂体相生、体健魂强"的整体转型性变革，"九位一体"的蓝图变成了美好的教育现实，学校各个领域全面开花，结出硕果，实现了系统整体优化。

（四）对话教育面临的挑战和问题

1. 对话教育受组织发展阶段和学校领导个人风格影响

学校发展的不同阶段、不同的领导风格导致对话教育呈现出不一样的状态。追求对话、倡导对话、擅长对话的校长积极探索对话机制、开展对话教学，常常成为对话教育的支持者。但并不是每一所学校、每一位校长、每一位教师都适合在学校发展的任何时期全面推进对话教育。开展对话教育要结合校长、教师的个人风格、时代背景和学校发展的阶段性特征，审时度势，稳慎推进。

2. 传统管理方式与对话教育的互动博弈影响对话沟通的有效性

传统的集中式管理作为强有力的组织管理体现出强大的行政力量，而对话决策机制作为学校治理的一种探索，二者在不同领域功能的差异或博弈，制约着不同层次和人群的对话可能性条件、对话积极性以及对话立场、对话效果。对话需要与民主集中相结合。

尽管对话教育的探索会受到诸多制约，但是作为回归教育本质的教育，也是面向未来的教育，内含着无限的生机与活力。对话教育是充满人文关怀的教育，是爱的教育，让每一个人拥有对话世界的力量。

现代治理理念下初中学校
"对话教育"的系统构建与实践

对话揭示了教育活动的本质特征，学校和课堂是最需要对话的地方，对话质量决定了师生的生命质量。

作为一所"应浦东改革而生、借名校品牌而立、随时势迁移而变、因现代治理而兴"的公办初中，我校办学过程中曾遭遇课堂教学"失语"危机、学生青春期身心"失衡"危机和学校内生动力"失落"危机。学校秉承"用父母心办教育"的办学思想，"脚踏实地育真人，千方百计创未来"的办学理念，围绕"探索真知、追求真理、学做真人、活出真我"的育人目标，通过聚焦价值观念转向、课堂教学改革、校本研修创新、学校治理转型、育人生态共建，不断突破学校教育的现实困境，探索出基于现代治理理念的"对话教育"育人新模式。

从初创期的脱颖而出，到发展期的内涵建设，再到新时期的转型变革，经过实践与理论之间的双向建构，从自然萌芽到用心探索，从课堂教学到文化涵育，从个人践悟到团队共识，从局部培育到全面推广，对话教育已经成为学校成员内化的教育哲学、教育思想理念，同时也成为具体的教育方式、教育策略与方法。办学中将对话机制建设作为突破点与生长点，实现了整体转型性变革和跨越式内涵发展，享有极高的社会美誉度，在上海市乃至全国产生积极影响，被学习强国、人民教育、《中国教育报》、中国教育电视台等知名媒体和平台报道，被称赞为揭示了"公办初中崛起的秘密"。

一、问题的提出

学校在办学育人过程中面临着如下瓶颈、难题：其一，如何扭转课堂教学中存在的"失语"危机，构建真实的"对话"课堂新范式？其二，如何扭转学生青春期身心"失衡"危机，构建民主开放、和谐互信、平等沟通、伙伴协作的对话育人新生态，促进学生的素养养成和人格发展？其三，如何扭转办学内生动力"失落"危机，建立对话渠道畅通、多元主体参与的现代治理对话机制，推动学校由"管理"到"治理"的理念转变？

（一）直面课堂教学"失语"危机

作为办学育人危机的主因，传统教学存在以下典型问题。

在教学观念层面，把育人质量窄化理解为学业质量，忽视学生学习的对话质量、过程质量与生命质量。

在教学过程层面，存在较为严重的"一言堂""满堂灌""你问一我答"等教师话语"霸权"现象，课堂出现"集体失语""假对话"等问题，学生的主动权、提问权、评价权处于被教师"剥夺"的尴尬处境。

在教学评价层面，对学生评价存在"单一化、机械化、功利化"倾向，对教师评价存在"重手段轻价值，重结果轻过程"偏好，忽视师生之间成长性对话，导致学习效率低、幸福指数低、归属感低，育人质量欠佳。

针对上述问题，亟须通过创新对话课堂结构范式，改变"教师独白，学生听讲"的课堂面貌，构建起平等、真实、深入对话的教育关系。

（二）直面学生青春期身心"失衡"危机

处于青春期的学生，面临心理断乳与情绪风暴，他们性格稳定性差，发展可塑性强，分化可能性多，渴望交流、理解与尊重，却面临家长和教师单向灌输、命令压制的话语霸权，难以获得心灵的沟通与滋养。因对话缺失、低质、断裂而造成的悲剧屡屡发生。初中阶段是为终身奠基的关键期，亟须以"在对话中成长"的方式破解这一难题。

（三）直面学校内生动力"失落"危机

从初创期、发展期到新时期，学校由应运而生的"宠儿"回归到常态的公办初中,一度陷入周边民办学校"C"形包围的困境,面临后绩效工资时代的学校文化重建的挑战。多元矛盾交织,多种诉求冲突,多方对话缺失,导致在具体的办学实践中不同程度地出现了"干群疏离""家校矛盾""师生纠纷""亲子冲突"和"青少年心理危机"等问题,影响了师生发展动力。基于现代治理理念的学校"对话教育"理论创新与实践探索,成为激发学校办学活力的必然选择。

综上所述,办学育人"三重危机"的显性呈现是学校内外多元隐性力量交互作用的结果,这对学校探索由"管理"到"治理"的转型提出了呼唤与挑战,同时也为学校实现整体转型性变革提供了契机。现代治理理念以主体间交往对话为核心动力,追求平等沟通、民主协商、真诚理解、开放探究、和谐共赢、反思创新,能够为学校破解"三重危机"开辟出"成长性对话"的育人路径和"现代化治理"的办学路径。

二、解决问题的过程与方法

针对上述面临的难题,学校在推进"对话教育"的系统构建与实践中,逐渐走出一条从萌芽内生到进阶发展、从局部领域探索到统领全局推进、从干部层面倡导到形成团队文化自觉的学校治理现代化之路。"对话教育"的系统构建由探索、发展到成型,经过了如下三个阶段(见图1)。

(一)"对话教育理念萌芽"阶段(2004—2007年)

基于经验观察,自发地开展课堂对话,有意识地进行对话教学研究,引导学生与自然(知识)、与社会(他人)、与自我(心灵)展开对话,培育"对话意识""对话思维"与"对话能力",致力于把学生培养为自我发展的承担者、善于沟通的合作者、反思进取的创造者。在全校范围内逐步渗透"在对话中成长"的教育观念,提炼了教育之"魂",构建了办学之"体",发挥出唤醒变革、凝聚人心、形成共识、激发动力的作用。

(二)"课程教学中的对话培育"阶段(2008—2014年)

以行动研究的方法开展"对话"课堂实践、课程建设和课题研究。基于传统课堂教学"一言堂""集体失语"等话语霸权问题,深刻意识到关键瓶颈在于促使教师从传统习惯依赖转向真实对话的自觉改进。创设"倾听对话,互动

共享"的教学情境,提炼出"问题与倾听、合作与分享、创造与生成"对话教学
核心要素,研制出以培育学生"对话素养"为目标的系列校本课程,如对话式
德育课程、对话式心育课程、对话式探究课程等。

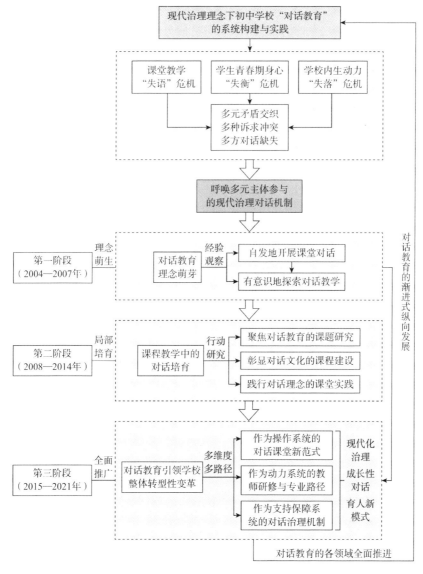

图1 "对话教育"推进路径图

（三）"对话教育引领学校整体转型性变革"阶段（2015—2021 年）

推进"对话"进教研、进管理、进文化，促使"对话"理念转化为教师的外在行动，将"对话"逐步根植于学校教育实践的土壤，从多维度、多路径，在全域开展对话教育的系统构建和实践，形成了相互支撑、相辅相成的三大系统，即操作系统（课堂对话范式）、动力系统（同侪研修路径）和支持保障系统（对话治理机制），具体如下：

1. 作为操作系统的课堂对话新范式

形成聚焦核心要素、推进教学流程的课堂对话教学新范式，其基本流程为"创设对话情境、促进深度理解、共享思维成果"（见图 2），改变了"教师独白，学生听讲"的课堂面貌，使课堂焕发出生命活力。

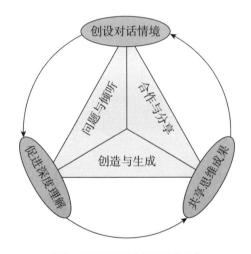

图 2 "对话教学"的循环螺旋结构

2. 作为动力系统的教师研修与专业路径

成立"对话课例精修工作坊"等灵活的跨学科共同体，开展"对话教学"主题教研，形成了"教研组—备课组—各类学习共同体—工作坊"相互支持的专业组织体系，探索出"共享·互助·成长"的同侪对话研修模式。

3. 作为支持保障系统的对话治理机制

针对学生青春期心理失衡、多元主体沟通失协的问题，在治理现代化理念下探索出支撑"对话教育"的学校治理新机制。构建了"提升主体精神的对话参与机制"(见图 3)、"践行商谈伦理的民主协商机制"(见图 4)和"发现教育意义的共识达成机制"(见图 5)等学校治理对话机制,充分激活了学校发展的内生力、共生力、创生力。

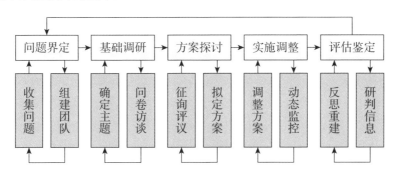

图 3　提升主体精神的对话参与机制

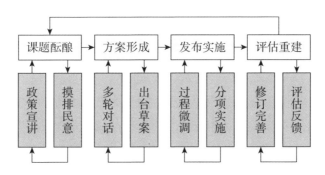

图 4　践行商谈伦理的民主协商机制

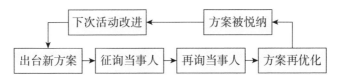

图 5　发现教育意义的共识达成机制

　　通过多维度、多路径、全域推进对话教育的系统构建和实践,探索出管理者、教师、学生、家长和专家五类主体之间"共情、共建、共商、共治、共生"的"五维五共"对话路径,培养和谐关系的价值引领,确立主体地位的制度保障,成立促进共同成长的家长学校,建立化解矛盾冲突的协商机制,系统优化学校的育人生态。构建起民主开放、和谐互信、平等沟通、伙伴协作的对话育人新生态，推动学校整体转型性变革，促进师生才智涌流，教育活力迸发。（见图6）

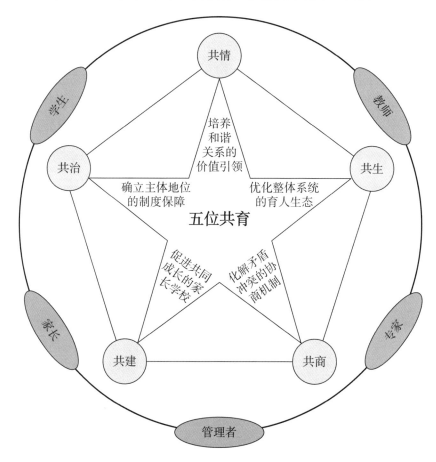

图6 "五维五共"的融合对话育人生态

通过提炼变革经验与典型课例，编撰实践手册，建设教育资源库，出版系列"对话教育"专著和学术论文，以承办学术论坛、帮扶结对学校、建立实践基地，促使"对话教育"理念融入课堂教学、课程开发、教师研修和学校治理，转化为师生的外在行动与内在德性，形成了公办初中化解典型教育问题的"行动方案"，打造出以现代化治理、成长性对话、整体转型性变革为标识的公办初中教育新典范。

三、成果主要内容

(一) 认识性成果

基于对话教育具有的"平等尊重""真诚倾听""多主体协同""建构生成"等基本特性,结合学校教育实践的探索,创造性地诠释了"对话教育"的理念与内涵,并将该理念融入课堂教学、课程开发、教师研修和学校治理。

1. 创造性提出"对话教育"新理念

提炼并阐述出"对话教育"概念内涵。教育是人与自然、社会、自我不断对话的过程,是人重新建构对世界认知、不断成长的过程。对话教育是以"对话哲学"为基础,以师生生命发展为目标,在学校教育教学过程中积极营造一种民主的氛围、开放的环境,为师生畅通对话渠道、搭建对话平台、建设对话制度,在课堂教学、课程建设、学校管理、学生活动与家校社区合作中,开展多元主体间多维度、多层次的对话,激发师生对话情意,促进师生提高对话能力、形成对话素养,提升育人质量,把学生培养成为自我发展的承担者、善于对话沟通的合作者、具有反思精神的创造者。

提炼并阐述出"对话教育"独特性质。历经初创期(理念萌生)、发展期(局部培育)、转型期(全面推广)探索出的"对话教育"具有以下特点:过程性与情境性(涉及师生、制度和运行等多方面因素,通过对师生观念、制度设计和机制运行的深描,剖析内部运作过程);系统性与互动性(涉及学校各层级领导间、教师团体内、师生课堂教学、家校社共育的协同对话,重点是家校社协同对话的制度建设与生态文化建设,包括参与制度、评价制度、知情制度等)。

2. 形成聚焦核心要素、推进教学流程的课堂对话教学新范式

提炼并阐述出对话教学"核心要素"。包括问题与倾听(教师作为倾听者、观察者与欣赏者,引导学生深入体验、思考、假设与求证)、合作与分享(通过彼此敞开、接纳、回应、碰撞、沟通、交流、互动、分享等活动,育人价值不断提升,课堂资源不断积聚,教学重心不断下移,教学结构不断开放,教学动力不断内化)、创造与生成(师生与生生之间的知识共建、精神共勉、生命共生)。

提炼并阐述出对话教学"课堂结构"。包括创设对话情境(深入研究教学

内容,细致入微地把握学情,提出真问题,设计真任务,开展真活动,发起真对话,引起学生的求知饥渴和认知冲突)、促进深度理解(创造新认知领域、强化新视域融合、催生新意义共鸣)、共享思维成果(通过由浅入深、由表及里、由感性到理性的思维锤炼,展现个性化思想与观点,达成共识,创生新知)。

(二)实践性成果

现代治理理念下,初中学校"对话教育"的系统建构与实践探索是一个交互生成、融通转化的过程,不仅更新了教育教学理念,深化了课程教学改革,优化了育人生态,而且构建了教师研修与专业路径,建立了对话治理机制,提升了学校治理现代化水平,释放了办学育人活力,落实到办学实践中具体体现在以下几方面。

第一,形成以自主、协作、跨界为特征的教师同侪对话研修新路径。建设"专业自主、协作共研、跨界融合"的教研组、备课组和跨学科弹性组合团队等伙伴合作共同体,开展"对话教学"主题教研,形成同侪对话研修模式。

第二,在治理现代化理念下探寻支撑"对话教育"的学校治理新机制。构建以"基于平等、经由对话、达于理解、形成共识、创生新质"为特征的学校治理对话机制,充分激发办学活力。

形成"提升主体精神的对话参与机制"。在权力决策与运作格局中重新界定权力边界,将议事程序的规范性与对话交流的开放性有机统一起来,放大规划过程的共识凝聚价值,建立扁平化的管理模式,激活基层组织活力,锻炼基层管理能力,成立非行政化、专业化、弹性化、自由生成的跨学科研究共同体,变"领导与被领导"关系为"合作伙伴"关系,营造开放和谐的对话氛围,促使师生成为积极主动的第一责任人、行动者与创造者。

形成"发现教育意义的共识达成机制"。在课程与教学管理、教育活动设计、多元对话评价中形成了"求同存异""求异存同""异同比较"与"意义发现"的共识达成机制。从学生学习需求调研、教师自主合作申报、专家动态审议指导等角度,建构课程开发审议的对话机制,开发了丰富的刚需课程、普需课程、特需课程,融合间接经验知识与直接经验知识两种知识形态的课程优势,打通书本世界与生活世界,为学生创造跨学科学习的情境与经历,引导学生在与知识、教师、同伴和自我的对话中发现学习的意义和生活的趣味。形成了基于对话的以"满足学生心理需求的儿童节"为典型案例的教育活动设计共识达成机制。综合运用观察量表、成长档案袋、创作、展示、演讲表演、自评互评等互动对话方式，改进结果评价，注重过程评价，探索增值评价和健全综合评价。

形成"践行商谈伦理的民主协商机制"。针对家校社共育界限不清、家校冲突等问题，建立了家校互动机制，学校职能的专门性、组织的严密性、功能的全面性、内容的协同性、手段的有效性、形式的稳定性与家庭教育形成有机互补；举办家长学校，开展行为契约教育，制订家务劳动契约、手机使用契约、亲子共读契约等，整理出目标清单、习惯清单、问题清单与行为清单，改善家校、亲子关系；定期开展"智慧家长""真善少年""仁爱教师"等评选活动，助力家校命运共同体的打造，提升家长家庭教育水平，形成家校社协同育人的良性互动循环。

第三，营造由课堂对话范式、同侪研修路径和对话治理机制三大系统构成的公办初中育人新生态。探索出管理者、教师、学生、家长和专家五类主体之间"共情、共建、共商、共治、共生"的"五维五共"对话路径，构建民主开放、和谐互信、平等沟通、伙伴协作的对话育人新生态，推动学校整体转型性变革。

四、效果与反思

（一）主要成效

本成果经历了从课堂到德育、研修和管理的推广与检验，主要成效有如下几方面。

1. 彰显对话价值，形成愿景共识力

以"建德建业、惟实惟新"核心价值、"脚踏实地育真人，千方百计创未来"办学理念和"美丽校园、书香支部、心灵港湾、温馨班级、对话课堂、德业课程、仁爱教师、真善少年、智慧家长"九位一体教育蓝图培育"探索真知、追求真理、学做真人、活出真我"的时代新人。"用父母心办教育""让每一个孩子拥有对话世界的力量"等教育理念成为普遍共识，350余名教师和5000多个家庭形成了具有"愿景共识力"的价值共同体。

2. 构建对话机制,激活师生内生力

对话治理机制为师生发展"保驾护航",确保"对话素养"课程的有效开发。通过"培育初中生对话素养的实践研究""基于对话机制建设的公办初中治理优化的实践研究"重点、攻坚课题研究,依托"'五育并举'引领下的初中学校'三需'课程开发与实施的研究"市级项目研究,形成基于对话的"学生学习需求调研,教师自主合作申报,专家动态审议指导"的课程审议机制。围绕"对话素养"培育,优化"五育"课程结构,满足学生青春期身心成长的"普需"、兴趣特长发展的"特需"、学业进步的"刚需"。在教育过程中,教师用心倾听对话、启发引导,探索"对话式述评",班主任、任课教师、同学、家长等从多元视角与学生对话交流,发现闪光点,激发求知欲和创新精神,充分释放师生双主体的内生动力。

对话机制促进了"专业自主、协作共研、跨界融合"的造血型教研组、备课组和跨学科弹性团队等学研行共同体的建设。同侪对话研修模式关注实践需求,突出问题解决,激活参与主体,畅通交流渠道,使校本研修核心化,核心主题多维化,多维领域立体化,形成了垂直对话、平行对话与交叉对话的网络架构,分享、流转和辐射课程开发、教学经验、科研成果,实现教学理念、教学方式、教学关系、教学评价、教学研讨全方位改革,教师的职业尊严和生命质量得以提升,并产生溢出效应,打造出一支由 2 名正高级教师、6 名学科带头人、29 名骨干教师、48 名高级教师,2 名博士、93 名硕士,115 名党员共同组成的优秀教师队伍。近年来,教师获奖数量惊人,质量喜人,全国教学大奖赛、四年一次的中青年教师教学评比、浦东新区爱岗敬业教学技能竞赛、上海市语文大讲堂"教学之星"的评比佳音不断;课堂教学、德育、心理、科研、管理等不同领域的论文评比和赛事活动捷报频传。

教师培训取得丰硕成果,教师专业发展学校现场评估、见习教师规范化培训考核均为优秀,上海市见习教师基本功大赛、"2～5 年职初教师培养"市级研究项目获评优秀,学校所有教研组获评区优秀教研组,部分教研组获评上海市巾帼文明岗、三八红旗集体。

3. 重构教育关系，建设学校生态力

搭建多主体协同对话平台，重塑了基于交往理性的新型教育合作伙伴关系，师生关系（由训话独白转向互动对话）、同侪关系（由单兵作战转向协同共研）、亲子关系（由随意训诫转向理性沟通）、家校关系（由疏离紧张转向共情共育）等得以优化，营造了平等沟通、民主和谐、协作互信的育人生态，集聚教育合力。

4. 推广对话成果，扩大学校影响力

在办学质量的显著提升方面，先后获评市优秀基层党组织、市文明单位、市首批文明校园、全国中小学心理健康教育特色培育校、市中小学行为规范示范校、市家庭教育示范校、教师专业发展学校，获评市首批中小学心理示范校、市学校心理健康教育先进集体（每三年评一次）等荣誉。吕玉刚、任友群两位教育部司长现场指导、高度关注，吕玉刚司长充分肯定并高度评价我校现代治理理念下学校"对话教育"的探索，并称赞道："这就是立德树人。"

在学校的辐射引领方面，充分发挥"双名"主持人的引领示范辐射作用，构建了以建平实验中学为基地（区见习教师规范化培训基地、区教师专业发展学校），以"双名"工作室引领的多层次开放式研修格局，形成了浦东新区李百艳语文教师培训基地、上海市"双名工程"高峰计划名校长团队、教育部"国培计划"领航名师工作室三环协作的同侪对话研修模式，成立了"三区三州"跨区域协作式工作室，把学校教师队伍和工作室学员结合起来共同培养，带动深度贫困地区支援校、金杨学区兄弟校、上海市强校工程实验校共同发展。把差异转化成研修资源，异中求同，同中有异，校室整合，相互带动，共同发展，助力基础教育优秀人才培养体系的构建。

校长先后受邀参加第十四届国际校长联盟大会、2020 年世界人工智能大会云端峰会、2020《中国教育报》校长大会、2020"全国新时代高品质学校建设"校长大会、2021"宣讲行，送教行"全国大会、上海市第四期"双名工程"首届"名师名校长高峰论坛"等，围绕"现代治理理念下公办初中对话教育的探索与实践"主题发言，有效发挥了示范、引领和传播推广的作用。

学校深入贯彻落实中共中央、国务院关于打赢脱贫攻坚战的决策部署，将"对话教育"的成果推广应用到"三区三州",先后选派多名教研、管理骨干及优秀教师团队前往云南怒江开展教育教学交流研讨活动,带动怒江教师提升教学能力和教育水平,提高怒江中学办学质量。此外,率领上海、浦东骨干教师、学科带头人、区域培训师、学校管理者组成的专家团队,以在线平台为媒介,为三区三州教师"量身定制"了14次线上对话教学培训,策划了全方位、多形式、高质量、成体系的对话研修活动,历时半年之久。

在研究成果的产出与传播方面,在《人民教育》《中国教师》等期刊发表"对话教育"相关论文20余篇;出版《对话与超越》等相关学术专著4部;《治理导向下的对话机制探寻》获市第二届初中学校教育管理案例评选一等奖。主持国培计划"领航工程"课题、市"双名"高峰课题等10余项。《家校心心相印,共育阳光少年》《创想未来之城,开启未来教育》等成果被学习强国、中国教育电视台、《中国教育报》等知名媒体报道。

（二）反思

加强成果转化,推动辐射引领。从重视"事"到重视"人",亟须营造良好的软环境,优化对话方式与机制,让更多人、更多学校参与到对话治理中,让师生成为积极主动的行动者、创造者。

加强平台建设,优化育人氛围。打破正式与非正式组织间的疆界,构建对话共同体,在学校管理、课程教学改革、家校社共育等方面搭建对话平台,推进对话共同体的多元、多层次、多方位建构,增进主体之间的信任、理解与支持。

加强对话评价,提升对话实效。基于对话治理思想,开发有效测量工具与评价指标,结合信息技术开展数据追踪与分析,促使研究成果可见、可评、可测。

学校高质量发展的对话机制探寻

学校的高质量发展需要从思想观念层面、物质技术层面、机制制度层面到社会心理、社会人格层面进行全面的深层次转型性变革,实现从"事"到"人"的同步现代化,达到"成事成人"的理想境界。

学校高质量发展的实现,发展过程中困难和障碍的解决,既需要各级政府、教育主管部门和专业机构的推动与指导,也需要每一所学校因地制宜进行探索与实践。

经过多年的探索、观察与研究,笔者深刻意识到学校里一招一式的变化、零打碎敲式的改革、一个部门一个领域的探索,难以达成高质量发展的预期效果。在新时代教育背景下,学校的高质量发展需要从思想观念层面、物质技术层面、机制制度层面到社会心理、社会人格层面进行全面的深层次转型性变革,实现从"事"到"人"的同步现代化,达到"成事成人"的理想境界。上海市建平实验中学将对话机制作为推动学校整体转型性变革的突破点与生长点,通过对话,将管理与教育进行联结与融通,在全方位、多层次、多元化的立体对话中更新教育理念,深化课程改革,改进课堂教学,建设现代文化,化解各类矛盾,培育一代新人。

对话是指基于平等主体间的用言语方式进行沟通,注重共情、努力达成理解与形成共识、产生正向效果的人际交往过程。对话相对于"命令、灌输、独白、预设、控制、他组织"等概念,倡导的是"平等交流、理性交往、民主协商、宽容理解、承认接纳、同理共情、共同体"等具有现代性意蕴的概念。对话有着深厚的理论基础,哲学、政治学、文学、语言学、新闻学、法学、教育学、心理学等学科关于对话都有大量深入的研究。对话无处不在,渗透进人类社会生活与个人生活的方方面面。哪里有主动、充分、高质量的对话,哪里就有顺畅的沟通、友善的交往、和谐的氛围。在教育领域,由于对话的缺失、对话的中断、对话的低质,常常使学校管理陷入"干群疏离""家校矛盾""师生纠纷""家庭大战""亲子冲突""青少年心理危机"等扎堆式的问题丛林,严重影响了学校的高质量发展。在世界进入超级多元化的时代,面对越来越充满不确定性的未来,建立多元教育主体参与的学校对话治理机制显得非常必要,且尤为迫切。

一、对话形成高质量发展的目标共识

长期以来,许多学校把育人质量窄化理解为学业质量,对学生的评价存在"重分数轻人格,重显绩轻潜能"的倾向,对教师的评价也是"重术轻道,重结果轻过程",喜欢"以分数论英雄"。这种狭隘、片面的质量观根深蒂固,导致了应试教育的种种弊端。中共中央、国务院印发的《关于深化教育教学改革全面提高义务教育质量的意见》(以下简称《意见》)等有关文件,就是要着力解决培养什么人的问题。强化"五育并举"就是要坚持立德树人,培养德智体美劳全面发展的社会主义建设者和接班人,使今天的学生将来能够成为担当民族复兴大任的一代新人。如何根据校情、教情、学情与时代特征准确定位学校的质量目标?如何更新教师的育人观与质量观?如何引导家长不被"剧场效应"裹挟、走出过度焦虑?绝非仅仅宣读一遍上级文件就能够奏效。为了确定科学质量观引领下的学校高质量发展目标,建平实验中学借着制订新一轮发展规划的机会,开展了与专家、家长、教师之间普遍而深入的对话。

一是请华东师范大学基础教育改革与发展研究所专家就学校管理、课程教学、学生发展、教师发展等方面召开系列座谈会,全面把脉问诊;二是请上海市中小学学业质量绿色指标项目组来学校进行学业质量评估的访谈与问卷调查;三是请区教研室覆盖所有学科进行课堂教学评估;四是开展"我为学校发展献一策活动",组织教师、家长为学校发展出谋献策,评选出"上策、妙策、良策、群策"若干。学校里几乎所有教师都被"卷入"一场关于学校如何发展、如何育人的对话中,这当中有专家观点的自然流露与主动呈现,有教师观念的无意"暴露"与自我反思,有校长办学思想的逐步凝练与集中阐释,这些观点时时发生碰撞与共鸣。领导团队审时度势、深入研判,梳理了学校的办学理念系统和未来几年的办学目标与任务,提炼了教育之"魂",丰满了办学之"体",以"建德建业、惟实惟新"的核心价值、"脚踏实地育真人,千方百计创未来"的办学理念和"美丽校园、书香支部、心灵港湾、温馨班级、对话课堂、德业课程、仁爱教师、真善少年、智慧家长"九位一体的教育蓝图来培育能够"探索真知、追求真理、学做真人、活出真我"的时代新人,把立德树人落到实处。

经过这样一番对话,"没有好的成绩是肯定不行的,仅有好的成绩也是远远不够的""真正的高质量是人的全面发展的质量和教育过程的质量""办老百姓家门口的优质初中""给孩子未来更多的可能,让母校成为学子终身受益、永远眷念的地方"……诸如此类的观念逐步深入人心,成为建平实验人的普遍共识。

二、对话保障课程教学实施的过程质量

学校质量的核心无疑是教育教学质量,而提供怎样的课程、实施怎样的教学决定了拥有怎样的质量。目前,仍有为数不少的学校还停留于传统教学模式,以"听讲、理解、复述、记忆、做题、训练"为主要学习方式,为了追求高分"超前学、超量学、反复学"的现象普遍存在,影响了学生的全面发展、可持续发展,甚至埋下了心理人格隐患。而另一种形态的知识,即直接经验知识的学习未能得到重视,新课程方案当中预留的占比 15％ 左右的校本课程、综合实践活动课程或被挤占,或质量不高。《意见》当中所倡导的"启发式、互动式、探究式教学","探索基于学科的课程综合化教学,开展研究型、项目化、合作式学习"等要求缺乏高质量的课程支撑,学生的学习动力未能得到有效激发,解决问题的能力无从培养,真正的教育质量大打折扣。

建平实验中学深刻意识到开发高质量课程与优化教学方式的瓶颈在于如何促使教师从传统习惯依赖转向质量目标引领和教学的自觉改进。为此,学校积极搭建交流平台,创设自由的对话情境,有组织地开展自上而下与自

下而上的垂直对话,也鼓励教师团队之间进行灵活自由的平行对话,使得优秀教师的课程开发和教学经验得以分享、流转、传播,不断产生溢出效应。学校逐步形成了基于对话的"学生学习需求调研,教师自主合作申报,专家动态审议指导"的课程开发审议机制;组织专家从课程目标的正确性(是否贯彻党和国家教育方针政策)、课程内容的适切性(是否益于学生核心素养培育)、实施计划的可行性(是否加重学生课业负担)等方面进行审议。"'五育并举'引领下的初中学校'三需'课程开发与实施的研究"获批上海市教委课程领导力项目,围绕满足学生青春期身心成长的"普需"、兴趣特长发展的"特需"、升学考试的"刚需",推进对话教学;落实国家课程的校本化实施,开发了"人文素养类、科学素养类、生活健体类、自主实践类、综合探究类"五大类几十门丰富的校本课程,通过项目化学习、探究课、社团活动、主题实践活动、专题教育活动、学科渗透等途径来实施,重视融合两种知识形态的课程优势,打通书本世界与生活世界的联系,为学生创造跨学科学习的情境与经历,引导学生发现学习的意义、生活的趣味和学习的乐趣。同时,学校完善学业质量管理系统,进行精细化质量分析,把简单的行政命令式的判断性评价变为平等的对话式的专业化分析,精心编制个性化的校本作业,综合运用观察量表、成长档案袋、创作展示、竞赛测试、表演等评价方式进行综合评价、过程评价与多元评价。对话伴随着教育教学的全过程,推动学校的高质量发展。

三、对话激发学校发展的内生动力与合力

实现高质量发展,必然要进行深刻的"质量变革、效率变革、动力变革",建平实验中学探索对话治理机制,就是要着力解决学校发展的动力问题。学校进行组织机构变革,将传统的行政色彩较强的教导处、学生处、办公室等变为专业和服务色彩突出的课程教学中心、学生发展中心、教师发展中心、学校发展中心,成立非行政化、松散型的研究共同体。变过去"领导与被领导"的关系为合作伙伴关系,促进教师、领导、学生、家长、专家之间的对话以及每个人与自我的对话,在对话中消除障碍和误解,理解彼此真正的需求,达成不同程度的共识。初步形成了"提升主体精神的对话参与机制,践行商谈伦理的

民主协商机制,发现教育意义的共识达成机制"等具体决策机制,创造了开放和谐的组织氛围,力求使学校中个体和群体的积极性、潜能、活力发挥到可能条件下的最佳状态,使师生成为积极主动的行动者、创造者。

学校内部治理的转型升级向外部治理延伸辐射,学校与家庭、社区的关系也成为对话的重要领域。建平实验中学针对普遍存在的家校难以达成共识、家长与教师角色经常错位等问题进行真诚的对话,提出"用父母心办教育",从"共情:培育和谐关系的价值引领;共治:确立主体地位的制度保障;共建:促进共同成长的家长学校;共商:化解矛盾冲突的协商机制;共生:优化整体系统的育人生态"等方面建设家校共育的互动机制。并培训班主任做家庭教育指导师,开展行为契约教育,指导家长与孩子平等对话,从学习、劳动、体育锻炼、自我管理等方面立约、守约,帮助学生自律自学,改善了亲子关系,避免了很多矛盾冲突和突发事件,保障了孩子的心理健康和生命安全。

对话,是如此的司空见惯,却能发挥非凡的作用,高质量的对话有助于学校教育的多元主体形成目标共识,解决专业问题,激发学校发展的内生动力与多方合力,促进学校系统优化,实现学校高质量可持续发展。

在对话中研究对话

教育给予人对话世界的力量，只要我们愿意敞开心灵与这个世界展开真实的对话，我们的教育就一定会焕发出勃勃生机，我们的生命也会不断获得超越与更新。

记得多年前在我殚精竭虑，备战公开课的一个夜晚，我的儿子过来劝我："妈妈，其实你不必这么费力，在我们学生看来，老师们上课基本上都是一个套路，那就是'明知故问'，拎得清的学生都会配合的。"他不经意的一句话，让我感到特别震惊。原来，我们的课堂是如此的平淡无奇却又故作姿态，一个个心明眼亮的孩子早已看破却没有说破，他们在马丁·布伯所说的"装扮成对话的独白"中日复一日地配合着老师表演，虽然也能收获一定的知识与成长，但是探索真知的热情、追求真理的纯真、表达真我的自信、学做真人的美好，却日益被消磨，生命的主体性严重地被忽视和抑制。这让我不得不深思，我们的教育要怎样改变，才能让我们的老师不再"明知故问"，让我们的学生不再"明知故答"。

毋庸讳言，传统的教育教学范式，充斥了太多的"灌输""独白""预设"，教师的讲话、训话，学生的听话、答话代替了师生之间、生生之间真实、生动的对话。教师的境遇也常常如此，学校管理中的控制与命令难以使他们充分地释放自己的热情和潜能。这种教育现状以及问题的产生大多是由于对话的缺失、对话的低质、对话的断裂造成的。意识到这一点后，我开始有意识地探索对话教学和对话管理，每每看到师生活力的释放，倍感欣喜，也备受鼓舞，仿佛找到了一把打开教育活力之门的钥匙。

2014 年,我考取了华东师范大学教育博士,在导师杨小微教授的指导下,确立了博士论文研究课题"走向现代学校治理的对话机制建设研究"。五年的时间里,我一边在建平实验中学开展行动研究,一边去华师大读书,同时参加各种学术研讨活动。作为一所"应浦东开发而生,借名校品牌而立,随时势迁移而变,因现代治理而兴"的公办初中,建平实验中学也曾经遭遇学校内生动力"失落"危机、课堂教学"失语"危机与学生青春期身心"失衡"危机。我带着一群志同道合的同事,在杨老师的悉心指导下,深入学习对话理论,通过聚焦"价值观念"转向、"课堂教学"转型、"校本教研"创新、"育人生态"共建,构建了"创设对话情境—促进深度理解—共享思维成果"的课堂对话结构,提炼出"问题与倾听、合作与分享、创造与生成"的对话教学核心要素,建立了提升主体精神的对话参与机制、发现教育意义的共识达成机制、践行商谈伦理的民主协商机制,探索了基于对话的"共情、共建、共商、共治、共生"家校共育模式,形成"五维五共"立体对话育人新生态,推动了学校整体转型性变革,促进了师生才智涌流,教育活力迸发。几年来,对话教育结出了累累硕果,促进了学校整体转型性变革和跨越式发展,揭示了"公办初中崛起的秘密"。

2019 年 11 月,我的博士论文顺利通过盲审与答辩。12 月 25 日,我拿到了毕业证书和学位证书。捧着 20 多万字的论文,心中真是感慨万千,感恩无限。为了研究"对话",推行"对话",写好"对话"这篇文章,我和我的导师、我的师友、我的同事、我的硬核团队、我的学生、我的学生家长在各项常规工作和创新性工作中开展了难以计数的对话,本书中很多档案、案例、访谈资料都是建平实验中学的伙伴们对话教育的成果。在由衷地向他们表示谢意的同时,更加珍惜与他们对话的经历。丰富多彩的对话的过程,有时似涓涓细流,有时如石激浪涌,有时更似惊涛拍岸,正所谓"水本无华,相荡乃兴潋滟;石孰有火,互击而闪灵光",这思想碰撞和智慧交锋的力量,带来了认知顿悟之乐、心灵契合之美、思想砥砺之功。每每回味,倍觉弥足珍贵。

令我印象最深的无疑是和导师杨小微教授之间的对话,杨老师可谓是对话的高手,他对我的指导完美诠释了"道而弗牵,强而弗抑,开而弗达"的教育原则,既有理念和思想上高屋建瓴的引导,也有具体实践中的根部滴灌式的栽培;既有读书交流时的思维激荡,也有排解疑难时的点要拨偏;既有在我怠惰拖延时的有力鞭策,也有在我踌躇满志时的理性告诫;既有讨论论文主旨时阐述的微言大义,也有帮我修改文章时的字斟句酌;既有读书期间师生之间专业学术的交流,也有毕业之后亲人一般的牵挂与祝福。杨老师不喜欢批评人,批评学生总是点到为止,甚至是意到即可。我时常开玩笑说:"如果不仔细听,不认真反思,我们甚至会把杨老师的批评当成表扬呢。"同门的师兄弟姐妹们都有同感,也正因为如此,我们都格外看重杨老师的意见。尽管他总是轻轻地、委婉含蓄地说出自己的意见,然而却总是那么切中肯綮、画龙点睛、耐人寻味。杨老师"春风大雅能容物"的学者风范和"桃李不言,下自成蹊"的育人境界令人如沐春风,他温柔敦厚、谦恭自牧的品格潜移默化地影响着我,让我深切地意识到,每个教育人都应该努力养成"温而厉,威而不猛,恭而安"的仪表风范,以合宜的言说方式和教育品格去施行教化之功,使莘莘学子能更好地受教。"师也者,犹行路之有导也。"在杨门受教五年,实在是受益终身。此外,还有和葛大汇老师、李政涛老师、吴刚老师、范国睿老师、代蕊华老师、郅庭瑾老师、刘莉莉老师、沈玉顺老师、戚业国老师、黄书光老师、刘海波老师、王红霞老师等众多老师的对话,开阔了我的视野,优化了我的思维,培养了我的学术品性,塑造了我的教育品格,也照亮了我前行的道路。

　　一路走来,我感觉自己一直在负重前行,当工作与学习矛盾特别突出时,也曾经动摇过,反复地问自己,到了知天命之年,工作中完全可以没有这个博士学位的初中校长有必要这么拼吗?然而,短暂的疑惑之后,我依然选择勇毅前行。因为我深知有一种苍白虚空是"生命中不能承受之轻"。我家乡的大庆油田出过一位名人,就是"铁人"王进喜,他有一句"井无压力不出油,人无压力轻飘飘"的名言,对我影响至深。的确,轻飘飘的生活不足以构成有质量的人生。每一份担当,都能锻炼我们的筋骨和精气神。每当我回想起当初报考时的那份纯粹与坚定,读书过程中未曾预料的精彩与丰盛,行动研究中那些预期的或是意外的收获与提升,特别是学校和每一个生命所发生的积极、正向、美好的变化,都让我感到无比庆幸,庆幸自己坚持全程跑完了这样一次学习与实践的"马拉松"。

　　这一路长跑,虽不乏艰辛与汗水,但是在校长与学生两个角色之间切换的体验带给我更多的是一种享受。"世事沧桑心事定""胸中海岳梦中飞",作为一所初中学校的校长,我和很多同行一样,在办学过程中面临诸多的内部与外部的困境,有时候难免会被社会焦虑所影响,也会有这样或那样的困惑与烦恼,在处理具体问题时也很难做到一点不纠结。但是,一次次走进美丽的华东师大,走过波光粼粼的丽娃河畔;一次次回到温馨的建平实验园,驻足在光芒璀璨的钻石苹果旁,或坐在教室里安静地聆听,或与老师和同学们平等真诚地对话,或自己潜心思考研究一个问题,越来越有一种思路清明和思维跳脱的感觉。教育真是一种对话场域中的修行,在学习、实践、反思与改进之间自由对话的过程中,虽然肩上担子越来越重,然而心理负担却越来越轻省,在无比纷繁的事务中也能够越来越从容。

　　"君子豹变,其文蔚也。"生命蜕变成长的美好境界,虽难以达到,却总是让我们心向往之。教育给予人对话世界的力量,只要我们愿意敞开心灵与这个世界展开真实的对话,我们的教育就一定会焕发出勃勃生机,我们的生命也会不断获得超越与更新。

初中学校对话心育模式的构建与实践

从本质上而言,教育就是一个引导学生与自然对话、与他人对话、与自我对话,帮助学生不断健全人格、不断重新建构对世界的认知和成长的过程。

一、问题现状

初中阶段是学生心理健康成长的关键时期,也是问题多发期,这与初中生的心理特点密不可分。进入青春期的学生,呈现出心理发展可塑性强、情绪稳定性差、自我认同感不足的特点,成长遭遇各种"流行病",如沉迷手机、盲目追星等,再叠加应对学业考试带来的内卷,使得这个阶段的教育常常陷入"家校矛盾""师生疏离""亲子冲突""家庭大战""青少年心理危机"等扎堆式的问题丛林,导致悲剧性事件时有发生。

如何破解这样的困局,实现教育全面育人的功能? 如何保障孩子的身心健康,特别是培育孩子的心理健康素养? 这些成了教育亟待解决的问题。

我们深刻地认识到,很多孩子心理问题的发生都是成长过程中人际交往对话沟通不当造成的。从本质上而言,教育就是一个引导学生与自然对话、与他人对话、与自我对话,帮助学生不断健全人格、不断重新建构对世界的认知和成长的过程。教育要尊重孩子的主体地位,要通过平等、真诚、智慧的对话走进孩子的内心世界,唤醒孩子的生命的自觉。然而,现实中,对话缺失、对话断裂、对话低质的现象普遍存在,这在很大程度上影响了学生的健康成长。

上海市建平实验中学是一所大规模的学校,有 100 多个班级,5000 多名在校学生,教师近 400 人。学校多年来探索对话教育的系统构建与实践,在教育教学过程中积极营造一种民主的氛围、开放的环境,积极建构师生、亲子主体间多维度、多层次、平等对话的关系,使得每个孩子充分感受到被尊重、被看见、被听见,促进学生健康成长,培育阳光心理,塑造健全人格,提升生命质量,逐渐构建起了"对话心育模式"。

二、工作目标

在"教育,让人拥有对话世界的力量"教育理念的引领下,积极营造健康、温馨、和谐的校园氛围,把学校建成学生的心灵港湾;重视学生、教师、家长之间的互动交往,倡导换位思考、理性沟通,积极达成理解与形成共识、产生正向效果,努力提升孩子自我觉察、行为调控、情感平衡、人际交往的能力,形成和谐、融洽、平等、民主、尊重的师生、生生、亲子关系,培养乐观、向上、自主、自信的新时代好少年。

三、措施和做法

(一)实施途径

对话心育模式的实施途径主要包括对话课程育心、对话关系育心、对话环境育心。(见图1)

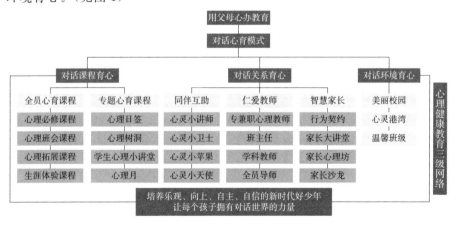

图1 上海市建平实验中学"对话心育模式"

1. 对话课程育心:丰富学生的心理健康知识与体验

对话课程育心是指通过心理健康教育课程进行心理健康教育。根据初中生心理发展特点与规律,开发有利于培养学生健康心灵的教育资源,形成面向全体和个别学生的心理健康教育校本课程体系。该课程着眼于每个学生的健全人格培养与潜能开发,通过师生、生生之间平等对话、互动沟通,在尊重、理解、接纳、共情的基础上,不断丰富学生的心理健康知识和体验,引导学生认识自己、挖掘内在积极品质、提升自我幸福指数,从而培育良好的心理素养,促进身心全面和谐发展。

全员心育课程是面向全体学生开设的心理健康教育必修课程,即心理辅导活动课程。该课程根据每个年级学生心理发展面临的突出问题与主要任务,进行分主题设置,引导学生在心理课堂教学活动中,通过体验与感悟、思考与碰撞、自助与互助,提升自我对人与事的认知与理解,促进学生积极情绪情感的孕育与生成。课程主要包括真善自我、真善学业、真善交往、真善社会四个大主题,在具体实施过程中,将之与上海市《初中生心理健康自助手册》结合使用。经过多年实践、修订、完善,上海市建平实验中学的校本课程"走进阳光心理,培育真善少年"被评为浦东新区精品课程。内容框架如表1。

表1 "走进阳光心理,培育真善少年"课程内容

课程内容	实施对象	培养学生心理素养
真善自我	预备年级	1. 适应新环境、新集体和新的学习生活,获得安全感和归属感 2. 了解情绪类别,能够觉察自己的情绪,了解情绪对自身发展的影响,学会恰当表达情绪,理性管理和调节情绪,在日常交往中不断提高自己情绪管理的能力 3. 树立信心,及时调整自己的情绪,保持平稳的心态对待周围的人和事
真善学业	初一年级	1. 提高学习能力,激发学习兴趣和探究精神,树立自信,乐于学习 2. 端正学习动机,调整学习心态 3. 缓解学习困难,探索有效学习方法,正确对待成绩,体验学习成功的乐趣

（续表）

课程内容	实施对象	培养学生心理素养
真善交往	初二年级	1. 认识人际交往的重要性,提高人际交往基本技巧 2. 学会应用人际交往技巧,解除人际交往中存在的困惑 3. 正确处理与同学、教师、父母之间的关系,建立良好的人际交往模式 4. 正确面对青春期生理和心理变化,懂得自我保护
真善社会	初三年级	1. 认识自我与他人、与社会的关系,培养应对失败和挫折的能力 2. 理解生命的价值与意义,珍爱生命 3. 进一步探索职业倾向,初步建立个人职业价值观,为升学与就业做准备 4. 初步确定人生目标与方向,追求快乐而有意义的人生

专题心育课程是指面向全体或个别学生开设的系列化、主题化心理健康教育活动课程。该课程根据节令、环境与学生心境变化等因素安排了系列主题活动,旨在引导学生在体验式活动中与知识对话,与同伴和老师对话,与自我的困惑对话。课程具体包括每日的心育活动课程,如心理日签、心理树洞;每周的心育活动课程,如学生心理小讲堂、每周一星;每月的专题心育活动课程,如一月"新年书写心愿",二月"心适应、新启航",三月春季"户外主题实践活动",四、五月"心理健康教育活动月",六月"校园狂欢,释放真我",九月"吾爱吾师,书信知心",十月"风铃传声,表达自我",十一月秋季"户外主题实践活动",十二月"14岁集体生日"。每个假期,开展生涯教育系列活动。专题心育课程框架见表2。

表2　上海市建平实验中学专题心育课程内容

	专题心育课程	实施对象	课程内容
每日心育活动课程	心理日签	全校	由学校心理教师精心选择富有情感与哲思的名言隽句,每日在学校微信公众号对全体师生、家长推送的心灵寄语,这些话语或抚慰、或治愈、或鼓舞,带给人内在的希望与力量
	心理树洞	全校	学生在心理树洞倾诉心中的秘密与烦恼,树洞地址设置在学校微信公众号上

（续表）

	专题心育课程	实施对象	课程内容
每周心育活动课程	学生心理小讲堂	全校	由各班级的心理委员来做小讲师，将有意义、有趣的心理学知识与实验，每周通过广播面向全校同学进行普及宣传
	每周一星	全校	由各班级每周推出一个品学兼优的学生，通过老师眼中的她、同学眼中的她、家长眼中的她，呈现一个熠熠生辉的校园之星
每月心育活动课程	一月"新年书写心愿"	全校	新年伊始，组织同学们书写心愿、绽放青春、展望未来
	二月"心适应、新启航"	全校	开学初帮助学生做好心理调适，开启新学期、新征程
	三月春季"户外主题实践活动"	全校	师生共同走进春的怀抱、倾听万物生长的声音，与大自然对话。在实践中探索真知，在合作中追求真理，在团队中学做真人，在历练中活出真我
	四、五月"心理健康教育活动月"	全校	推出近20个心理活动，主要从教师、学生、家长三个层面开展活动，如专家讲座、班主任微讲座、教师沙龙；超级家长会、非常家长慧；校园心理情景剧比赛、心理主题班会、心理板报评比、心情故事比赛、心理微视频比赛、心理小论文评比、手语操比赛、心理吉祥物征集、心理海报征集、心理脱口秀等
	六月"校园狂欢，释放真我"	全校	在六一儿童节，全校举行食物大餐、精神大餐、行为艺术体验、抽盲盒、游园会等活动
	九月"吾爱吾师，书信知心"	全校	在教师节来临之前，每个中队将自己最深的感恩与美好的祝福化作一封封"情书"，送到每一位教师手中，心怀感恩、珍惜拥有
	十月"风铃传声，表达自我"	全校	组织学生制作风铃，书写心愿，坦露心声，表达情感，鼓励学生与过去、现在、未来对话。心愿卡上写心愿、心愿风铃抒真情、心愿树上送祝福，一串串心愿风铃，悬挂在校园里，成为建实校园内独具韵味的风景线

（续表）

	专题心育课程	实施对象	课程内容
每月心育活动课程	十一月秋季"户外主题实践活动"	全校	师生共同走进自然，迎接秋的硕果、品尝收获的甘甜。在实践中探索真知，在合作中追求真理，在团队中学做真人，在历练中活出真我
	十二月"14岁集体生日"	初二	整个年级举行庄重、热烈、感人的主题仪式，以集体生日的形式共同见证青春成长历程
每个假期心育活动课程	生涯教育系列活动	全校	利用寒暑假时间，组织学生开展生涯体验，主要包括跟着父母去上班、职业小达人、校外职业生涯基地等探索活动。增强学生对自我和人生发展的认识与理解，提升学生在成长过程中学会选择、主动适应变化和开展生涯规划的意识与能力

2.对话关系育心：优化学生人际交往的角色认知与能力

对话关系育心是指通过建设和谐融洽的共商、共治、共进式人际关系，给予孩子积极正向的影响，主要包括真善少年、仁爱教师、智慧家长的培养，以及彼此之间和谐美好关系的建立。

（1）同伴关系：团结互助，关爱彼此

初中孩子的认同感主要来源于同伴、群体的认可。学校非常重视学生同伴之间的影响力，积极发挥同伴教育作用，成立多个学生同伴心育团体，主要包括心理志愿者（心灵小天使）、心灵小讲师、心理委员（心灵小卫士）、心灵小苹果等，共计300多人，指导、鼓励各种学生心理小团体开展同伴对话，充分激发他们心理互助的热情与能力。这些学生已经成为同学中自主、自助开展心理健康教育的中坚力量。其中很多同学已经成为同伴生命中的"重要他人"，甚至有的同学在伙伴走在人生绝望关头的时候，能够用自己的爱心与心理健康知识挽回一颗破碎的心，为脆弱的生命点燃希望之火。

（2）师生关系：平等对话，心心相印

学校倡导"教师人人都懂心理学"，鼓励并创造条件让全体教师参加心理

· 319 ·

培训,不仅请专家入校办讲座,还会送教师参加"上海市学校心理咨询师培训""专题心理培训"等;同时,定期开展新入职班主任心理培训、班主任心理辅导沙龙、班主任特殊案例同辈督导。以此提升教师与学生对话的能力与素养。

学校推行对话教学,教师乐意倾听学生,学生愿意向教师敞开心扉,这种融洽的沟通对话氛围,使师生之间情感连接安全而紧密。同时,实行全员导师制,做到学生人人有导师,教师人人做导师。让学生在成长过程中得到随时的关爱与引导。这种情感的关爱在学校的各种活动中都有充分体现。比如,每年六一儿童节的"抽盲盒"活动,学校的所有学生都会获得来自校长的节日祝福,一张张校长写给学生的"表白卡",承载了校长对学生们无尽的疼爱与期待,同时鼓励学生与校长对话。每年教师节,所有的教师都会收到来自学生的一封信,学生们将对教师的感恩与祝福表达于字里行间。鼓励学生与教师对话,畅所欲言,表达心声。

(3)亲子关系:家校携手,同频共振

青春期孩子追求自主独立的愿望强烈,他们挑战权威,权利意识不断增强。有的家长所惯用的高压与管制的教育方式无法跟上孩子的内心成长。种种原因导致家庭冲突、亲子矛盾日益严重。

面对这种情况,学校评选"智慧家长",并邀请家长分享经验,开展"星期四家长学校""行为契约教育""家长大讲堂""家长心理成长坊""家长沙龙""五个一亲子工程"等活动,以此对家长进行线上、线下培训,达成家校共识、追求对话共赢,实现培养目标。

3.对话环境育心:提升学生的审美感知与心灵愉悦

对话环境育心是指通过创设令人心旷神怡的美丽校园、心灵港湾、温馨班级等环境,营造心理健康教育的良好氛围,促进孩子与环境的和谐对话、互动。

建设美丽校园。学校致力于打造清洁优美、温馨和谐、美丽典雅的校园环境。学校里的建筑布局、人文景观设计、教育空间开发都以学生为中心,凸显学生的主体价值。校园里璀璨的钻石苹果、张开怀抱的水袖长廊、每个人都可以找到自己的"照片墙"、释放压力放松心情的"爱心秋千"、随处可以对话交流的休闲区、四季可观赏的花卉果木,都在释放着美的力量,唤醒着孩子内心深处对学校、对自我、对生活的认同感与归属感。

打造心灵港湾。学校先后历经3次扩建,在教学场地非常紧张的情况下,专门开辟出近400平方米的场地,建设成学校的心理健康教育中心(也叫心灵港湾)。自创建以来,心灵港湾每天中午准时面向全体学生开放,已成为孩子们心灵觉察、平复情绪、自我成长的港湾。

创设温馨班级。学校从良好的班级人际环境、愉悦的课堂教学环境、健康的自身心理环境、舒心宜人的物质环境等方面,营造和谐愉悦的成长环境,有效激发每一个孩子的发展潜能。

(二) 策略方法

第一,体验式对话。通过多层次、多类型的课内外、校内外的团体心理活动、专题心理活动、社会实践等方式,带领学生与自然对话、与集体对话,用心体验,丰富原有的认知和情感,提升人际互动与认识世界的能力。

第二,浸润式对话。通过长时间、多角度、深层次参与专项心理活动、生涯体验,学生可以充分实现与父母对话、与职业对话、与付出对话、与成功对话,在立体的对话与深入思考后,提升对自己、他人的理解与认识。

第三,自省式对话。通过活动后的反思、总结,学生可以实现与自我的更深层次对话,继而不断反思、完善、提升、超越自我。

(三) 保障措施

第一,组织保障。学校成立以校长为组长的心理健康教育领导小组,每学年召开2次以上专题工作会议,对心理健康教育工作全面规划、指导、研讨、监督、评估,并形成会议纪要。学校还建设了心理健康教育发展中心即心灵港湾。学校心灵港湾承担着学校师生和家长的心理辅导和服务工作,注重过程记录与效果反馈。

第二,队伍保障。学校现有4位专职、17位兼职心理教师,他们均具有国家二级心理咨询师资质或上海市学校心理咨询师资质,他们在工作中自觉运用心理学知识解决学生心理问题,成为学校心理健康教育的重要力量。

此外,学校对不同教师进行有计划、有专题、有系列的分层心理健康教育培训。每年专、兼职心理教师参加的专业培训有 6～7 次。参加的培训有国内外专题培训、上海市心理名师工作室、区心理中心的督导与培训……对班主任定期举行培训,如温馨班级建设,每年培训时长超过 17 课时。学校每学期都为全体教师开设心理专题讲座,每年培训时长超过 15 课时。

第三,制度保障。学校已经形成完善的心理健康教育工作机制,如心理健康教育三级网络、心理危机预警与干预工作机制、心理健康教育评估机制等。学校还形成了完善的心理辅导工作制度,如心理咨询预约制度、心理咨询转介制度、各功能室(含个体辅导室、团体活动室、团体测评室、心理档案室、沙盘游戏室、音乐放松室、宣泄室)管理制度、心理志愿者志愿服务制度等。

四、成效和思考

学校"大规模、高质量"的办学赢得了广泛的社会美誉,学生发展和教师发展成绩斐然、硕果累累。"对话心育模式"取得了丰硕的显性成果和宝贵的隐性成果,得到了家长的认可、社会的盛赞。学校多次荣获上海市文明校园、上海市中小学心理健康教育示范校、上海市家庭教育示范校、上海市心理健康教育先进集体等荣誉称号,并被上海市推荐参评第三批全国心理健康教育特色校。

未来,如何进一步优化各类教育主体之间的关系和学校整体育人生态,从而保障学生健康成长,促进学生全面、可持续发展,仍是学校努力的方向和重点。

拥有自己专业对话的教育期刊

一本好的期刊更是教师成长的一个对话平台,当我们翻开一期一期的杂志,阅读一篇一篇的文章,就开始了和文章作者、文中人物、一些相识或陌生的教育同行的对话,这种对话把我们引向更生动的教育实践、更深邃的教育思考、更广阔的教育世界。

优秀教师的专业发展,少不了一本或几本重要的教育期刊。一本好的教育期刊如同一个专业富矿,成为教师教学的参考书和资料库;一本好的期刊,又是专业研究领域的风向标,及时推介国际国内先进的教育研究成果,成为教师教育改革的先导与参照;一本好的期刊更是教师成长的一个对话平台,当我们翻开一期一期的杂志,阅读一篇一篇的文章,就开始了和文章作者、文中人物、一些相识或陌生的教育同行的对话,这种对话把我们引向更生动的教育实践、更深邃的教育思考、更广阔的教育世界。

一、与业界高人对话

笔者曾经有幸参加《上海教师》的首发式,捧着新鲜出炉的期刊,看到于漪老师题写的刊名和熟悉的签名,翻开简约素雅,散发着书香气的封面,扑入眼帘的是吴国平教授的文章《师者于漪》。虽然于漪老师于我们而言并不陌生,但是这篇文章却让我与教育界的这位高人展开了一次更深刻的对话。新中国基础教育领域唯一的一位教育家为什么是于漪老师?于漪何以成为师者于漪?于漪老师近一个世纪的人生和七十年的教龄告诉我们,没有一位卓越教师是突然走红的明星,是横空出世的英雄,每一位真正的师者都经历了以教育为"志业"的艰苦卓绝的探索。终身的学习与修炼成就了这样一位教育界"高人",于漪老师之高,不仅高在成就与荣誉,更高在她的人生志向和教育立意。和我们一样,于漪老师也是一个"小人物",是千千万万教师中的一员。然而,她始终追求做"一个挺直脊梁、大写的中国人",始终保有"位卑未敢忘忧国"的家国情怀,具有真正的"师者"品格。

"读一本好书就是和许多高尚的人谈话。"我们阅读很多教育期刊,都会有同样的感受。《当代教育家·浦东教育》的封面人物拍摄聚焦教师个体,也关注团队群像,总计超过 300 人,均为浦东地区最为优秀的教师。相信静心阅读的人,定会受益匪浅。正如"师"的本义为"值得效法的人",作为当代教师,我们需要与更多的智者同行,和更多的高人对话,从中获得启迪、汲取力量,坚守初心、效法言行,让自己也越来越有"师者"的特质。

二、与同行学人对话

虽然新课程改革日益深化,但是不可否认的是,在具体的学校、学科、班级、课堂等很多相对微观的领域,很多陈旧的教育教学方式"涛声依旧"的现象仍然比比皆是。为数不少的教师仍旧按照自己多年习惯、顺手的教学方式来教学,缺少研究的意识和习惯,形成了牢不可破的思维习惯定式,难以吐故纳新,突破创新。这样的状态难以深入研究教育教学规律,难以读懂学生的心声,难以走进学生的心灵,也难以形成有价值的教学经验。久而久之,很多教师在不知不觉中随波逐流,被各种教育积弊和社会问题裹挟,在庸常和悖论中失去坚守,沦为一个只见知识不见人,教而不学、教而不思、教而不研、重复工作的教书匠。诚然,这里说"匠",并不是要否认专注敬业、精益求精、勇于创新的工匠精神,而是强调教师发展的专业化,教师作为教育者的同时,更要成为"终身学习者""研究者",努力成为"学者型教师"。

教师的发展需要多方面的专业支持,需要非"内卷化"的、更为开放的研学生态,需要引导教师在注重实践探索的同时加强理论建构,需要营造浓郁的学术生态和氛围。有学人的地方才有学术,有学术的地方需有学刊,而一本好的学刊又能为专业人士的成长搭建对话交流展示的平台,为读者提供前沿研究资讯、总结先进特色经验、孵化作者的教育成果,哺育更多学人成长。作为读者的教师,我们如果还没有一本自己一直坚持订阅、阅读的教育期刊,那么需要立刻行动,填补空白。在全国一千多种教育期刊当中,总有几本是最适合"你"的。定期阅读学术期刊的生活,是慢慢将我们塑造成有学人特质的生活,更是一种"智与时增"的高品质的生活。

三、与时代新人对话

教师的职业成就一方面通过自身在专业领域所取得的直接的学术成果来体现,但更重要的一个方面是间接地通过学生的发展来体现,也就是在成就学生的同时成就自己。所有的"研"与"学"最终都是为了更好地"教",真正的好老师一定要在学生身上用心、动情、发力。怎样走进学生的心灵?灌输、宣讲、训话、独白等无疑不是最好的办法,师生之间需要建立平等、真诚的对话关系。教师用心倾听学生,心怀每一个"不一样"的孩子,与学生进行思想与精神的交流,才能真正了解孩子的真实状态,对孩子的性格脾气、思维特点、兴趣爱好,以及影响他们成长的因素做到心中有数,才能更好地温暖、引导、砥砺他们。

教师在与每一个独特的个体对话的基础上,还要善于观察、分析、研究、总结,在大量"个案"的基础上,抽象提炼出不同类别、不同时代孩子的群体特征,结合教育目标和使命,采取恰当的教育教学策略,更好地完成立德树人的任务。彼得·德鲁克说:"在不确定的时代里最大的危险不是变化不定,而是继续按照昨天的逻辑采取行动。"时代在变,我们的教育对象成长的社会因素和家庭因素都不同于以往,教师既要读得懂每个人的个性,也要读得懂一代人的共性,要理性接纳"一届不同一届",而不能总是妄自菲薄"一届不如一届"。在当下,我们要深刻地意识到90后、00后的确是与过去不一样的一代,有人说,信息时代赋予他们"知晓一切"的本领,互联网赋予他们"执行梦想"的技能,他们喜欢自己做决定,不喜欢盲目地服从,那些传统的励志故事和时尚的"鸡汤文"对他们所起的作用不大,甚至可能会带来反作用。他们的精神世界自由舒展,但是也难免有时候会变得有些"佛系",甚至有点"丧"、有点

"颓"。如何激发这代人的潜能,使他们胸怀家国,立志成才,敢于闯难关、攀高峰,堪当民族复兴的大任,是教师们要研究的一个重要命题。在越来越充满不确定性的世界,我们特别需要确定性的价值引领;在信息泛滥、流量焦虑的时代,我们尤其需要真正的学术对话。作为教师,我们决不能"独学而无友,孤陋而寡闻",我们要和学生的话"对得上",要点燃他们心中的梦想,启动他们创造的引擎,发掘他们的潜能。这就需要我们主动与业界高人、同行学人和时代新人展开更专业、更加能够触动心灵的对话。

高质量的教育期刊,就是一个多元、开放的对话场,很多教师是以读者的身份与一本期刊结缘的,但是久而久之,他们主动向其他作者学习的同时,也试着阐述自己的教育主张,分享自己的教育经验,讲述自己的成长故事,慢慢地就成为一本期刊的作者,成为以生命影响生命的真正的"师者"。

对话:教师核心素养的本质、传统与未来

对话是教育的本质,也是一种教育传统。对话管理正在成为建设现代学校的理性选择。

教育是面向未来的事业,未来正在以"更快、更猛、更不可测"的态势向我们呼啸而来。近年来,未来教育、未来学校、未来教师、未来课堂、未来学习等词语,已然成为教育热词。有人认为未来教育将呈现出"个别化教育、伦理型教师、数字化技术、全民性阅读、社会化融合、体验式校园"等六大趋势,①我们要主动迎接、有力推动。但无论未来教育以何种样态呈现,教育的本质是不变的,教师作为一个巨大的教育力量的存在是不变的。在种种的"变"与"不变"之间,在未来的种种不确定性面前,如何找准教师素养当中最核心的部分并且加以强化培养,以引领教师去迎接、创造未来的教育,需要我们理性地思考与选择。

一、对话是教育本质,也是教育传统

我们探讨教师核心素养的前提是认识教育的本质。教育的本质决定了教师开展教育教学活动的思维方式与行为方式。雅斯贝尔斯指出:"所谓教育,不过是人对人的主体间灵肉交流的活动,包括知识内容的传授、生命内涵的领悟、意志行为的规范,并通过文化传递功能,将文化遗产交给年轻一代,

---

① 常生龙.常生龙:未来教育发展的六大趋势[J].教育家,2016(32):12-15.

使他们自由地生长,并启迪其自由天性。"①叶澜教授认为:教育就其本质而言,是交往的过程,是对话的活动。是师生通过对话在交往与沟通活动中共同创造意义的过程。② 正因为教育是在人与人的交往中发生的,而对话是人类交往的基本方式,因此,教育从产生之日起就须臾不能离开对话,教育活动就是通过对话来实现的。古今中外,伟大的教师无一不是对话的大师。孔子的教育是对话,一部《论语》就是孔子与他的学生的对话录。苏格拉底的"产婆术"也是对话,他的教学法本质上是一种师生通过平等对话以揭露矛盾、解决矛盾,最终获得知识、发展能力、催生智慧、提升精神境界的教学方法。

对话之于教育是如此重要,甚至有人提出"教育即对话"③。那么何为对话?伽达默尔认为:"对话就是对话双方在一起相互参与着以获得真理。"④马丁·布伯则强调,真正的对话是从一个开放心灵者看到另一个心灵开放者之话语。巴赫金认为:"对话是同意或反对的关系,肯定和补充的关系,问和答的关系。"⑤雅斯贝尔斯则认为:"对话是人探索真理和自我认识的途径。"⑥一个人通过对话理解他人、理解世界,也能更好地理解自己。一个人的对话质量常常决定了他的生命质量。缺少了对话的教学如同缺少了对话的生活一样,是难以想象的。无论时代如何发展,无论教育怎样改革,对话都会作为基本的教育方式、教育方法、教育思想和教育哲学而存在。对话是教育的本质,也是一种教育传统。脱离了传统,我们也不会有更好的未来。因此,作为教

---

① 张宏.雅斯贝尔斯之本真教育[M].太原:山西人民出版社,2008:12.

② 强国.追求发展:教育改革的实践与探索 构建有效的课堂[M].天津:天津教育出版社,2007:30.

③ 杨芳,苗小军.教育即对话:一种教育基本理论范式的解读[J].天津师范大学学报(基础教育版),2011(01):31-34.

④ [德国]伽达默尔.赞美理论——伽达默尔选集[M].夏镇平译.上海三联书店,1988:69.

⑤ 董小英.再登巴比伦塔:巴赫金与对话理论[M].北京:生活·读书·新知三联书店,1994:3.

⑥ [德国]雅斯贝尔斯.什么是教育[M].邹进译.北京:生活·新读书·新知三联书店,1991,11-12.

师的核心素养,对话既是传统,又是未来。

二、推动对话管理,彰显现代学校的理性选择

从教育内部来看,学校与其他组织最大的不同之处在于学校的主要职责是教育,所从事的是人力生产。相对而言,学校组织的专业化特征要强于行政性特征。教师作为专业化组织的专业工作者,拥有相应的专业自主权。学校管理者更要注重人本化管理,充分尊重教师的专业自主权,创建有利于教师充分参与管理的机制。

从教育外部来看,在现当代以及未来很长的一段时间里,由于现代性导致的世界变迁的绝对速度、激烈程度以及随之而来的各种关系断裂的流弊,也使得人们之间的对话常常处于"断裂"的状态。都市里人与人的空间距离越来越近,然而相互的理解与共识却变得越来越难。"我"与他人的关系和"我"与客观世界的关系都变成了一种主体对客体的认识和利用的关系,一种征服与被征服、改造与被改造的关系。

这种建立在传统"主体—客体"实践观基础之上的人的主体性导致了人与人、人与自然甚至人与自我"对话"的"断裂"。在时代的流弊以及诸多复杂因素的影响下,学校教师与各种关系之间的对话也出现了类似的"断裂"现象,近年来又普遍面临后绩效工资时代的文化重建、管理机制重建、人际关系重建等问题。在这样的背景下,充分体现主体间理性沟通的对话管理自然成为现代学校的理性选择。

三、强化校本培训,提升教师对话素养

笔者所在的上海市建平实验中学积极探索"同侪对话"校本研修模式,通过促进教师的多元对话,提升教师的对话意识、对话能力与对话素养。

(一) 与自己对话:"明白我是谁"与"成为我所是"

一个人如果不能很好地认识自己,就不能很好地认识世界。当前教育中发生的很多问题,多数源于教师对自我认知的缺乏。帕克·帕尔默认为认识学生和学科主要依赖于关于自我的认知。好的教学来源于教师的自身认同

和自身完整。我校通过邀请心理学专家进校讲座、鼓励支持教师进修国家二级心理咨询师等方式，启迪教师从心理学视角来认识自己，了解自身人格构成的本我、自我和超我。我们通过案例研究、教师叙事研究、撰写教学反思，以及通过微信美篇讲述成长故事等形式，引导教师反思自己、栽培自己与超越自己，最终"成为我所是"。当教师能够觉知自己的优势和缺点，总结得失与苦乐，叩问自己的内心与灵魂，并且能够自我悦纳的时候，他就多了一份睿智与慈悲，对学生就会多一些理解与共情。

（二）与学科对话：凝聚"学科情结"，解决"学科症结"

教师的专业情感在更多的时候表现为对本学科的热爱、精通甚至痴迷。在真正热爱学科的教师心目中，这门学科是有生命力的。在教师完成日常的备课、上课等常规动作的基础上，学校通过开展主题教研活动引领教师研究学科学术热点、教学难点，组织每个教研组开展"探究学科魅力"的论坛；通过开发"聆听名家""读名师、读名著"校本培训课程，挖掘学科的独特魅力，引导教师与自己所教的学科进行深层次的对话，凝聚教师的"学科情结"，鼓励教师解决教学中存在的"学科症结"，进入学科世界的"桃源"。

（三）与学生对话：促进学习发生，打开学习过程

师生互动主要是借助对话来完成的。然而，很多课堂的知识传授过程都是"假对话"的过程。随着知识壁垒不断被打破，教师的作用更多地体现在如何引发学习、打开学习过程，如何启发学生思考、假设、求证，真正实现以学习为中心，让学生体验学习的过程。这就要求教师切实尊重学生的主体地位，做一个好的倾听者、观察者，努力走进学生的逻辑世界，与学生进行真实的对话，及时评估学生的学习动态，捕捉推进学习的契机。我校在研究"未来课堂"的过程中，一方面注重现代信息技术的应用，如思维可视化、虚拟实验、多屏显示、教学资源的获取与体验、即时测评，等等；另一方面更加强调教师与学生对话的基本功，强调教师不仅要将对话作为一种教学组织形式、一种教育手段，更要作为一种教育理念、一种教学思想，使学生真正成为对话的主体，经由高质量的对话实现师生之间和生生之间的知识共建、精神共勉、生命共生。

（四）与同侪对话："两人相聚""三人同行"

"两人相聚，必见真理""三人行，必有我师焉"。教师与同侪、同行之间的对话，是专业成长最经济、最快捷、最有效的途径。同侪、同行之间有更多的对话内容和对话机会，熟悉的人对自己讲熟悉的事，很容易引发共鸣。我校积极创造更多、更正式的同侪、同行对话机会，如成立35岁以下青年教师社团"成就未来使命团"，组织以"十年磨一剑""中流击水""共享、互助、成长"等为主题的教学经验分享会，以及青年教师沙龙、教师论坛等。我校还参加了"三环"（内环、中环、外环）教育联盟，即由市内名校联盟、中国教育学会各省市学校组成的教学联盟，以及国外友好学校的学习交流，旨在扩大教师的对话领域，使教师发展的视野更宽，平台更高。

（五）与专家对话：变"高空喷洒"为"根部滴灌"

如何真正发挥专家的引领作用，这个问题困扰着许多学校。专家指导的形式基本可以分为两种。一种是专家坐在台上做报告或是对某些活动给予点评。虽然有些专家的讲座像甘霖一样满足教师们的学习渴求，但是这些"高空喷洒"的及时雨很快就会蒸发。而另外一种则是教师走"近"专家，专家走"近"教师，双方开展平等、深入的对话。在这个过程中，专家不再是高高在上的让教师崇拜的对象，而是实实在在的对话者、引导者、参与者、共享者。在我校"三特"（特级教师、特需项目、特别引领）教师专业发展项目中，专家引领由"高空喷洒"转向"根部滴灌"，即专家与教师全程对话，共同参与项目的设计实施，相互切磋，相互促进。

（六）与家长对话：真诚有礼，感同身受

一个教师怎样向家长准确得体地传递自己的教育思想和主张，表达自己的意见和建议，如何真正理解家长的苦衷与诉求，如何与家长达成共识，这些看起来都是最平常的问题，但如果处理不好，就会使教育效果大打折扣，甚至出现负面效应。在教师与家长之间的对话交往中，对话主体的关系是很特殊的。一方面双方有着"都希望孩子好"的共同目的，是利益共同体；另一方面，由于责任与利益的不同，二者又容易成为一种对立的关系。教师在与家长对话交往过程中要特别注意遵循"尊重、聆听、真诚、做朋友、给予安慰、感同身

受、息息相关"等原则,以达成对话的目的。

(七) 与管理者对话:民主协商,主动参与

教师与学校管理者之间保持真实有效的对话,是教师维护专业自主权,更好地开展教育教学工作的重要保证。我校积极探索对话管理,管理者改变过去"管理就是管人"的思想观念,代之以"管理就是专业引领,管理就是促进合作,管理就是对话研究"等理念和方法,建立"民主协商"的议事制度,如工作计划务虚会、各类专题研讨会、小型会议、深度会谈制度,各类座谈会,教育成果展示等。在学校发展重大事项方面,如针对发展规划的制订,我们开展了"我为学校发展献一策"等活动,为教师参与学校发展搭建平台、畅通渠道。我们评选并采纳教师的上策、妙策、良策和群策,不仅提升了管理层的领导力与执行力,而且调动了全体教师的积极性,使学校焕发出了新的生机与活力。

随着未来世界生存方式和学习方式的改变,泛在学习将更加普遍地存在,时时可学、处处可学、人人可学,未来教师会面临更多的挑战与改变,作为教师核心素养的对话也会变得意蕴更加丰富、边际更加宽广。对话,将从传统走向未来。

对话:遇见更好的"我和你"

　　对话与我们每个人相伴相生。哲学家海德格尔说:"对话,和由对话所导致的联系支撑着我们的存在。"人的存在本身就是一部永恒展开的对话,对话的质量关乎生命的质量。

　　人的存在本身就是一部永恒展开的对话,对话的质量关乎生命的质量。"凡真实的人生皆是相遇",相遇使教育得以发生,教育离不开对话,可以说,人人需要对话,世界需要对话,永远需要对话。

一、认识:为什么要对话

　　与对话相随相形的词语有很多,如谈话、对谈、沟通、交流、互动、讨论、争论、辩论、谈判等,对话与这些词语的意义有所关涉,但是又有较大区别。有人认为"对话是一种消除了种种矛盾和对立而建立的主体之间的民主、平等的依存关系。在这种关系中,双方都不把对方作为自己的对立面,而是作为自己的朋友和伙伴,都不把对方作为自己的经验物、利用物,而是作为一种相互的自我实现。"①笔者认为对话是指基于平等主体间的用言语方式进行沟通,达成理解与努力形成共识的人际交往过程。②

　　对话有着深厚的理论基础,对话也已经渗透进人类社会生活与个人生活的方方面面,有着迫切的现实需求。现实生活中,凡是主动而充分开展对话

---

① 　安世遨.教育管理对话论[M].重庆:重庆大学出版社,2014:8.
② 　李百艳.走向现代学校治理的对话机制建设研究——以公办初中 JS 中学为例[D],博士学位论文,华东师范大学,2019:55.

的领域，我们能看到顺畅的沟通、友好的往来、智慧的治理，自然而然地带来问题的解决与和谐的氛围。反之，则会导致各种各样的问题，大到国际上国与国之间的冲突，不同文明之间的分歧，不同文化与次文化之间的排斥。不愿意去倾听别人，不能客观地评判别人的观点，不能理性地沟通，自说自话，独白喊话，甚至指责训话已经成了一种时代语病。

在当前这样一个超级多元化的时代，在这样一个充满不确定性的世界，教育面临着前所未有的挑战，功利主义教育观依然盛行，阶层固化趋势引发的焦虑四处弥漫，学校的全面育人功能被冲击，单向度的家校关系造成了隔阂与疏离，教师在传授知识的权威与平等对话的首席两种角色之间纠结摇摆，学生的学习兴趣、动力和潜能激发受到抑制……由于对话的缺失、对话的中断、对话的低质，教育常常陷入"家校矛盾""师生纠纷""家庭大战""亲子冲突""青少年心理危机"等扎堆式的问题丛林。学校、课堂是最需要对话的地方，但恰恰变成了对话最缺失的地方，对话意识的唤醒、对话习惯的养成、对话能力的提升、对话文化的培育显得尤为迫切。

二、实践：怎样开展对话

从对话发生的对象关系来看，有人与人之间的沟通性对话和人与自身的反思性对话，还有人与知识之间的认识性对话，人与自然之间的发现性对话，等等。人生活在关系中，因为有了关系，才有了"我""你""他"不同的人称。哲学家马丁·布伯在其经典作品《我和你》中把关系分为两类，即"我—它"关系与"我—你"关系。在"我—它"关系中，"它"只是"我"认识、利用的对象（包括物或人），"我"与"它"是主客体二元对立而非交融的关系。而在"我—你"关系中，"我"与"你"双方之间是具有完整的个性和独立的人格的主体与主体之间的对话关系，双方追求的是一种息息相通、心心相印的交往境界。想要达到这样的理想境界，既要与"你"对话，待别人如同待自己；也要与"我"对话，看自己如同看别人。有了这样的共情与换位，真实的对话就一定会发生。

（一）与"你"对话：待别人如同待自己

在对话中相遇的"我"和"你"，穿越礼貌的表面功夫，卸下习惯性用来保护自己的盔甲,真诚地聆听与响应彼此内心深处的渴望,能够换位思考、感同身受,建立起美好的联结与成功的关系。这样的对话,是教育的应有之义。以下是人民教育家陶行知与学生对话的案例。

育才学校音乐组的壁报《小喇叭》又一期出刊了。壁报前人头攒动,同学们边看报,边议论,有人建议:"读一下,读一下吧!"只听得一个油腔滑调的声音开始朗诵了:"人生在世有几何?何必苦苦学几何。学习几何苦恼多,不如学习咪嗦哆!"歪诗不胫而走,传遍了全校,引起了争论,多种评价,褒贬不一。

陶校长知道了此事,次日,邀请小作者促膝谈心,和他研究人生与数学的密切关系。从吃饭、穿衣谈到音阶频率的振动,直到国家大事,哪一件都少不了数学,离不开数学。因此,人人要学数学,数学对于人们就像人们离不开空气、水分、阳光、营养品一样的重要。

小作者听到陶校长的谆谆教导,连连点头说:"校长,我这下真的明白了你为什么要我们同学把学好语文、数学、外语、科学方法论这四门功课作为开启文化宝库的'四把钥匙'的道理。我检讨!"陶校长马上接过话头说:"现在我们是民主讨论,不是审讯,你能认识问题,提高思想,就是进步。"小作者又连连点头说:"我们音乐组不少同学都有这种思想,让我去说服他们!"

陶校长眯着双眼,放心地说了一句:"好啦! 我们今天的民主探讨到此结束。"

校园里类似这样"突然冒出来的"不是特别正面、主流的现象比比皆是,如何把它变成一个教育契机,考验着校长和教师的教育智慧。陶行知先生的处理,堪称"教科书式经典对话"。首先,陶校长听闻这个传遍全校的"歪诗"事件,没有置之不理,也没有动气发怒,而是诚挚地邀请小作者来对话谈心,谈心的过程中没有指责,更没有把自己的观点强加给学生,而是娓娓道来,谈数学的重要性,谈数学与人生的关系,真实地表达了自己的观点和见解。这样的对话让小作者心悦诚服,认识到了自己认知的偏颇,并提出要"检讨"。至此,对话已经非常成功。然而,陶行知先生特别强调这是一次"民主讨论",这种尊重的态度,无疑给了小作者莫大的鼓励,他的主动性瞬间被激发出来,他当即决定去说服其他和他先前一样有着同样思想倾向的小伙伴。这是一场师生双赢的对话,作为起主导作用的师长,陶行知先生不但有正确的对话策略和技巧,更重要的是这些策略和技巧不是刻意选择的高明的手段,而是源于他一贯的民主教育思想,源于他博爱的人生境界。他在给长子陶宏的信中写道:"人生最大的目的还是博爱,一切学术也都是要更有效地达到这个目的。"他打心眼里爱教育,爱孩子,他以慈父般的眼光欣赏每一个孩子,甚至是崇拜每一个孩子,他认为"小孩子有不可思议的力量",他告诫成年人"人人都说小孩小,谁知人小心不小,你若小看小孩子,便比小孩还要小";他对即将做教师的师范生说:"未来的先生们!忘了你们的年纪,变成个十足的小孩子,加入到小孩子的队伍里去吧!您若变成小孩子,便有惊人的奇迹出现:师生立刻成为朋友,学校立刻成为乐园;您立刻觉得是和小孩儿一般大,一块儿玩,一处儿做工,谁也不觉得您是先生,您便成了真正的先生。您立刻会发现小孩子能力大得很:他能做许多您不能做的事,也能做许多您以为他不能做的事。等到您重新生为一个小孩子,您会发现别的小孩子是和从前所想的小孩子不同了。"①

如果,师生之间、亲子之间、同侪之间、各种亲密关系之间、人与团体之间都能如此平等、友爱、智慧地对话,许多的误解、分歧、矛盾、争执、混乱都将得到改善,进入对话的"我"和"你"也会变得更美好。

(二) 与"我"对话:看自己如同看别人

法国思想家蒙田认为世界上最重要的事情就是认识自我。认识自我是与别人对话的前提。先哲老子曰:"知人者智,自知者明。"认识自我是一个艰难的过程,弗洛伊德的"本我、自我、超我"的人格构成说是一个革命性的理论突破,"本我"是人的本能、欲望,"超我"是良知与道德的理想化目标,"自我"

---

① 陶行知.生活即教育[M].武汉:长江文艺出版社,2019:152.

负责处理现实世界的事情,是"本我"与"超我"冲突时的调节者。人的天然性情多倾向于本我、自我欲望的满足,容易自以为是、自我中心,加上某些个性缺陷,导致了"我"与他人对话的困难,这就需要经常操练反观自我的对话。与自己对话时,需要把自己当成别人看待,或者说,是一个"我"与另外一个"我",甚至两个"我"展开对话。很多贤哲采取静思、祈祷、写作的方式与生命内在的"我"进行对话。哲学上经典的"灵魂三问"——"我是谁? 我从哪里来? 要到哪里去?"曾子的"每日三省"——"为人谋而不忠乎? 与朋友交而不信乎? 传不习乎?"都体现了强烈的自我探索、自我觉醒、自我批判和自我完善的意识,值得学习与借鉴。

法国思想家、教育家卢梭在他的《忏悔录》一书中写道:"把我的无数同类召到我周围来吧,让他们听听我的忏悔,让他们为我的丑恶而叹息,让他们为我的卑鄙而羞愧。让他们每一个人也以同样的真诚把自己的内心呈献在你的宝座前面,然后,看有谁敢于对你说:'我比那人要好!'"①卢梭写这本书,以一个"过来人"的身份与过去的"我"进行对话,有严格的自我解剖,有发自内心的忏悔,也不乏控诉和呐喊,这是一个跳脱出来的"我"与另一个"我"之间展开的对话。

当前教育中发生的很多问题,多数源于教师和学生对自我认知的缺乏。一位教师不能很好地认识自己,也就不能很好地认识学生。帕克·帕尔默认为教育是带领孩子们进行一次心灵之旅的过程。优秀教学源自教师的自身认同和自身完整。当一位教师能够觉知自己的优势和缺点,总结得失与苦乐,叩问自己的内心与灵魂,能够自我悦纳、自我更新的时候,就会多一份睿智与慈悲,就能更好地启迪教育学生。

学生也可以通过静思、写作等方式与自己对话,逐步认识自己。笔者曾经让学生写过一篇作文《我是谁》,青春期的少年开始郑重地思考"我是谁",通过与自己对话,他们迎来一次生命觉醒,开始了人格的自主建构。

一个人无论从事什么职业,无论什么身份,也无论处于人生的哪个阶段,都

---

① [法国]让·雅克·卢梭.忏悔录[M].北京:现代出版社,2017:3.

需要与自己对话,以旁观者"我"的身份来看自己,与心灵深处的"我"展开对话,在向心灵深处开掘的过程中探寻生命的奥秘,去认识那个独一无二的"真我"。

三、反思:如何提升对话

对话是如此的司空见惯,却又具有非凡的力量。人们似乎非常熟悉对话,但却未必真正懂得如何进行对话。

"基于平等、经由沟通、达于理解、形成共识"这四个要素是对话最突出的特质。无论对话双方的社会地位有多么悬殊,但是要想进入真正的对话,位高权重者必须放下自己的地位与权威,以真正平等的姿态展开对话;同时,位低势弱者也要除去心理障碍,充满自信,维护自己的人格独立与权益的合法性。沟通的过程是带着共情去聆听的过程,也是一个真实表达自己的观点与诉求,让内心深层假设浮出水面的过程,更是一个伴随着换位思考、同情他人困境、包容他人、肯于让步的过程。这样的对话沟通不但能使人放弃成见,趋向理解与共识,还能激发创意,创生新质,产生神奇的力量。

一场成功的对话还要遵循"五不原则"。一是不唯我独尊,一旦自以为真理在握,就会把不同意见当成冒犯,对话就无法顺利展开。二是不先入为主,如果头脑中对对方有了成见,就会戴有色眼镜看人,很难客观地去理解对方的诉求。三是不强词夺理,如果总是急于构思反驳对方的话,对话就会异化为一决胜负的辩论。四是不疑神疑鬼,没有了坦诚相见,没有了相互信任,对话一定会陷入僵局。五是不志在必得,对话是一个历险的过程,要做好预先的假设可能被修正甚至被颠覆的准备。

对话本身充满了不确定性,对话者要随时保持开放的心态,要保持谦卑的姿态,灵活地调整对话策略。在所有策略之上是对话精神的引领,真正的对话是"从一个开放心灵者看到另一个心灵开放者之话语"。对话不只是"我"和"你"之间的平等尊重、相互信任、合作共赢的伙伴关系,对话也是一种民主自由、公平公正、和谐包容的对话文化的缔造过程,对话更是一种开放豁达、超越功利、坦然接纳世间万物的人生态度。人与人在教育对话中遇见更好的"我和你"。